论老子治理之"道"
以管理哲学为视域的研究

◆王希坤 著

全国百佳出版社
中央编译出版社
Central Compilation & Translation Press

图书在版编目(CIP)数据

论老子治理之"道":以管理哲学为视域的研究 / 王希坤著. — 北京:中央编译出版社,2011.12
ISBN 978-7-5117-1180-9

Ⅰ.①论… Ⅱ.①王… Ⅲ.①老子-哲学思想-研究 Ⅳ.①B223.15

中国版本图书馆 CIP 数据核字(2011)第 252325 号

论老子治理之"道"——以管理哲学为视域的研究

出 版 人:和 龚
著　　者:王希坤
责任编辑:曲建文 张丽辉
出版发行:中央编译出版社
地　　址:北京市西城区车公庄大街乙5号鸿儒大厦B座　邮编:100044
电　　话:(010) 52612345 (总编室)　(010) 52612363 (编辑室)
　　　　　(010) 66161011 (团购部)　(010) 52612332 (网络销售)
　　　　　(010) 66130345 (发行部)　(010) 66509618 (读者服务部)
网　　址:www.cctpbook.com
经　　销:全国新华书店
印　　刷:北京振兴源印务有限公司
开　　本:710毫米×1000毫米　1/16
字　　数:262千字
印　　张:17.5
版　　次:2011年12月第1版第1次印刷
定　　价:43.00元

本社常年法律顾问:北京大成律师事务所首席顾问律师　鲁哈达
凡有印装质量问题,本社负责调换,电话:010-66509618

序　言

王希坤的博士论文《论老子治理之"道"——以管理哲学为视域的研究》是我所指导的第一篇以管理哲学为研究方向的博士学位论文，本书是作者在其博士论文的基础上略加修改而成。在该书行将付梓之际，希坤希望我为该书写篇序言，我难以推辞，遂命笔焉。

苏州大学是中国大陆最早在哲学领域开辟管理哲学研究方向的高校，1983年就在马克思主义哲学硕士点设置了该研究方向。在中国大陆，最早在中国哲学领域开辟管理哲学研究方向的高校则当推中山大学，中山大学哲学系黎红雷教授从2004年开始即招收该研究方向的硕士生，2006年开始招收该方向的博士生。

管理哲学包含对既有的管理思想与管理理论的反思与研究，这意味着在学科意义上管理哲学是涵盖管理思想史的。按照目前的学科分类，管理思想史是管理学的一个分支学科，它是关于管理学科的历史的知识，是管理知识系统中的一个重要组织部分。通晓管理思想史，是理解现在的管理学和为未来进一步的发展管理学做准备的基础，因而也是管理哲学研究的基础。开展管理哲学研究，必要研究管理思想史，但管理哲学领域的管理思想史研究不同于一般的管理思想史研究，其区别在于：

一般的管理思想史研究是从管理学科的视角，以历史年代为序，通

过介绍各个时期管理思想产生的背景、典型的管理实践、主要代表人物及其管理思想的基本内容，来展示从中外早期管理思想、工业革命时期的管理思想、古典管理理论、现代管理理论到当代管理理论的发展演变过程，并通过分析实现这一过程的社会生产方式、政治、文化以及思想家们的作用，来揭示了管理实践与管理思想、社会生产方式的变革与管理思想演变相互作用的辩证关系；

管理哲学领域的管理思想史研究是借助于一般的管理思想史研究所提供的知识：(1)运用逻辑思维和辩证哲学思维来审察管理思想的历史发展过程，探究管理思维运动的一般规律，从管理思想史知识中提炼和概括出体现管理思维之共性特点和本质特征的逻辑概念和辩证法范畴，并使这些概念和范畴构成为彼此互相联系又有稳定的内在结构的理论体系——体现管理思维运动一般规律的管理逻辑和管理辩证法；(2)通过对管理思想史上管理思想与管理理论的分析比较，揭示普遍存在于这些思想和理论之中并通过它们表现出来的管理理性世界中普遍有效的文化价值，并把这种文化价值当作管理文化规范来说明它们的有效性，由此确立管理理性世界中由以辨别和判定管理思想和管理理论之是非的普遍标准。

要之，一般的管理思想史研究是力求再现管理思想的历史发展过程，管理哲学领域的管理思想史研究是力求揭示寓于该历史发展过程之中的思维规律和文化价值。前者是提供关于管理学科的历史知识，后者是提供管理学科所当遵循的思维规则和价值标准。

就中国管理思想史研究而言，这种研究不只是具有一般的学术意义，更具有重要的文化意义。

对于在全球化背景下正在谋求现代化的中国的管理者来说，应该通过对现代西方管理思想和中国传统管理思想的综合创新来谋求中国管理的现代化。

中国的现代化不只是通常所谓的"四化"，更包括中华民族文化的现代化。就文化现代化而言，其实质是作为文化的主体和承担者的人的现代化，而作为文化的主体和承担者的人并不是个体之人，而是群体之人，即许多个人以某种方式相互合作所形成的社会关系，这种社会关系作为一个系统而存在，就是管理学上所讲的组织。所谓组织，就是作为一个社会系统而存在的人。以社会系统形式存在的人的文化，就是组织文化。中华民族是以特殊的社会系统形式存在的人，其民族文化就是中华组织文化。故中华民族文化的现代化，就是中华组织文化的现代化。

按其基本内容来说，组织文化包括组织观念、组织制度、组织规范、组织行为。组织观念是组织文化的核心，组织制度是组织观念的外化形式，组织规范是组织制度的具体化，是组织行为的具体准则，组织行为是受组织规范约束并受组织制度奖惩的行为。所谓组织观念，就是关于组织制度、组织规范和组织行为的思想。将组织观念付诸行动而使之转变为现实的过程，就是所谓管理。易言之，管理就是受某种组织观念支配、驱使和指导的人事活动。故组织文化的现代化，就是管理思想（组织观念）和管理活动的现代化，其首要和关键所在则是管理思想的现代化。

在全球化时代，中国管理思想的现代化主要是通过中西方之间的文化对话来进行的，在这种对话中实现中西管理思想的交流、碰撞、冲突、互渗，直至最后相互融合而形成一种新的管理思想，这个过程作为一种自觉的文化创造活动，就是对现代西方管理思想和中国传统管理思想的综合创新过程。这个过程的开展必然要求同时进行中西方管理思想史研究，偏废任何一个方面，都无法使这个过程顺利开展。

中国管理思想史研究起步较早者当推中国台湾学者曾仕强先生、蔡麟笔先生等，曾先生在1963年即出版了《中国管理哲学》（台湾东大图书公司发行），蔡先生于1984年出版了《我国管理哲学与艺术之演进和发展》（中华企管出版社）；中国大陆学者在该领域的研究则起步于20世纪80年代，较早的成果有《中国古代管理思想》（《中国古代管理思想》

编写组编,企业管理出版社,1986)、《中国传统管理思想的新探索》(中国古代管理思想研究会编,企业管理出版社,1988)等,最近的成果则有吴照云的《中国管理思想史》(高等教育出版社,2010)等。这半个多世纪以来,不仅有中国管理思想通史研究成果,也有专史研究、专题研究和人物研究等方面的成果,如蔡麟笔的《诸葛亮之管理哲学与艺术》(台湾竹一出版社,1977)、曾仕强的《中国的经营理念》(联经出版社,1989)、刘云柏的《中国儒家管理思想》(上海人民出版社,1990)、成中英的《C理論——易經管理哲學》(東大出版社,1995)、孔健的《孔子的管理之道》(中国国际广播社,1995)、杨先举的《老子管理哲学:道、德、柔、无、反、水六大管理法则》(远流出版社,1996),等等。

王希坤的博士论文是在比较全面系统地了解既有的中国管理思想史研究成果并对其中的一些主要成果进行了一定程度的反思基础上写成的。在其反思过程中希坤敏感地意识到,开展本领域的学术研究,首先需要澄清一些基本概念,如"管理学"、"管理思想"、"管理哲学"等。希坤在论文中对这些概念进行了有益的辨析,并对它们做了如此定界:"管理学是对管理的经验、知识等概括、提炼而形成的关于管理实践的普遍规律,管理思想是指与管理相关的具体历史知识体系,而管理哲学则是以管理观为研究对象,对管理理论进行哲学反思和方法论研究的哲学。"这样的界说是否合理、妥当,这自然还可以讨论,但有了明确的概念作为研究的指导,其研究就具有了自觉性,而不至于陷入盲目。自觉性是研究的有效性的必要前提之一,反之,不自觉的、盲目的研究则必是劳而无功的研究。希坤在博士论文选题时,就自我要求在一个清晰的概念指导下来开展研究,以期获得一定的成效。他根据自己的专业知识基础和对相关概念的理解和把握,将研究方向确定为管理哲学研究;进而认为,老子思想是一种哲学思想,老子建构哲学体系的最终目的是要指导并解决人类的管理问题,力图在哲学层面思考和解决人类的管理问题,因此,老子的哲学思想同时也是一种管理思想,这种管理思想是属于管理哲学范畴,据此把研究对象确定为老子的管理哲学。在具体研究过程中,希坤借鉴了黎红雷教授的管理哲学研究范式,主要研究了老子管理哲学中的本体论、认识论、方法论、人性论。这种研究套路是否可取,当然也是可以讨论的,但由此使其研究成果自成一个体系,让老子管理哲学能以一个特定思想系统呈现出现来,从而使人们从某个角度可以看到老子管理哲学的整体面貌,这对于相关领域的学术研究的深入与历史知识的普及都具有积极意义,做出了一定的贡献。

希坤在读博前是毕业于中共中央党校科技哲学专业的哲学硕士,选择管理哲学作为自己攻读博士学位的学术研究方向是与其攻读硕士学位时的学术研究方向一脉相承的,期望希坤今后继续扬长避短,朝着这个学术发展方向,脚踏实地不断向前迈进,并走出一条切于自己实际、适合自己个性的学术道路来。

周可真

2011年10月26日,于苏州大学北校区北沿河寓所

目 录

前　言 …………………………………………………………… 1

绪　论 …………………………………………………………… 1

一、研究老子管理思想的意义 ………………………………… 1
　　1. 理论意义 ………………………………………………… 1
　　2. 实践意义 ………………………………………………… 5
二、老子管理思想的研究现状 ………………………………… 9
　　1. 国外的研究现状 ………………………………………… 9
　　2. 国内的研究现状 ………………………………………… 12
三、老子管理思想的现代学术定位 …………………………… 19
　　1. 问题的提出：如何从现代学术界定老子管理思想 …… 19
　　2. 管理相关学科辨析：界定老子管理思想的前提 ……… 20
　　3. 管理哲学：对老子管理思想的现代学术定位 ………… 24
四、老子管理思想研究的文本选择和研究范式的确立 ……… 26
　　1. 《老子》文本的选择 …………………………………… 26
　　2. 研究范式的确立 ………………………………………… 28

第一章 道的重构：老子对治理之"道"的哲学建构 …… 33

一、道的失落：老子时代的社会治理困境 …… 34
1. 社会经济管理的变革 …… 34
2. 社会政治管理的混乱 …… 38
3. 社会文化管理的混乱 …… 42

二、道的继承：老子治理之"道"的理论渊源 …… 44
1. 吸收历史典籍的管理思想 …… 44
2. 继承上古天道及圣人思想 …… 49
3. 继承母系社会的管理思想 …… 53

三、道的重构：老子对治理之"道"的建构 …… 54
1. 老子建构哲学之"道" …… 55
2. 老子建构完整的治理之"道" …… 57
3. 老子治理之"道"的"哲学的突破" …… 59

第二章 道：社会治理的本体论 …… 64

一、道：社会管理的形上依据 …… 64
1. 道的内涵 …… 65
2. 道的主要特征、功能及规律 …… 69
3. "道"作为管理的形上依据的缘由 …… 72

二、德："道"在人类管理的落实 …… 74
1. 德的内涵 …… 74
2. "德"的种类 …… 77
3. "德"是如何使"道"落实到现实管理的 …… 78

三、尊道贵德：社会治理的形上原则 …… 81
1. 尊道的管理原则 …… 81

2. 贵德的管理原则 …………………………………… 88
　　3. 尊道贵德的管理形上原则 …………………………… 91

第三章　知常曰明：社会治理的认识论 …………………………… 94

一、"为道"：认识道的虚无性的方法 ……………………………… 95
　　1. "为道"的认知内涵 ………………………………… 95
　　2. 涤除玄鉴的认知途径 ……………………………… 96
　　3. 为道的直觉思维对治理之道的认知 ……………… 99

二、"反者，道之动"：认识道的运动性的方法 ………………… 102
　　1. 道的辩证运动 ……………………………………… 103
　　2. 辩证思维对管理之道的认知 ……………………… 106

三、大象无形：认识道的整体性的方法 ………………………… 111
　　1. 老子的象思维 ……………………………………… 111
　　2. 象思维对管理之"道"的把握 …………………… 114

第四章　道法自然：社会治理的方法论 …………………………… 119

一、道法自然：天道的管理方法 ………………………………… 119
　　1. 自然的内涵 ………………………………………… 119
　　2. 道法自然的天道管理方法 ………………………… 122

二、天人合道：道法自然的管理方法下落到社会治理的逻辑 … 124
　　1. 天人合一的内涵与发展脉络 ……………………… 124
　　2. 天人合道：老子对天人合一思想的继承与改造 … 126
　　3. 天人合道是道法自然管理方法下落人间的内在逻辑 … 128

三、无为而治：道法自然对人类管理方法的启示 ……………… 129
　　1. 无为而治 …………………………………………… 130
　　2. 柔弱胜刚强 ………………………………………… 137

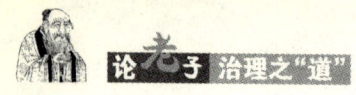

第五章　道性：社会治理的人性论 …… 144

一、自然人性：社会治理的人性论 …… 144
1. 道性：自然人性的来源 …… 145
2. 自然：自然人性的特征 …… 148
3. 自然人性的管理价值 …… 150

二、基于自然人性的自我修养管理 …… 152
1. 自我修养管理的内涵、特征 …… 152
2. 自我修养管理的途径 …… 154
3. 自我修养管理的境界 …… 157

三、基于自然人性的社会治理模式 …… 161
1. 道治 …… 161
2. 礼治 …… 163
3. 法治 …… 165

第六章　治道的比较：与儒家、法家、墨家管理哲学思想的比较 …… 167

一、与儒家管理哲学思想的比较 …… 167
1. 管理的形上基础比较 …… 168
2. 管理方式的比较 …… 172
3. 管理的理想国比较 …… 175

二、与法家管理哲学思想的比较 …… 178
1. 管理的形上基础比较 …… 178
2. 管理方式的比较 …… 183
3. 管理的理想国比较 …… 186

三、与墨家管理哲学思想的比较 …… 188
1. 管理的形上思想比较 …… 188

2. 管理方式的比较 …………………………………………… 193
　　3. 管理的理想国比较 ………………………………………… 197

第七章　道的实践：老子管理之"道"的历史影响 …………… 199

一、对中国历代管理理论的影响 ……………………………………… 200
　　1. 对道家管理思想的影响 …………………………………… 200
　　2. 对道教管理思想的影响 …………………………………… 209
　　3. 对法家管理思想的影响 …………………………………… 214

二、对中国历史治理实践的影响 ……………………………………… 216
　　1. 对汉初文景之治的影响 …………………………………… 216
　　2. 对唐朝贞观之治、开元之治的影响 ……………………… 219
　　3. 对宋太祖、太宗治国的影响 ……………………………… 226
　　4. 对明太祖朱元璋治国的影响 ……………………………… 230

三、对西方管理思想的影响 …………………………………………… 234
　　1. 对西方政治实践的影响 …………………………………… 234
　　2. 约翰·赫德《领导之道》对老子管理思想的继承和
　　　 发展 ………………………………………………………… 235
　　3. 彼得·圣吉对老子思想的继承和发展 …………………… 238

结语：对老子治理之道的反思 ………………………………… 243

一、从"道法自然"到"无为而治"：老子治理之道的内
　　在逻辑 ………………………………………………………… 243
二、从神本管理到人本管理：老子治理之道的历史价值 ………… 244
三、从内圣外王到唯物史观：老子治理之道的当代旨趣 ………… 245

参考文献 ……………………………………………………………… 247

后　记 ………………………………………………………………… 261

前 言

春秋之时，周室衰微，礼坏乐崩，社会动荡，人心不古，西周以来一直沿用的那套国家治理模式已不再能有效地平治天下，治国理念和治国模式的革故鼎新成为新时代的主课题。作为当时最有学问的思想家之一，老子对这个时代主题做出了哲学的回应：他否定了作为西周以来治国者指导思想的天命观，以无神论哲学的"自然"之"道"取代了传统神学的人格之"天"，建立了以"道"为核心范畴的哲学体系，提出了"无为而治"的国家治理新模式。

作为老子哲学核心范畴的"道"，是一个标志终极存在或宇宙本体的形而上学概念，这个形而上的本体既是派生万物的宇宙本根，又是宇宙万物运行的根本法则，也是人所当信守的基本行为准则。按照老子哲学思想，"道"在万物运动过程中显示出它具有"生而不有，为而不恃，长而不宰"的"玄德"，这种"德"对"道"自身来说是"道法自然"，对万物来说则是"道常无为而无不为"。

在老子看来，"从事于道"从而"同于道"的"圣人"也是"法自然"而"常无为"，以这种方式来治国就能达到"无不治"的善治状态。

这种善治状态对现实的治国者（"侯王"）来说是一种理想状态，要达到这种理想状态，应取"圣人"的治理方式，即所谓"无为而治"。"无为而治"的治理方式最适用于"小国寡民"的理想国度。

由道法自然到无为而治是老子治理之"道"演化的内在逻辑，由此，老子不仅为人类社会的治理重新建构了形上的合法性，也指出了人类社会治理的应然状态和终极性关怀。《汉书·艺文志》则明确指出老子创立的道家属于一种管理思想："道家者流，盖出于史官，历记成败存亡祸福古今之道，然后知秉要执本，清虚以自守，卑弱以自持，此君人南面之术也。"所谓"南面之术"就是指帝王的统治术，即治理国家的方法。

老子开创了以"道"论治的先河，与儒家以"仁"论治、法家以"法"论治相比，老子的治理之"道"具有更大的原创性、批判性、包容性和智慧性，正如司马谈所论："道家使人精神专一，动合无形，赡足万物。其为术也，因阴阳之大顺，采儒、墨之善，撮名、法之要，与时迁移，应物变化，立俗施事，无所不宜，指约而易操，事少而功多。"

老子的治理思想对后世的治理理论和治理实践产生了深远的影响。庄子把老子的管理思想明确表达为"内圣外王"，稷下黄老学派则把黄帝作为老子管理思想的实践家，把老子作为管理理论家，假托黄、老以说明老子管理思想的价值和意义。韩非通过《解老》、《喻老》把老子的管理思想明确转化为一种法治思想，对老子的管理思想作了重大发展。《河上公章句》也有大量篇幅阐发了老子的管理思想，道教经典《老子想尔注》亦包含大量的治国思想，是以宗教方式对老子国家治理学说的阐发。唐玄宗曾亲自为《道德经》作注、疏，明太祖也曾亲自注解《道德经》，这反映出老子的治理思想与古代治国者曾有现实的互动关系。

如果说我国历史上对老子管理思想的研究注重从哲学的角度论证管理的合理性，20世纪80年代之后，对老子管理思想的研究出现重大转型。随着改革开放和我国经济的发展，西方管理学在我国成为显学，人们开始以西方管理学的理论和方法研究老子管理思想，这种研究把老子管理思想和现代管理学直接联系起来，用老子的管理思想启迪管理实践，对发挥老子在现时代的作用、赋予老子以现代意义具有重要作用。

从现代管理的学科划分看，研究管理的学科有管理思想、管理哲学、管理学。管理思想是人类在其管理活动中根据长期的实践经验而总结出来的有关有效管理的各种观念、主张和知识；"管理哲学"是科学管理的理论基础，是管理中具有普遍意义的必须遵循的一些主要原则或原理，而且这些原则或原理具有方法论的意义；管理学则是研究有关管理的理论、方法，并为管理提供原则和方法的科学。

从老子的思想体系看，老子建构哲学之"道"的目的是以"道"观照人类社会的治理问题，是为人类社会治理寻求哲学基础和依据。老子这种以哲学方式审视和思考人类治理问题的思维方式就是现代管理哲学的思维方式，以现代管理哲学反思老子的治理思想，老子实质上以哲学之"道"为基础建构了社会的治理之"道"，治理之"道"是老子哲学之"道"的目的和归宿。究其实质而言，老子的治理之"道"就是老子的管理哲学。

有鉴于此，研究老子管理思想最恰当的学科是管理哲学。本书从老子思想的内在逻辑出发，从管理哲学的角度，以老子的哲学观为逻辑起点分析老子是如何从哲学之"道"推演出人类社会的治理之"道"。首先，应用现代管理哲学的研究范式重构老子的管理哲学体系，分别从管理本体论、管理认识论、管理方法论、管理人性论等方面进行建构，寻求老子管理哲学的内在逻辑；其次，应用历史实践上，历代统治者对老子管理哲学的成功应用，寻求老子治理之"道"的历史价值；最后，理性反思老子的管理哲学中的理论与实践、历史与逻辑的有机联系，及其对现代的意义。

本书力图为人们理解老子治国思想提供新的视角。但由于水平有限，不当之处，敬请同行批评、指正。

绪　　论

一、研究老子管理思想的意义

1. 理论意义

（1）深化对老子管理思想的研究

研究一种思想首先要把握这个思想的实质。对于老子思想的实质，司马谈在《论六家要旨》中对先秦、秦汉诸子百家之学进行总结时指出："《易大传》曰：'天下一致而百虑，同归而殊途。'夫阴阳、儒、墨、法、道德，此务为治者也。"① 所谓"治"就是管理国家，② 在司马谈看来，百家争鸣的焦点其实都在对国家管理的理论及其哲学基础的探讨上，老子创立的道家思想在本质上同样是一种国家管理思想。关于这一点，《汉书·艺文志》明确指出："道家者流，盖出于史官，历记成败存亡祸福古今之

---

① 《史记·太史公自序》，中华书局标点本，第3288～3289页。
② 我国传统意义上所说的治理是一种国家对社会的管理，管理主体单一，仅仅指政府；现代西方公共管理的治理是指社会的各种组织（主要包括政府、营利组织、第三部门等）共同参与管理社会事务，谋求公共利益的过程，本书是在传统意义上使用"治理"一词。

道,然后知秉要执本,清虚以自守,卑弱以自持,此君人南面之术也。"①所谓"南面之术"就是指帝王的统治术,即治理国家的方法。由此可见,老子及其道家思想的实质就是治身治国、讲究修身治国平天下的学术。

自老子思想产生之后,通过注老、解老以阐发国家管理思想的在中国学术历史上形成了一道亮丽的风景线。《河上公章句》用大量篇幅阐发老子的管理思想,《老子想尔注》亦包含大量的治国思想,韩非则通过《解老》、《喻老》把老子的管理思想明确转化为一种法治思想,对老子的管理思想作了重大发展。对老子管理思想阐发得最为详尽的当数道家学派,庄子把老子的管理思想明确表达为"内圣外王",稷下黄老学派则把黄帝作为老子管理思想的实践家,把老子作为管理理论家,假托黄、老以说明老子管理思想的价值和意义。道教以宗教的方式说明、践行老子的国家治理学说(道教的早期创始人之一张鲁不仅注解老子,还在割据汉中时推行黄老治道②)。历代治国的明君也都以自己治国的实践经验注解老子的管理思想,唐玄宗亲自为《道德经》作注、疏,明太祖也亲自注解《道德经》③。

我国历史上对老子管理思想的研究注重从哲学的角度论证管理的合理性,20世纪80年代之后,对老子管理思想的研究出现重大转型。随着改革开放和我国经济的发展,西方管理学在我国成为显学,人们开始以西方管理学的理论和方法研究老子管理思想。这种研究把老子管理思想和现代管理学直接联系起来,用老子的管理思想启迪管理实践,对发挥老子在现时代的作用、赋予老子以现代意义具有重要作用。但是这种纯粹以西方科学管理的方法研究老子的范式有着天然的内在缺陷,这种缺陷是由人们对科学管理的片面认识产生的。自"科学管理之父"泰勒(Frederick W. Talor)创立科学管理理论以来,尽管他本人一再强调"科学管理从本质

---

① 《汉书·艺文志》,中华书局标点本,第1732页。
② 胡孚琛、吕锡琛:《道学通论》,社会科学文献出版社2004年版,第280~290页。
③ 参见:《大明太祖高皇帝御注道德真经》,《道藏》第11册。

精髓来说，包含着某种哲学，而这门哲学是科学管理四大原理相结合的产物"①。然而在现实中人们仍然忽视了科学管理中的哲学思想，而只关注科学管理所产生的经济效益，强调了组织和生产过程的科学性、规律性、制度性，忽视了人的主体性，造成了管理中规律性与价值性、科学性与人文性的分离。为了克服这些弊端，西方管理学家在泰勒的科学管理理论、法约尔的组织管理理论基础上，通过对人性与人际关系的研究，不断推动管理的科学性与人文性的融合。同时，随着全球化、知识经济的发展，管理研究出现了四大哲学趋势，即研究对象的普遍化趋势、学说内容的理论化趋势、学科范式的综合化趋势以及理论形态的抽象化趋势，从而导致现代管理的发展呈现出"哲学化趋势"。② 管理研究从管理学发展到管理哲学体现了管理发展的内在理路，是管理研究发展的必然趋势。

由此可见，运用管理哲学的范式研究老子管理思想相对于运用管理学范式的研究是一个进步，可以深化对老子管理思想的研究。从老子思想的内在整体看，老子思想首先是一种哲学思想，管理思想是老子哲学思想在人类管理问题上的理性拓展，正如陈鼓应指出："老子整个哲学系统的发展，可以说是由宇宙论伸展到人生论，再有人生论延伸到政治论。然而如果我们了解老子思想形成的真正动机，我们当可知道他的形而上学只是为了应和人生与政治的要求而建立的。"③ 老子是站在哲学的角度和高度来探讨社会管理问题。因此，从管理哲学的角度研究老子管理思想不仅符合老子哲学的基本精神，而且对深化老子管理思想的研究具有重要意义。

基于此以上考虑，本书将采用管理哲学的研究方法，力图运用管理哲学深化对老子管理思想的研究。

（2）为构建中国式管理哲学提供老子及道家哲学支撑

人类的管理实践表明，管理不仅是科学的，而且是文化的。科学性体

---

① ［美］泰勒：《科学管理原理》，上海科学技术出版社1984年版，第88页。
② 张尚仁：《管理、管理学与管理哲学》，云南人民出版社1987年版，第149～157页。
③ 陈鼓应：《老子注译与评介》，中华书局2006年版，第1页。

现了管理的技术普遍性，文化性则体现了管理的价值性、特殊性。正是由于管理文化性的存在，使得不同国家、不同民族的管理表现出特殊性的一面。正因为如此，随着西方管理学在中国的实践，面对中国管理的现实问题，越来越多的学者倡议建立中国式管理哲学，以适应中华民族的发展。20世纪70年代华人学者成中英撰文《建立中国的管理哲学》，探讨建立中国管理哲学的可能性。曾仕强在总结台湾经济腾飞的管理实践经验时，提出"创建中国管理哲学是管理中国化的途径"，"一方面使中国的道德理想和艺术精神，能充分溶化于现代管理之中；一方面也希望西方的管理，能够在中国走出一条崭新的道路，表现出真正中国化的特色"。[①] 葛荣晋则认为构建中国管理哲学是"时代的呼唤"[②]。当前，许多学者纷纷投入这一领域的研究，中国管理哲学作为一门年轻的学科，正在蓬勃发展。

对于什么是中国管理哲学，黎红雷认为"是几千年中国传统社会国家管理的理论指南；而其基本形态，在春秋战国时期就已经形成了"[③]。并认为司马谈提出的"六家说"，即"阴阳、儒、墨、名、法、道德"是中国管理哲学的主要内容，这六家中又以儒、道、法三家为主。然而，由于历史的影响，尤其是汉武帝实施"罢黜百家，独尊儒术"之后，儒家成为显学，成为国家制度化的管理哲学，道家则退居政治管理的幕后。但历史发展表明，中国历朝的统治者在管理实践中始终遵循着"外儒内道"的管理原则，正如南怀瑾所说："中国历史，自秦、汉以后，任何政治清明的国家升平阶段，其思想与治术，大都有以共通原则，即'内用黄老，外示儒术'。且看每逢国家变故，起而拨乱反正的时代，多半有道家的人物，参与其间的现象这几乎已成为过去历史的定例。"[④] 从历史上看，历代王朝兴替、治理混乱皆采用道家管理学说，从汉朝的文景之治、唐朝的贞观

---

① 曾仕强：《中国管理哲学》，东大图书公司印行1986年版，第3页。
② 葛荣晋：《中国管理哲学导论》，中国人民大学出版社2007年版，导论。
③ 黎红雷：《儒家管理哲学》，广东高等教育出版社出版社1998年版，第17页。
④ 南怀瑾：《中国道教发展史略》，复旦大学出版社1996年版，第117页。

之治、开元之治等都说明了这一点。事实上，由老子创立的道家管理学说，经过稷下黄老、楚地黄老，经秦汉黄老道家一直到两汉以后的道教发展下来，形成了一个内容丰富而实用的管理学派，在中国的政治管理、国家管理实践中产生了巨大的影响，发挥了积极的作用。

由此可见，道家管理哲学在理论上和实践上都是中国管理哲学的主要组成部分，作为道家管理哲学的创始人老子的管理哲学又是道家管理哲学的原点。研究老子管理哲学不仅可以深入了解道家管理哲学演化、发展的原点要素，而且可以为构建完整的中国管理哲学体系提供道家哲学的支撑。

2. 实践意义

（1）为管理实践提供道家的智慧启迪

雅斯贝斯把公元前8世纪至2世纪称为轴心时代："看来要在公元前500年左右的时期和在公元前800年至200年的精神过程中，找到这个历史轴心。正是在那里，我们同最深刻的历史分界线相遇，我们今天所了解的人开始出现。我们可以把它简称为'轴心期（AxialPeriod）'。"[①] 雅斯贝斯深刻地指出："人类一直靠轴心时期所产生的思考和创造的一切而生存，每一次新的飞跃都回顾这一时期，并被它重燃火焰，……轴心期潜力的苏醒和对轴心期潜力的回归，或者说复兴，总是提供了精神的动力。"[②] 老子是生活在轴心时代的哲人，老子的管理思想深刻影响了中国历史上的管理实践，是古人留给现代人的宝贵的管理智慧。然而，类似老子管理思想的传统管理智慧在现代却被忽略，正如美国管理思想史专家小乔治（Claude S. George, Jr）指出："中国人早就以其智慧著名，但对他们的

---

① ［德］卡尔·雅斯贝斯：《历史的起源与目标》，魏楚雄、俞新天译，华夏出版社1989年版，第7～8页。
② 同上，第14页。

管理思想却很少有人进行研究。"① 赵靖也曾指出："从企业管理的角度看，《老子》一书的重要性不在《孙子兵法》之下，但目前国内对这方面的发掘和研究都还极少。这是一个急需提上日程的研究课题。"② 当前，面对现代化的管理实践，从传统的管理思想中寻求管理智慧，对于解决现代管理问题，启迪管理智慧具有重要意义。

从传统和现实出发解决管理问题是一种唯物主义的研究方法，而忽视传统价值，单纯以西方管理方法解决管理实践问题，往往容易造成管理理论和管理实践的背离。正如美国美国著名的管理学家潘威廉在其所著的《组织行为学》导言中就曾明确指出："某些理论或结论适用于西方，却对中国的实际一点也派不上用场。"③ 现实是传统的延续，在中国的管理实践中，必须结合中国传统的管理思想，"中国传统管理思想有许多特点，可以补西方管理学的不足"④。在对待传统管理思想与西方现代管理思想的问题上，日本的管理实践为我们提供了成功的范式。日本"近代企业之父"涩泽荣一的管理经验影响了整个日本近代以来的企业管理，其中《〈论语〉与算盘》是他对日本企业管理成功的毕生总结，该书在日本被称为"商业圣经"。涩泽荣一说："我始终认为，算盘要靠《论语》来拨动，同时《论语》也要靠算盘才能从事真正的致富活动。由此可以说，《论语》与算盘的关系远在天边，近在咫尺。"⑤ 涩泽荣一指出了一条以传统管理智慧与现代西方管理技术相结合的现代化管理的成功道路。"大凡日本著名的管理家，都热心于从中国古籍中寻找智慧，以确立自己的经营方针或构建经营管理形式……有的虽是在战后成长起来的，但也希望从中国古籍

---

① ［美］克劳德·小乔治：《管理思想史》，商务印书馆 1985 年版，第 15 页。
② 赵靖：《中国古代经济管理思想概论》，广西人民出版社 1986 年版，第 21 页。
③ 潘威廉：《组织行为学》，广西人民出版社 1997 年版，导言。
④ 周桂钿、邓习行：《中国传统管理思想的现代价值》，中国人民大学出版社 1993 年版，第 5 页。
⑤ ［日］涩泽荣一：《〈论语〉与算盘》，刘唤译，哈尔滨出版社 2007 年版，序言。

中寻找经营管理诀窍。"① 日本著名企业家北尾吉孝在《从中国古籍中获取不可思议的力量》一书中指出："以我的经验，中国古籍教会我们：从'如何运筹帷幄'到'如何运用头脑思考'，乃至'如何把握行动的时机'。"②

我国目前的管理实践正面临着复杂多变的社会局面：全球化在我国的影响进一步加深，人性在现代化的物化过程中逐步沉沦，社会分化、演化加快……面对这样的局面，老子哲学中清静无为、崇俭抑奢、以人为本等管理思想，以及整体思维、辩证思维的思维方式都能给我们的现实管理实践提供有益的启迪。

（2）为中国式管理提供道家文化支撑

随着我国经济的快速发展，许多学者提出寻求中国发展的文化动因，并构建中国式的管理模式，即中国式管理。从社会管理与社会发展看，文化是推动社会发展的深层次动因，是管理发挥效用的终极动力。正如马克思·韦伯（Marx Webber）在总结资本主义发展时，提出了著名的资本主义发展的文化动因假说，认为新教伦理在形成资本主义伦理价值体系方面起到了决定性的作用，正是这种新教伦理促进了西欧资本主义经济的发展，"现代资本主义精神，以及全部现代化的一个根本要素，即以天职思想为基础的合理行为，产生于基督教的禁欲主义"③。中国式管理的实质就是从文化的角度寻求推动中国发展的深层次动因。

所谓中国式管理"是指以中国管理哲学来妥善运用西方现代管理科学，并充分考虑中国人的文化传统以及心理行为特性，以达成更为良好的管理效果"。从本质上看，"中国式管理不能完全等同于中国古代典籍思想在现代商业社会的重新解读。其次，中国式管理也绝非西方管理的照搬。

---

① 唐任武：《儒家文化与现代经济管理》，经济管理出版社2003年版，第219～220页。
② ［日］北尾吉孝：《从中国古籍中获取不可思议的力量》，李政译，北京大学出版社2006年版，第1页。
③ ［德］马克思·韦伯：《新教伦理与资本主义精神》，四川人民出版社1986年版，第170页。

当然，它也不是西方现代管理思想的对立面，尽管有人有意无意地这样思考，归根结底，中国式管理是符合中国的基本国情，来自于中国实践，反映中国人最根本的价值观，而且它应该是动态的、兼容并包的"①。

就中国传统文化在中国式管理中的作用而言，道家思想是重要组成部分，"道家思想是与汉族文化同时产生底"②，道教"可以说是混合汉族各种原始的思想所成底宗教"③，"中国一般的思想就是道教底晶体，一切都可以从其中找出来"④。"中国的文化是一个具有特色的本地产物，是中国人民和他们的环境互相影响的结果。"⑤ "中国根柢全在道教。"⑥ "中国如果没有道家思想（Taoism），就会像是一颗某些深根已经烂掉的大树。"⑦ 如果说道教是中国本民族的传统宗教，那么，老子"道法自然"的思想是其源头，更是中华民族的内在精神，是中国民族性格的映射。道家道教思想"综罗百代，广博精微"⑧，它不仅包括政治、哲学、文学、艺术、科学等方面的重要内容，而且也包括经国济世、经邦济民的重要思想。

正如司马谈在论及道家对管理的价值时指出："道家使人精神专一，动合无形，赡足万物。其为术也，因阴阳之大顺，采儒、墨之善，撮名、法之要，与时迁移，应物变化，立俗施事，无所不宜，指约尔易操，事少而功多。"⑨ 葛荣晋把中国式管理划分为"有为管理"模式和"无为管理"模式，其中"无为管理"模式主要是指以老子思想为核心的道家管理文

---

① 魏长霖、刘莎：《中国式管理的哲学思考》，《企业活力》2005 年第 11 期。
② 许地山：《道教史》，上海古籍出版社 1999 年版，第 141 页。
③ 同上，第 143 页。
④ 同上，第 176 页。
⑤ 张光直：《关于中国文明起源的继续探索》，chaeology, vol. 30, no. 2&3, 1977. 引文据考古学参考资料（第一册）1978，第 20 页。
⑥ 鲁迅：《鲁迅书信集》（上卷），人民文学出版社 1976 年版，第 18 页。
⑦ Joseph Needham, *seience and civilisation in china*, vol. 2, Cambridge university Press, 1977, p. 164.
⑧ ［清］纪晓岚：《阅微草堂笔记》。意思是说，道家的文化思想，包括了中国上下五千年的整个文化。"广博"是包罗众多，"精微"精细到极点，微妙到不可思议的境界。
⑨ 《史记·太史公自序第七十》卷一百三十。

化,"无为而治"的内涵包括:在大事上"有所为",在小事上"有所不为";在求贤上,"有所为",在用人上"有所不为";在行为上要"顺其自然",不要"逆其自然";在市场上,既要"竞争",又要"不竞争"。①

因此从管理哲学的角度研究老子的管理思想可以为构建中国式管理模式提供道家文化支撑,提供"道法自然"思想的原型和"无为而治"管理模式的文化内核。

二、老子管理思想的研究现状

在中国历史上历代的道家、道教学者中,黄老学派就特别注重发展老子学说中救民治国的治道思想,历代也不乏学者从"治道"的角度研究老子思想,或者从老子那里汲取思想资源运用于管理实践。尤其值得一提的是,历代帝王之中唐玄宗、宋徽宗、明太祖朱元璋及清世祖顺治皇帝都亲自注解过《道德经》②,结合治理国家的实践经验阐发老子的管理思想。自20世纪现代管理学创生以来,对老子管理思想的研究出现了重大转型,学者们开始从管理学的角度对老子思想进行研究。特别是20世纪80年代以来,许多中外学者在现代化的时空中对老子的管理思想进行研究,力图把老子的管理思想进行现代转化,汲取传统管理智慧以指导现代管理。

1. 国外的研究现状

国外对老子管理思想的研究可以分为两类:一类是海外华人,一类是洋人学者。在华人中,张绪通先生就老子的"道"与现代管理的关系撰写

---

① 葛荣晋:《中国哲学智慧与现代企业管理》,中国人民大学出版社2006年版,第13~29页。
② 曾宪年:《老子领导思想研究》,湖南师范大学出版社2006年版,第22页。

了《"道"的综合管理》和《道学的管理要旨》，认为老子的管理哲学是一种"水式的管理"，其特点在于：第一，水式管理的最高原则和指导思想是"道法自然"；第二，水式管理的最佳模式是"我无事而民自富"；第三"弱用之术"是水式管理的策略和方法。① 张绪通还出版了《黄老智慧》②一书，书中以老子的哲学智慧指导人生，提出了人生和人类社会的管理问题。

意大利籍学者贺荣一则将老子的政治管理学说称为"朴治主义"③，认为老子的思想乃是"人君当以自然之道，亦即以自然方式治民"。

成中英的《C理论：中国管理哲学》④ 是一部创造性的中国管理哲学著作。该书以《易经》为基础，以中国传统智慧与西方科学精神的融会贯通为目的，以"中国管理科学化，管理科学中国化"为宗旨，以集科学、文化、艺术三位一体为特征，注重管理资源与中华文化资源（尤其是哲学智慧与道德价值）的整和，创造性地提出C理论的中国管理模式。C理论中，成中英认为，道家的重要价值体现在管理决策中。一方面，道家把自然、道、天、地、人放在一个系统中思考问题，使得决策具有长远性和整体性；另一方面，道家注重领导者的主体修养，领导者在"虚"、"静"的状态下能准确把握管理的规律，能按照规律进行决策。成中英在准确把握中国哲学思想精髓的前提下，力图把中国的传统管理思想和西方现代管理思想结合起来，构建中国自己的管理哲学。

国外洋人学者对老子管理思想的研究，体现在两个方面：一方面通过对老子原著的翻译、注释以阐发老子管理思想，如美国约翰·赫德著《一

---

① ［美］张绪通：《道学的管理要旨》，四川大学出版社1992年版，第30～32页。
② ［美］张绪通：《黄老智慧》，人民出版社2005年版。
③ ［意］贺荣一：《老子之朴治主义》，百花文艺出版社1994年版。
④ 成中英：《C理论：中国管理哲学》，中国人民大学出版社出版2006年版。

个美国人眼中的道》①,作者在书中论述了他自己对道的理解,并以他对道的理解来说明如何做一个好的领导者。该书对于传播老子的管理思想,尤其是让西方人认识和理解中国传统文化有着重要意义。但该书中的许多内容都是作者对老子思想的体悟,并不是学术的逻辑建构,学术范式不明显。

哈耶克在其经济著作中,对老子的自然主义管理思想极为推崇,并引用老子"我无为而民自化,我好静而民自正"来说明他的自由管理思想。②

20世纪90年代,西方管理学界在认识到西方工业革命和西方的分析思维给人类带来的危害时,提出了学习东方的管理思维,主要是东方"天人合一"的整体思维。这方面的代表人物是美国麻省理工学院斯隆管理学院教授彼得·圣吉(peter senge)。在《第五项修炼——学习型组织的艺术与实务》一书中,彼得·圣吉详细论述了学习型组织的实质及建构方法。该书用两种语言来论述管理的本质:一种是西方的技术语言,另一种则是中国传统哲学的语言,特别是老子《道德经》里的思想。正如台湾学者扬硕英指出,学习型组织与中国传统文化思想有许多契合之处,"对于中国的读者来说,《第五项修炼》一书中系统思考精华所在的系统基模是很亲切的,因为它们像是中国古圣贤智慧的结晶,而且对于本、末、先、后和轻、重、缓、急更容易掌握运用;圣吉一直致力于将东西方古老智慧的结晶和最新的管理科学融合。他对老子的领导传统文化尤为推崇;而其所提出的五项修炼,有许多与儒、道、释三家思想又非常相近"③。学习

---

① [美]约翰·赫德:《一个美国人眼中的"道"》,伍雨钱、乔界文译,刘辉扬校,上海文化出版社1992年版。赫德把他的书称为《领导之道——新时代的领导战略》,后经中文翻译者定名为《一个美国人眼中的"道"》,从赫德对书的命名可以看出他把老子思想理解为一种管理思想。

② [英]弗雷德里希·奥古斯特·哈耶克:《自由宪章》,扬玉生、冯兴元、陈茅等译,中国社会科学出版社1998年版,《导言》第7页。

③ [美]彼得·圣吉:《第五项修炼——学习型组织的艺术与实务》,郭进隆译,扬硕英审校,上海三联书店1998年版,第9页。

型组织理论不仅为管理学开拓了新的境界,而且为中国传统文化在现代如何发展提供了重要的启示。学习型组织明确提出"无为而治的有机管理",也就是说给员工行动的自由去实践他们自己的构想,并对所产生的结果负责。学习型组织不需要传统组织中用于控制下属的复杂的管理系统,它的控制方式主要是"通过学习来控制",致力于改善思考品质、加强反思与团队学习能力,以及发展共同远景和共同承担企业复杂课题的能力。这些能力使得学习型组织,相对于其他组织,不但更能地方自主,而且更加协调一致,从而达到"无为而为"的最高管理境界。彼得·圣吉还直接引用《道德经》里的语言来表达他的管理思想,如引用"太上,不知有之……"来说明领导者的角色。学习型组织的心智模式与老子的"涤除玄鉴"思维是一致的。总之,该书是把中国的道家管理思想和现代技术想结合,建构了一个现代的管理理论。2004年彼得·圣吉又出版了《修炼的轨迹》①,进一步提出如何用中国传统文化的主体修炼思想(尤其是道家思想)提高领导者的思维水平和管理境界。应该说,彼得·圣吉以一个外国学者的角度,指出了中国传统管理思想走向现代化的路径,为中国传统管理思想在现代的发展提供了有效的参考方法。

2. 国内的研究现状

纵观国内学者对老子管理思想的研究,主要是管理学界和中国哲学界的学者对老子管理思想进行研究。管理学界对老子管理思想的研究,就其理论形式而言包括专门阐发老子管理思想的专著、著作中部分章节阐发老子管理思想以及以论文的形式阐发老子的管理思想。

迄今为止,专门研究老子的道家管理思想的专著不多,目前只有张锦

---

① [美]彼得·圣吉等:《修炼的轨迹》,台湾天下远见出版股份有限公司2006年版。

明《〈老子〉智慧与经营管理》①，熊礼汇《老子与现代管理》②，中国人民大学的扬先举先后出版了《老子与企业管理》③和《老子管理学》④，潘乃越《老子与现代管理》⑤，张金岭《无为之道—道家管理》⑥，田云刚、张元洁《老子人本思想研究》⑦，曹军《道家的战略管理》⑧，曾宪年《老子领导思想研究》⑨，杨灿明《商战权术·老子》⑩，柳振群《老子管理思想研究》⑪，齐善鸿《道本管理》⑫，秦榆《老子学院》⑬，水成冰《老子方圆智慧》⑭。

  陈专著外，尚有许多研究者在其关于中国管理思想的著述中，阐发了老子的管理哲学思想，如刘云柏先生的《中国古代管理思想史》中认为："儒家管理思想的伦理型哲学代表了宗法管理文化，道家管理思想的自然型哲学则在一定程度上表现出对宗法管理文化的怀疑、否定和批判，……它的法自然、求超脱的人生哲学、浪漫主义、超现实主义的文学，立足于经济管理事实上的理性思辨，深刻地影响并极大地充实了以儒家管理思想为主导的中国管理文化不竭的精神源泉，而且构成了中国管理行为的准则，并进而升华为中国管理文化的灵魂，凝聚结晶为管理想追求。"⑮复旦大学的苏东水教授力主创立中国管理学，在复旦成立了"中国管理学研

---

① 张锦明：《〈老子〉智慧与经营管理》，学林出版社1991年版。
② 熊礼汇：《老子与现代管理》，学林出版社1999年版。
③ 扬先举：《老子与企业管理》，中国人民大学出版社1997年版。
④ 扬先举：《老子管理学》，中国人民大学出版社2005年版。
⑤ 潘乃越：《老子与现代管理》，中国经济出版社1996年版。
⑥ 张金岭：《无为之道—道家管理》，四川大学出版社2002年版。
⑦ 田云刚、张元洁：《老子人本思想研究》，中国社会科学出版社2005年版。
⑧ 曹军：《道家的战略管理》，中国广播电视出版社2007年版。
⑨ 曾宪年：《老子领导思想研究》，湖南师范大学出版社2005年版。
⑩ 杨灿明：《商战权术·老子》，湖北人民出版社2003年版。
⑪ 柳振群：《老子管理思想研究》，天津古籍出版社2008年版。
⑫ 齐善鸿等：《道本管理—中国企业文化纲领》，中国经济出版社2007年版。
⑬ 秦榆：《老子学院》，中国长安出版社2006年版。
⑭ 水成冰：《老子方圆智慧》，中央编译出版社2006年版。
⑮ 刘云柏：《中国古代管理思想史》，陕西人民出版社1997年版，第286～287页。

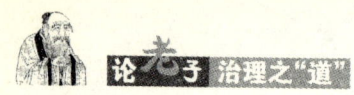

究所",并出版了《东方管理》①、《中国管理通鉴》②。在这些书中论述到老子的管理思想,并把老子的管理思想作为中国的一个重要的管理思想进行研究。战殿学等出版了《管理新论——无为管理学》③,雷原出版了《中国人的管理智慧》④。从正式出版的著作来看,老子的管理思想在一些研究中国古代管理思想的综合性著作中基本都有所涉及,比较有代表性的如:《中国古代管理思想》编写组的《中国古代管理思想》⑤,中国古代管理思想研究会编《中国传统管理思想的新探索》⑥,蒋一苇《古代管理思想与中国式管理》⑦,叶世昌主编《中国古代经济管理思想》⑧,虞祖尧《管理思想探源》⑨,陈友冰主编《中国古代管理概论》⑩,苑广增《中国古代管理思想荟萃》⑪,杨承辉《中国古代经营管理思想研究》⑫,陈世陕《中国古代思想与现代经营管理》⑬,单宝《中国管理思想史》⑭,萧万明《古代管理智慧与现代经营艺术》⑮,《先秦诸子与管理》⑯,《中国古代管理思想之今用》⑰,《中国古代治国要论》⑱ 等。这些著作中对老子管理思想

---

① 苏东水:《东方管理》,山西经济出版社2003年版。
② 苏东水:《中国管理通鉴》,浙江人民出版社1996年版,该书分为人物卷、名言卷、技巧卷。
③ 战殿学等:《管理新论——无为管理学》,东北财经大学出版社1997年版。
④ 雷原:《中国人的管理智慧》,北京大学出版社2004年版。
⑤ 《中国古代管理思想》编写组:《中国古代管理思想》,企业管理出版社1986年版。
⑥ 中国古代管理思想研究会编:《中国传统管理思想的新探索》,企业管理出版社1988年版。
⑦ 蒋一苇:《古代管理思想与中国式管理》,经济管理出版社1989年版。
⑧ 叶世昌主编:《中国古代经济管理思想》,复旦大学出版社1990年版。
⑨ 虞祖尧:《管理思想探源》,新华出版社1990年版。
⑩ 陈友冰主编:《中国古代管理概论》,安徽人民出版社1991年版。
⑪ 苑广增:《中国古代管理思想荟萃》,科学技术文献出版社1992年版。
⑫ 杨承辉:《中国古代经营管理思想研究》,南开大学出版社1996年版。
⑬ 陈世陕:《中国古代思想与现代经营管理》,东北财经大学出版社1997年版。
⑭ 单宝:《中国管理思想史》,立信会计出版社1997年版。
⑮ 萧万明:《古代管理智慧与现代经营艺术》,复旦大学出版社2003年版。
⑯ 周建波等:《先秦诸子与管理》,山东人民出版社2008年版。
⑰ 潘承烈、虞祖尧等:《中国古代管理思想之今用》,中国人民大学出版社2001年版。
⑱ 纪宝成主编:《中国古代治国要论》,中国人民大学出版社2004年版。

在现代管理中的应用作了深入的研究。

中国哲学界对老子管理思想的研究主要是把老子的哲学思想拓展到社会管理领域，重点研究老子的哲学思想与管理思想的逻辑关系。就其研究方法而言，一种是根据对老子思想的注释阐发老子的管理思想，另一种是直接应用管理哲学的研究方法研究老子的管理思想。第一种研究方法实质上是中国哲学的研究方法。这种研究在中国哲学著作中相当多，如陈鼓应在注解老子思想中就探讨了老子的宇宙论与政治论的关系[1]，董京泉在《老子道德经新编》中重新编排了《道德经》的章节秩序，把《道德经》划分为道论篇、德论篇、修身篇和治国篇，把《道德经》的管理思想明晰化。[2] 这种研究非常多，如冯友兰的《中国哲学简史》[3]，胡适的《中国哲学史大纲》[4] 等，都以类似的方法探讨了老子的治国思想。

以管理哲学的方法研究老子管理思想是在管理哲学兴起之后，有许多学者投入到这个领域的研究。就理论成果的形式而言，目前还没有专门研究老子管理哲学的专著，只是在中国管理哲学的专著中涉及到老子的管理哲学。黎红雷先生在《儒家管理哲学》中论及到老子的管理哲学，认为道家管理哲学的基本精神是以"道"为中心，讲"道法自然"，讲"无为而治"，讲"弱者道之用"，在管理的规律、方式和艺术方面提出了独特的见解。[5] 所谓"无为而治"，其实就是管理行为的"最小—最大"原则，即如何以最小领导行为取得最大的管理效果。道家民理解的"最小"是"道法自然"，因而主张以清静无事来达到无为而治。而老子的"弱用"管理艺术可以归纳为十种：静观待变、守弱用柔、知盈处虚、居上谦上、不争之争、见微知著、欲取先予、以曲求全、藏而不露、知足常乐等。葛荣晋

---

[1] 参见陈鼓应：《老子注译与评介》，中华书局2006年版。
[2] 董京泉：《老子道德经新编》，中国社会科学出版社2008年版。
[3] 冯友兰：《中国哲学简史》，北京大学出版社1996年版。
[4] 胡适：《中国哲学史大纲》，东方出版社2004年版。
[5] 黎红雷：《儒家管理哲学》，广东高等教育出版社1993年版，第20页。

主编的《道家文化与现代文明》① 一书中,也探讨了老子的管理思想。该书认为现代意义上的管理内容如领导、计划、组织、指挥、控制等,在《老子》中都已涉及。该书还提出,《老子》书中的"柔"、"静"等,都是属于"软性管理"的思想,而"软性管理"正是当代管理学的一种前沿思想。因此,《老子》不仅是一部哲学书,也是一部"管理科学的书"。葛荣晋在《中国管理哲学导论》② 与《中国哲学智慧与现代企业管理》③ 中还把老子的管理哲学归纳为"无为管理"的模式,并对这种管理模式作了详细的分析。台湾学者蔡麟笔在《我国管理哲学与艺术之演进和发展》④ 中探讨了老子与道家的管理哲学。周桂钿、邓习行的《中国传统管理思想的现代价值》对老子的"无为"思想作了深入阐发。⑤ 其他在管理哲学专著中论及老子管理哲学的还有:樊国华《先秦诸子与管理哲学》⑥,肖民重主编《中国古代管理哲学概论》⑦,陈玮编《管理真经:儒、法、道家的管理哲学》⑧ 等。

博士学位论文中,四川大学吕有云《道教政治管理之道研究—道教黄老传统的考察》一文对以黄老管理思想为核心的道教管理思想及其发展历史作了深入的研究。四川大学匡安荣《"道法自然"与经济自由——一项比较研究》把老子"道法自然"的经济思想与西方的经济自由思想作了比较。西北大学李刚《道治主义政治文化与实践》探讨以道家思想为核心的道治主义政治文化及其对中国古代政治和社会的影响。涉及老子管理思想的相关研究的博士学位论文有华东师范大学万英敏《〈管子〉管理哲学思

---

① 葛荣晋主编:《道家文化与现代文明》,中国人民大学出版社 1991 年版,第 137 页。
② 葛荣晋:《中国管理哲学导论》,中国人民大学出版社 2007 年版。
③ 葛荣晋:《中国哲学智慧与现代企业管理》,中国人民大学出版社 2006 年版。
④ 蔡麟笔:《我国管理哲学与艺术之演进和发展》,中华企业发展中心 1984 年版。
⑤ 周桂钿、邓习行:《中国传统管理思想的现代价值》,中国人民大学出版社 1993 年版,第 54~80 页。
⑥ 樊国华:《先秦诸子与管理哲学》,新华出版社 1991 年版。
⑦ 肖民重主编:《中国古代管理哲学概论》,安徽教育出版社 1992 年版。
⑧ 陈玮:《管理真经:儒、法、道家的管理哲学》,中国言实出版社 2006 年版。

想研究》，复旦大学杨恺钧《〈周易〉管理思想研究》，郑州大学高卫星《统治的规则与艺术—春秋战国时期的统治思想及其应用研究》。

近几年有部分研究生学位论文也涉及这一领域。如，中南大学曾文青的硕士学位论文《论道家管理伦理思想的现代价值—从组织行为学的视角进行探讨》，中南大学卢业学的硕士学位论文《〈老子本义〉以人为本的管理伦理思想—兼论其在现代管理中的应用》，中南大学周云芳的硕士论文《老子治国思想中的和谐观及其功能》，东北财经大学王瑞志的硕士论文《老子行政思想研究》，南昌大学郭国强的硕士论文《老子管理思想与现代管理》，复旦大学余家哗的硕士论文《老子治国之道研究》，安徽大学孙红的硕士论文《老子管理思想论纲》，河海大学邹敏的硕士学位论文《基于老子思想的人力资源二线式管理研究》，辽宁师范大学王连龙的硕士论文《老子及其理想国思想研究》，山东大学赵建军的硕士论文《老子管理思想述论》等。这些论文从不同的角度对老子管理思想进行了探讨，其中又以研究老子管理思想的现代价值和人力资源管理方面的居多。

中国期刊全文数据库中能搜到的1979年以来关于老子管理思想的研究论文就有近60篇，在"老子"与"管理"项下搜到的各类论文更在百篇以上，这还不包括道家管理项下的50多篇。周止礼先生于1988年发表了《道家创始人老子的管理思想》一文，从管理职能的角度对《老子》在领导、用人、控制三项活动中的指导作用进行了分析。此外，还有大量论文对老子的管理思想作了论述，如陈继华先生的《老子学思想与现代管理艺术》[①]一文认为老子提出的管理之道与管理之德与西方管理理论中的"双需要理论"、"Y理论""超Y理论"相一致。此外，陈继华、徐文莉的《老子思想与现代管理艺术》、杨宪举的《老子"以奇用兵"企业制胜谋略》、张鲁建的《"无为而治"思想对现代管理艺术》、杨宪举的《老子与企业管理》、葛荣晋的《道家"无为而治"思想对现代管理的启示》、

---

① 陈继华：《老子学思想与现代管理艺术》，《经营与管理》1988年第3期。

《老子"以奇用兵"与企业制胜谋略》、张鲁建的《老子贵道思想与管理》、谢庆绵的《无为而治：老子管理哲学特色》、钱耕森的《"有无相生"的经营之道——再论老子管理术对现代企业管理的启示》等一系列论文，分别论述老子的管理思想及其实践智慧，仍是道家研究的一个重要方面。

总之，从国内到国外对老子管理思想的研究可谓蔚为壮观，学界已有的这些研究成果，为我们研究老子的管理思想有重要的启发和借鉴意义。但在研究中却有两种现象颇值得商榷：一种是脱离老子文本原始意义的研究，"大都抓住老子的某几句话或某个观点与现代管理尤其是现代企业管理进行比附，真正认真对《老子》的内涵进行深入挖掘，从中系统探讨老子管理思想的论著基本没有"①。另一种研究则把老子的管理思想和现代管理技术放在同一层面思考，脱离老子的思维方式和老子生活的历史时空界限。事实上，老子处在人类文明的轴心时代，生命的进化使人类有智慧反思人类的本质及人类在宇宙、社会、人生中的应然行为，这种反思是一种哲学式的反思。与儒、法等各家管理思想相比较，老子管理思想的哲学本质更加突出。老子从人类生存的实然状态出发，在批判现实的基础上提出了人类管理的形上基础、人类管理的应然模式和未来的理想状态。现代管理技术产生于现代化的生产、生活，是对人类现代化条件下管理模式的总结。不能把老子管理思想和现代管理技术直接等同起来，但老子的管理思想对现代管理又有许多启迪。

因此对老子管理思想的研究应本着遵循老子原意，把老子思想放入当时的时空中，从老子哲学的本意出发推演出老子的管理思想，并结合现实得出老子管理思想对现代的启示。

---

① 赵建军：《老子管理思想述论》，山东大学 2007 年硕士论文，中国数字期刊网硕士论文库。

三、老子管理思想的现代学术定位

要研究老子的管理思想，首先要对老子管理思想的本质有一个全面而深刻的把握，确定老子管理思想属于管理、管理学还是管理哲学。这就需要厘清哲学与管理的关系、管理思想与管理哲学的内涵等，并以此为依据衡量老子管理思想的学术性质，在把握老子管理思想的本质基础上采用相应的研究方法研究老子管理思想。

1. 问题的提出：如何从现代学术界定老子管理思想

老子思想属于哲学范围，正如冯友兰指出："以'老子'为名的书，后来也叫做《道德经》，因而也被当做中国哲学史上第一部哲学著作。"[①] 从哲学学科的内涵看，"综合起来，可以说：哲学是研究宇宙人生的究竟原理及认识此种原理的方法之学问"[②]。现在学界的普遍认识是，哲学是关于自然、社会和思维的普遍规律，是系统化、理论化的世界观。同时，哲学又是关于如何在世界观的指导下认识世界普遍规律的方法，是关于认识世界的方法论的学问。老子建构了以"道"为核心的本体论哲学，并以"道"作为认识世界的基本方法。

老子思想不仅是一种哲学，而且是一种社会管理思想。关于这一点，历代学者都有论述。司马谈指出："夫阴阳、儒、墨、法、道德，此务为治者也。"[③] 所谓"治"就是管理国家，可见老子创立的道家思想在本质上与其他各家学说一样是一种国家管理思想。东汉班固则明确指出："道

[①] 冯友兰：《中国哲学简史》，北京大学出版社2003年版，第81页。
[②] 曾仕强：《中国管理哲学》，台湾东大图书公司发行1963年版，第2页。
[③] 《史记·太史公自序》。

家者流，……此君人南面之术也。"① 所谓"南面之术"就是指帝王的统治术，即治理国家的方法。冯友兰指出："由以上学说（指老子的哲学）老子演绎出他的政治学说。"② 詹剑锋认为："老子的政治思想史本之于他所见的'常道'与'天道'，亦即本之于自然及其法则。"③

老子的哲学思想与管理思想之间有着必然的联系，陈鼓应认为，老子的思想包括了两个重要组成部分：其一是他的以道和德为主干范畴、以自然主义哲学为灵魂的理论系统；其二是他在自然主义哲学思想指导下提出的"无为而治"的管理思想。从二者的内在逻辑看，老子的自然主义哲学思想和"无为而治"的管理主张是一致的。④ 徐复观亦指出："老学的动机和目的，并不在于宇宙论的建立，而依然是由人生的要求，逐步向上面推求，推求到作为宇宙根源的处所，以作为人生安顿之地。"⑤

由此可见，要研究老子的社会管理思想，首先要解决老子的管理思想与哲学思想之间的关系，从与管理相关的现代学科中寻求相应的方法，对老子的管理思想进行相应的学科划分。

2. 管理相关学科辨析：界定老子管理思想的前提

与管理相关的学科有管理学、管理思想、管理哲学，为了界定老子管理思想，对这些学科作相应的辨析。

管理学科都是对管理实践的总结和提升，要理解管理学科就要先理解管理的内涵。所谓管理，英语为 management，是由意大利文 maneggiare 演变而成，原意是训练马群，也就是一种有计划的控制，使其能够服从指导，顺利工作，含义与现代的管理，并无不同。⑥ 在西方，不同的管理学

---

① 《汉书·艺文志》，中华书局标点本，第1732页。
② 冯友兰：《中国哲学简史》，北京大学出版社2003年版，第89页。
③ 詹剑锋：《老子其人其书及其道论》，湖北人民出版社1982年版，第437页。
④ 陈鼓应：《老子注译与评介》，中华书局2006年版，第1页。
⑤ 徐复观：《中国人性论史》，华东师范大学出版社2005年版，第198页。
⑥ 曾仕强：《中国管理哲学》，台湾东大图书公司发行1963年版，第18页。

派对什么是管理各有不同的认识和理解。泰勒认为,管理就是"确切地知道你要别人去干什么,并使他用最好的方法去干"①;法约尔认为,"管理,就是实行计划、组织、指挥、协调和控制"②;决策理论学派的代表人物西蒙认为,决策贯穿管理的全过程,"管理就是决策"③;管理是一个动态过程,处于不断决策之中。管理者必须根据环境条件等的不同不断进行分析、判断与决策,使得管理处于一个动态的决策过程之中。行为科学学派认为,管理是一种人际关系的协调,通过激发和调动人的积极性,以达到共同的组织目标的一种活动。"现代管理之父"德鲁克认为,管理不只是一门科学,还是一种文化,有它自己的价值观、信仰、工具和语言。"管理是一种社会职能并根植于一种文化、一种价值传统、习惯和信念之中,以及政府制度和政治制度中。"④ 这充分说明,管理是人类的一项基本的实践活动,是一种系统化的知识积累过程。

从不同的理论视野对管理实践活动进行概括,就形成了不同的管理理论。管理学是研究有关管理的理论、方法,并为管理提供原则和方法的科学,"管理学是以管理工作中普遍适用的原理和方法作为研究对象的"⑤。管理学是对管理实践中有效管理的经验、知识的总结。

管理思想是人类在其管理活动中根据长期的实践经验而总结出来的有关有效管理的各种观念、主张和知识。中国古代许多的思想论著中都有思想家们对管理的看法,如《尚书·洪范》把"食"与"货"列为八政之首,从而把这二者作为管理的目标,并包含对它们矛盾关系的阐述。《周礼》中出现了完备的国家管理思想,对行政管理制度与责任制亦作了具体记述。《考工记》是中国最早的科技文献,反映了古代工艺管理水平。从

---

① [美] 泰勒:《科学管理原理》,中国社会科学技术出版社1980年版,第157页。
② [法] 亨利·法约尔:《工业管理和一般管理》,中国社会科学出版社1998年版,第5页。
③ [美] 赫伯特·西蒙:《管理决策新科学》,中国社会科学出版社1982年版,第34页。
④ [美] 彼得·德鲁克:《管理:任务、责任、实践》,中国社会科学出版社1987年版,第5页。
⑤ 苏东水主编:《管理学》,东方出版中心2001年版,第3页。

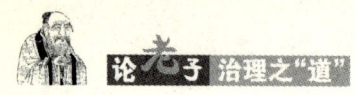

一定意义上说，管理思想基本上是对管理历史的经验记载和概括。

管理哲学是由被称为"科学管理之父"的泰勒（Frederick W. Talor）最早提出来的，在《科学管理原理》一书中，他说"科学管理的理论或者说科学管理哲学，虽则刚刚为人们所理解，而管理实践本身却已逐步推进"①，他认为，"科学管理包括着某种主要的普遍原则，是一种能以各种方法运用的哲学观"②，并指出："科学管理从本质精髓来说，包含着某种哲学，而这门哲学是科学管理四大原理相结合的产物。"从泰勒这些论述中可以看出，所谓"管理哲学"是科学管理的理论基础，是管理中具有普遍意义的必须遵循的一些主要原则或原理，而且这些原则或原理具有方法论的意义。

1923 年英国管理学家（Oliver Sheldon）谢尔登出版了《管理的哲学》一书，并在书中指出："本书不是从事阐述某一种特殊的管理，而是试图阐明统治整个管理实践的目的、发展路线和原则。……因此，重要的是，在我们考虑工业中的管理时，在早期阶段就要坚持，无论管理是如何的科学，管理力量的充分发挥是多么地依赖于科学方法的应用，管理的首要职责却是有关社会和社区方面的职责。"③ 在该书中，他还明确指出："我们应该创立一种哲学，一套原则，一套科学地确定出来并被人们普遍接受的原则，由于它们是实现最终目标的基础，所以应该用它们来指导日常的职业实践。"④ 可以看出，谢尔登把管理哲学看成是指导整个管理实践的、具有普遍指导意义的一些规律性的东西，这就把"管理哲学"的研究对象进一步明确化了。

随着管理的发展，西方学者在哲学的指导下对管理问题进行了更深入

---

① [美]泰勒：《科学管理原理》，上海科学技术出版社 1984 年版，第 16 页。
② 同上，第 17、88 页。
③ Oliver Sheldon, *The Philosophy of Management*, London: Isaac Pitman & sons, 1923, p. 14~15.
④ 同上，第 283 页。

的探讨，如对人性的探讨，麦格雷戈（D. McGregor）的《企业的人性方面》（*The Human Side of Enterprise*，1960），克里斯托弗·霍金森（Christopher Hodgkinson）出版了《走向管理哲学》（*Toward a Philosphy of Administration*，1978），认为"管理是一种行动的哲学"，"管理是对管理与组织的元价值——逻辑和理想的一般理解"①。同时霍金森还出版了《领导哲学》（*The philosophy of Leadership*，1983），该书指出，在领导和管理中，人们要避免将效率和效用作为全部组织价值而丧失人文价值。彼得·圣吉（Peter senge）的《第五项修炼——学习型组织的艺术与实务》（*The fifth discipline*）中认为人类只有改变传统的机械式管理思维为系统管理思维，才能摆脱工业革命以来人类的管理危机，人类才能找出一条新路。② 这些著作都应用哲学的原理对于管理及管理者的世界观和方法论进行了逻辑和价值意义上的研究。

  国内学者对管理哲学的认识也不尽相同，台湾学者曾仕强认为："管理哲学为实践哲学之一，是自全体人生经验上，全部民族文化上，解释整个管理历程的意义与价值，评判整个管理活动的理论与实施；综合各管理科学及其他相关科学的知识，以研究管理上的根本假定、概念及本质，而推求其最高之学。""换句话说，管理哲学即以全部人生经验为背景，全部管理历程为对象，采取综合的观点、整个的见地，以研究管理之学。""简言之，管理哲学是对管理经验作反省的活动。"③ 中山大学的黎红雷教授认为："所谓管理哲学，就是管理人世界观的理论化和系统化。""管理哲学是哲学与管理的有机结合。管理哲学是管理人的世界观，管理哲学是一门领域哲学，管理哲学是元管理学——上述各点，就决定了管理哲学的内

---

  ① Christopher Hodgkinson：*Toward a Philosphy of Administration*，Oxford：Basil Blackwell Published limited，1978，p. 108.
  ② [美]彼得·圣吉：《第五项修炼——学习型组织的艺术与实务》，郭进隆译，三联书店1998年版，第1页。
  ③ 曾仕强：《中国管理哲学》，台湾东大图书公司因行1963年版，第29～30页。

容既是"哲学的"又是"管理的",当然不是哲学与管理的简单相加,而是二者的有机结合。"① 齐振海认为:"管理哲学不是一般的世界观、认识论和方法论,而是管理中的世界观、认识论和方法论,是从思维和存在关系的角度,对管理的本质及其发展规律所作的哲学概括。"② 因此,可以认为,管理哲学就是对管理的哲学理解和处理,就是研究管理领域中具有世界观和方法论意义的基本理论、基本方法的学问。这些基本理论、基本方法是从一般管理实践活动、管理科学中抽取出来的共同本质和一般规律,以及管理与自然与社会的本质关系等。

综上所述,从研究对象来说,管理学是对管理的经验、知识等概括、提炼而形成的关于管理实践的普遍规律,管理思想是指与管理相关的具体历史知识体系,而管理哲学则是以管理观为研究对象,对管理理论进行哲学反思和方法论研究的哲学。具体地说,"怎样去管理,这是管理技术问题;为了弄清怎样才能管理好,必须研究和管理直接相关的各个分系统,这是管理学的问题;在研究了各个分系统之后,直接回答'管理是什么',这就是管理哲学的问题了"③。从学科归属上说,管理哲学仍然属于哲学,从管理、管理学到管理哲学再到哲学,这是管理实践知识不断抽象、升华的过程。具体而言,管理哲学就是研究诸如以下的哲学问题:管理理论的哲学基础是什么?管理理论所依据的方法论是什么?管理学中各种原则所遵循的依据是什么?管理哲学建构的目的是为了追寻管理的本质,为管理实践提供理论依据和方法论意义上的指导,以保证管理行为在哲学的理性指导下得以正确地实施。

3. 管理哲学:对老子管理思想的现代学术定位

老子虽然在谈论社会管理问题,但老子探讨人类社会管理问题的角度

---

① 黎红雷:《儒家管理哲学》,广东高等教育出版社1998年版,第4~8页。
② 齐振海主编:《管理哲学》,中国社会科学出版社1988年版,第10页。
③ 张尚仁:《管理、管理学与管理哲学》,云南人民出版社1987年版,第163页。

和思维方式与儒、墨、法等各家不同，老子从哲学的角度探讨人类管理的本质和人类的应然管理行为。因此，老子的管理思想不完全等同于现代管理学，老子的管理思想是建构在哲学基础上的，不能把老子的思想和现代管理学放在同一个层面进行研究。老子思想是一种哲学思想，所说的管理也是在形而上学的层面谈论管理问题，是一种对管理的哲学层面的反思。从《道德经》的内容看，老子建构哲学体系的最终目的是要指导并解决人类的管理问题，力图在哲学层面思考和解决人类的管理问题，对老子管理思想的正确定位应当属于管理哲学。

管理哲学的研究目的具有双重性：一方面，它通过对人类管理实践的批判反思，为管理学研究和规范管理实践、管理行为提供一种哲学方法论支撑；另一方面，它在对人类管理实践进行批判反思的基础上，形成自己关于管理世界的哲学观，达到对于人类管理世界的一种整体性把握，不仅可以增加人类哲学宝库的"知识含量"，而且可以为哲学的一般理论从总体上把握世界提供最直接的理论依据。

管理哲学不是一套具体的、有形的管理学知识体系，而是一种理论化的智慧。研究目的主要是承担着对各种管理学知识体系进行反思和批判的职能；直接对象是各种管理学知识的前提逻辑，试图以一种多元化的管理学知识形式为理论背景直接思考管理学的元问题，从而把管理哲学作为一种智慧来反思批判所有管理学知识的逻辑体系。

哲学研究以最一般的公共概念为研究对象，哲学家就是研究公共概念，从而为人们提供人类知识中的元理论。管理哲学为人们提供解释世界的元理论、非实证知识。管理哲学研究的对象和主题主要涉及管理中的公共概念的问题，实现对管理学思想的反思。管理哲学研究管理理论中的公共问题，对管理思想、管理理论进行反思、整合，从而为人们认识世界提供世界观和方法论。

从管理哲学的属性和老子管理思想的特点看，研究老子管理思想的最恰当方法当属管理哲学的方法。鉴于此，本书应用管理哲学的方法研究老子的管理思想，把老子的哲学思想和管理思想有机结合起来，使老子的哲学思想和管理思想在管理哲学这个学科体系下达到统一，为人们全面理解老子的管理思想提供一个有效的视角，为老子管理思想的现代化提供一个重要的参考，同时，为老子管理思想如何发挥现代管理功能提供参考。

四、老子管理思想研究的文本选择和研究范式的确立

由于作为研究对象的老子文本较多，在研究老子管理哲学时，必须对文本有所选择；同时由于历代以注经的方式研究老子较多，解读的方式研究老子的较少，从管理哲学的角度研究老子则需要确立研究范式；文本选定、研究范式确立之后，再对老子管理哲学的内容进行确立。

1.《老子》文本的选择

老子文本较多，比较有影响的有郭店楚墓简本《老子》甲乙丙三组释文、帛书《老子》甲乙本、王弼《老子》通行本、傅奕《道德经古本篇》等。

郭店楚墓简本《老子》是1993年10月在湖北省荆门市郭店一号战国楚墓中发掘出的，竹简整理小组分别命为甲、乙、丙三组或三本，并注了释文。郭店楚墓简本《老子》是迄今为止所发现的年代最早的《老子》传本，该书应在马王堆汉墓帛书《老子》之先。郭店楚墓简本《老子》涉及王弼通行本《老子》八十一章中三十一章的内容，文字数量约为通行本的三分之一。郭店楚墓简本《老子》有许多表述胜过通行本和帛书，有较高的学术研究价值。①

---

① 董京泉：《老子道德经新编》，中国社会科学出版社2008年版，第687页。

绪 论

帛书《老子》甲乙本是1973年12月在湖南长沙马王堆三号汉墓发掘的，甲本字近篆体，根据书中不避汉高祖刘邦讳，推算抄写的年代，最晚在汉高祖时代，约公元前206年至公元前195年间。乙本字为隶体，根据书中避刘邦讳，不避惠帝刘盈讳，抄写年代略晚，当在惠帝后吕后时期，约在公元前194年至公元前180年间。帛书《老子》皆分两篇，乙本篇尾标有《德》、《道》篇题。甲本用圆点作分章符号，但已残缺，无法复原。①

傅奕本《道德经古本篇》是唐初的傅奕主要根据项羽妾墓出土的《老子》竹简抄本校本的。此本可能早于马王堆汉墓中的帛书《老子》，但在范例上又与帛书《老子》不同，傅奕本是"道经"在前，"德经"在后，与王弼本一致，原书无标点符号。对于该本的价值，古棣指出："傅奕本虽然还不可能完全是项羽妾，墓出土本之旧观，但不失其为校订《老子》的一个重要古本。对傅奕本，历来未被校老者所重视，现在应该重视起来了，应把它放在与帛书同等水平上，与其他古本比勘，进行分析。"②

王弼通行本是指王弼《老子道德经注》中的经文，这就是王弼本、王本或今本。通行本共分八十一章，采用道经在前、德经在后的体例，是《老子》文本中内容较全、编排比较合理的文本之一。

值得一提的是，董京泉教授以王弼本为蓝本，参照郭店楚墓简本《老子》、帛书《老子》、傅奕《道德经古本篇》等古本，汲取历代校诂学者的见解，结合自己对老子思想本质的把握，重新编订《老子》文本，共分为四篇。其中道论篇计二十章，德论篇七章，修身篇二十九章，治国篇三十二章。③道论篇主要阐述道的实有性及其不可穷竭的作用，道的性状、基本特点和运行规律，道的本体义和宇宙生成义，如何认识和把握道等问题；德论篇主要论述的的本质、特征及其与道的关系，修德的原则，修德

---

① 陈鼓应：《老子注释及评介》，中华书局1984年版，第409页。
② 古棣：《老子校诂》，吉林人民出版社1998年版，第3页。
③ 董京泉：《老子道德经新编》，中国社会科学出版社2008年版，第763～779页。

有成者的标志和样态;修身篇主要论述尊道贵德对于修身处世的意义,依道修身的基本原则和内容,依道修身有成者即"得道者"的样态;治国篇主要论述尊道贵德对于,治国用兵的意义,治国的基本原则,治国的策略,治国者应有的素质,治国的理想目标,战争观和军事思想等内容。

根据本课题的研究需要,结合《老子》古本和历代对《老子》的注释,本著在《老子》文本的选择上以王弼通行本为研究对象,因王弼本在内容和结构上都较其他古本相对全面、合理;在思想逻辑上以董京泉教授重新编排的《老子》文本为依据,因该本以老子的治国思想为线索,得出了老子思想中的内在逻辑线索。

2. 研究范式的确立

作为理论研究首先要强化范式意识,规范学术研究范式。所谓范式,依据科学哲学家托马斯·库恩的说法,范式是一个学科何以可能的"学科基质"(disciplinary matrix)、"一个专门学科的工作者所共有的财产"。① 库恩虽然主要在自然科学语境中进行范式研究,但对人文科学仍然具有一定的启发意义。从本质上看,范式是人们研究问题的根本立足点、出发点、前理解,并具体展现于人们所使用的概念、范畴、原理、理论等具体的叙事方式、话语方式之中。在研究向度、研究目的、研究层次等的具体历史统一中,人文科学的研究范式虽然多种多样,但至少有这样三种本质性范式:"理想范式"、"问题范式"、"规律范式"。对老子管理思想的研究,需要"理想范式"、"问题范式"与"规律范式"的协调与统一。"理想范式"的特点在于根据具体研究领域阐述人文目的、规范行为目标。"问题范式"的特点在于揭示研究对象的问题及其本质。"规律范式"的特点在于揭示研究对象的历史转换趋势。没有"问题范式","理想范式"和

---

① [美]托马斯·库恩:《科学革命的结构》,金吾伦、胡新和译,北京大学出版社2003年版,第163页。

"规律范式"将走向空泛。离开了"理想范式","问题范式"与"规律范式"会导致"见物不见人"。离开了"规律范式","问题范式"和"理想范式"将走向抽象。"问题范式"、"理想范式"、"规律范式"具体的、历史的辩证统一标志着范式意识的自觉。范式意识的自觉是老子学说作为一门学科走向成熟的重要方法论前提。在"问题叙事"、"理想叙事"与"规律叙事"的具体历史统一中,老子管理思想的研究才能做到推陈出新,古为今用。

从对中国古典管理思想的研究看,以现代管理学的知识解读古典管理思想的较多,进行学术范式建构的不多。从管理哲学的角度对古典管理思想进行范式研究的,就已有的研究成果看,《C理论:中国管理哲学》和《儒家管理哲学》两本书建构的范式明显。其中《C理论:中国管理哲学》一书是极为成功的对中国所有古典管理哲学进行范式建构的理论书籍,"它以中国的《易经》哲学为基础,以阴阳五行为主干,融合中国古代哲学的诸子百家,统合现代东西方的各种管理理论与学说,从而形成一个具有中国特色与时代特色的崭新的管理哲学体系"[①]。该书给出了C理论的要素分析、理论架构、管理境界等完整的范式。《儒家管理哲学》[②]是对儒家管理思想进行的管理哲学范式建构,该书所提供了完整的儒家管理哲学范式分析框架。从内容上看,儒家管理哲学可以分为管理的哲学论和哲学的管理观,其中管理的哲学论包括管理本体论、管理认识论、管理方法论、管理价值论等,哲学的管理观包括管理本质观、管理人性观、管理组织观、管理行为观、管理控制观、管理目标观等。

到底如何建构中国管理哲学的研究范式,台湾交通大学曾仕强教授在其专著《中国管理哲学》一书中提出了三种途径。第一种以哲学与管理具有密切关系的各种基本问题,如心灵问题、人性问题、知识问题、道德问

[①] 成中英:《C理论:中国管理哲学》,中国人民大学出版社2006年版,第31页。
[②] 黎红雷:《儒家管理哲学》,广东高等教育出版社1999年版。

题、社会进步问题、艺术问题等为主,找出各派哲学对这些问题的解答,再加以评述其在管理上所产生的影响。第二种以各派哲学,如儒家、道家、墨家、名家、法家等为主,列述其对管理有关的各种根本问题,如"目的"、"本质"、"范围"、"对象"、"方法"、"价值"、"效能"、"活动"等的解答,然后评述各派哲学体系在管理上所产生的影响。第三种以管理自身的根本问题,如目的论、本质论、对象论、方法论、价值论、效能论等为主,找出与这些根本问题有关的各派哲学的解答,探究其对于管理的主张及其影响,然后就管理上的实际结果,加以批评。①

就老子的管理思想研究而言,目前对老子管理思想以范式的方式进行研究的,以《老子之朴治主义》、《老子管理学》和《老子道德经新编》三本专著较为明显。《老子之朴治主义》一书以"朴治主义"概括老子管理思想的主要特征,认为老子学说"一言以蔽之,乃是'人君当以自然之道,亦即当以自然方式治民'"②。作者贺荣一在书中分析了朴治的哲学基础、朴治主义者的个人修养、朴治主义者经国治民的方式、朴治主义的理想等,构建了完整的老子朴治主义管理哲学范式。《老子管理学》分为哲文篇、政事篇、智谋篇、创造篇、辩证篇、修身篇,论证了老子管理的哲学基础、管理者的自身素质、管理的基本方法、老子管理思想的现代价值等,是以管理学范式建构老子管理思想中极为成功的研究。③《老子道德经新编》一书虽然是以注释的方式阐发老子的管理思想,但该书把老子全文重新编排为道论篇、德论篇、修身篇、治国篇等四篇,把老子的思想归结为治国思想,把老子的哲学作为治国的理论基础,构建了一个注解式的老子管理研究范式。④

综合中国管理哲学的研究范式和已有的老子管理思想研究范式,本书

---

① 曾仕强:《中国管理哲学》,台湾东大图书有限公司1981年版,第38~39页。
② 贺荣一:《老子之朴治主义》,百花文艺出版社1994年版,作者自序。
③ 杨先举:《老子管理学》,中国人民大学出版社2005年版。
④ 董京泉:《老子道德经新编》,中国社会科学出版社2008年版。

在总体上将采用黎红雷教授关于管理哲学的范式研究老子管理思想。鉴于老子管理思想重在从哲学的角度研究人间管理,对具体的管理技术涉及较少,本著将重点采用管理的哲学论的研究范式,主要研究老子管理本体论、管理认识论、管理方法论、管理人性论等四个方面。依据"问题范式"、"规律范式"、"理想范式"的分析,本著的问题范式是老子管理哲学的本质是什么。依据老子在《道德经》中的论述,"道"是老子对社会治理的最高的哲学概括,是老子管理哲学的本质所在;规律范式是老子管理哲学的规律,包括社会治理的形上基础、社会治理的认识方法、社会治理的应然管理行为、社会治理的人性基础;理想范式是老子管理哲学的社会治理的理想目标,老子的理想治理范式是自然无为治理下的小国寡民的国度。本研究的具体分析架构如下。

本研究共分三大部分。

第一部分为绪论部分,主要阐述研究老子管理之道的意义,国内外的研究现状,管理哲学是对老子治理之道的现代学术定位,本研究中老子文本的选择以及研究范式的确立。

第二部分为正文部分,共分六章。第一章重点阐述老子对治理之道的建构。春秋时期,政治、经济、文化领域的混乱反映了当时社会的治理困境,老子以社会现实为基础,吸收历史上的治理经验,摆脱传统天命观的束缚,以自然之道取代宗教之天,建立了以自然之道观照下的治理之"道"。

第二章重点阐述社会治理的本体论。老子建构了以"道"为核心范畴的本体哲学,并以"道"作为社会治理的形上依据,以"德"把形上之道落实到现实社会,以尊道贵德作为人类社会治理的形上理则。

第三章重点阐述社会治理的认识论。道是社会治理的本体,认识道是进行社会治理的前提,由于道的虚无性、运动性、整体性,要认识道,必须采用特殊的认知方式,老子提出了"为道"的直觉认知方法,"反者,道之动"的辨证认识方法和"大象无形"的象思维认识方法等。

第四章重点阐述社会治理的方法论。老子在阐述道法自然的天道管理方法的基础上,把"天人合一"改为"天人合道",逻辑性地从道法自然的天道管理方法推演出人类社会治理的应然方法是无为而治。

第五章重点阐述社会治理的人性思想。老子认为人性由道性而来,是自然淳朴的,人类社会治理要依据自然人性。在个体层面上,采取复归的修养管理模式;在群体层面上,采取自然无为的道治管理模式,排斥礼治和法治。

第六章重点阐述老子管理思想与儒家、法家、墨家等管理思想的比较,老子以"道"论治,与儒家以"仁"论治、法家以"法"论治、墨家以"兼爱"论治相比,在管理的形上基础、管理的行为方式以及管理的理想国等方面都有极大的不同。

第七章主要阐述老子治理之道的历史影响。具体而言,老子治理之道在治理理论和治理实践上都对中国的社会治理历史产生了深远的影响。在治理理论上,老子治理之道产生了三个方面的影响,一是影响了庄子、黄老道家、玄学、重玄学等道家治理思想;二是影响了道教的治理思想;三是对法家治理思想的形成产生了重要影响。在治理实践上,老子治理之道对汉代的"文景之治"、唐宋等历朝治理实践都有重要影响。老子的治理之道对西方的治理理论也产生了深远的影响。

第三部分是结语,分析老子治理之道的历史价值和未来旨趣。由道法自然到无为而治是老子治理之道的内在逻辑,由神本管理到人本管理是老子治理之道的历时价值,由内圣外王到唯物史观是老子治理之道在现今的发展趋向。

第一章　道的重构：老子对治理之"道"的哲学建构

第一章　道的重构：老子对治理之"道"的哲学建构

春秋战国时期，夏、商、周三代相循的古典社会秩序正在崩溃和解体，大一统、中央集权、专制主义的封建社会体系正在酝酿和躁动，社会的急剧变迁向人类提出了一系列亟待回答的难题，特别是社会治理问题。混乱的社会治理现实已表明，当时的治道已不能适应社会的发展需求。老子在继承前人合理性治道的基础上，针对种种当时的社会治理实践问题，以超然的态度审视自然、审视社会和人生，建立了以"道"为核心范畴的本体哲学。老子以哲学的自然之道冲破了传统宗教神学天命观的束缚，实现了春秋的"哲学的突破"。但哲学之道并不是老子哲学的目的和归宿，老子以哲学之"道"审视社会治理问题，以社会治理现实为依据，在吸收前人治理经验的基础上，重新建构了社会治理之"道"。治理之"道"是老子哲学之道的目的和归宿，也是老子对春秋时期社会治理困境的哲学回应。

一、道的失落：老子时代的社会治理困境

春秋战国时期是中国历史上第一个大的社会转型时期,① 社会形态由宗族奴隶制向地缘封建制过渡，社会处于礼崩乐坏、战乱不止的状态，王夫之称春秋战国之交为"古今一大变革之会"②，社会经济、政治、文化领域都发生着深刻而急剧的变革。社会的巨大变革带来了社会转型中的混乱，社会治理出现困境，这表明旧有的治道已失去应有的治理效力，社会需要新的治理之道进行治理。现实的治理需求是老子治理之道产生的社会基础。

1. 社会经济管理的变革

生产方式决定人类的管理方式，一定的生产方式又是和一定的生产力相对应的。春秋战国时期，生产力获得巨大发展，重要标志就是生产工具的进步，铁器开始广泛使用，"我国早在春秋晚期，就发明了铸铁冶炼技术"③。大量的荒地得到了开垦，"铁使更大面积的农田耕作，开垦广阔的森林地区，成为可能；它给手工业工人提供了一种其坚固锐利非石头或当时所知道的其他金属所能抵挡的工具"④。随着铁制工具的使用，牛耕技术也广泛推广，《国语》就有"夫范、中行氏不恤庶难，欲擅晋国，今其

---

① 按照一般历史学者的观点，中国历史上有两次大的带有根本性的社会巨变，一次是春秋战国时期，一次是清末民初时期。春秋战国时期主要是邦国封建制向帝国郡县制转变，清末民初时期主要是由传统国家向现代国家转变。
② 《读通鉴论·叙论四》。
③ 杨宽：《战国史》，上海人民出版社1983年版，第23页。
④ 《家庭、私有制和国家的起源》，《马克思恩格斯选集》第二十一卷，第186页。

第一章 道的重构：老子对治理之"道"的哲学建构

子孙将耕于齐，宗庙之牺为畎亩之勤"①的记载。同时，农田耕作技术也不断发展，出现了"耕者且深，耨者熟耘也"②的情形。铁制农具的广泛使用和牛耕技术的推广，不仅使大量荒地得到开垦，而且使单位土地上的收成大大提高，农业生产力大大提高。

农业生产力的发展导致社会生产关系的变革，"在我国春秋战国之际，铁器的使用帮助了新的生产力的发展和封建生产关系的成长，提供了社会变革的条件"③。正如侯外庐曾指出，在古代中国铁的出现和应用改变了春秋以前特别是西周以来的生产关系，促进了生产力的飞速发展，为生产方式的变革提供了必要的物质根据，进而"土地国有"的局面才逐渐被打破。④生产关系的变化要求统治者对人民采取新的管理模式，为顺应时代的发展需求，当时的中下层奴隶主贵族开始摆脱奴隶制的等级制束缚，开始大量兼并土地，变公田为私田，土地的私有化出现了。⑤随着土地的私有化，土地所有者的经营方式也发生了相应的改变。春秋初期，土地的开发利用程度还相当低。到了春秋中期，随着大量的荒地得到开垦，私田急剧增多，出现了许多依附于豪门贵族的自耕农民，亦称"隐民"或"私属"。由于这种家庭个体生产的逐渐普遍化，原来"籍田以力"的经营方式难以继续维持，于是各诸侯国相继采取了收取租税的方法。公元前594年鲁国"初税亩"⑥，公元前584年楚国"量入修赋"，直到春秋末年秦国

---

① 《国语·晋语九》。
② 《韩非子·外储说左上》。
③ 杨宽：《战国史》，上海人民出版社1983年版，第36页。
④ 侯外庐、赵纪彬、杜国庠：《中国思想通史》（第一卷），人民出版社1957年版，第29页。
⑤ 许抗生著，张岱年审定：《老子与道家》，新华出版社1993年版，第11页。
⑥ "初税亩"即按亩收税。这是鲁国赋税制度和土地制度的一次划时代变革。鲁国的"初税亩"也许是古代声名最为狼藉的政策之一，当时几乎没有人认识到采取这项政策的合理性。这一点，从最初记载此事的古籍可以得到充分证明。《左传·宣公十五年》："初税亩，非礼也。谷出不过藉，以丰财也。"《公羊传·宣公十五年》："初税亩。初者何？始也。税亩者何？履亩而税也。初税亩，何以书？讥。何讥尔？讥始履亩而税也。何讥乎始履亩而税？古者什一而藉。古者易为什一而藉？什一者，天下之中正也。多乎什一，大桀小桀；寡乎什一，大貉小貉。什一者，天下之中正也。什一行而颂声作矣。"

的"初租禾",各主要的诸侯国都相继采用了这种新的经营方式。这种经营方式的改变造就了大批的新兴地主,使古代中国的社会结构发生了变化。人民与土地关系变化的实质是生产关系的变化,是社会管理主体之间的关系发生了根本的变化。

以土地为媒介的经营方式的变革直接导致了贵族管理关系的变迁。古代世袭社会的运作是通过对土地的层层分封和血缘贵族对土地的世代占有的方式进行的,随着贵族人数的不断增多,可供分封的土地越来越少,渐至于无土可封的地步,于是改变世袭制为谷禄制或奉禄制,以解决无土可封的矛盾。对人民和贵族管理方式的变革既是生产力发展的内在要求,又是社会新的管理模式产生的现实基础。

春秋战国的历史,从其本质上考察,可以说就是庄园制经济过渡到佃耕制经济的历史,同时,也是独立手工业者和商人,从庄园制经济中发生以至成长的历史。[①] 随着农业生产力的发展,社会阶层进一步分化,大批从事农业生产的自由民转变为手工业者和商业人,造就了一个独立的手工业者阶层和商人阶层。《史记》记载,"周人之俗,治产业,力工商,逐什二以为务"[②]。工商业的发展使得社会财富迅速增加,打破了西周以来的"工商食官"的局面,使社会的活力大增。一些新兴的中下层人物通过兼并土地、争夺农户和经营工商的渠道,迅速聚敛起巨额的财富,他们的强大加速了社会的分化,最终促成了社会性质和制度的深刻变化。社会阶层的分化使得社会管理主体趋向于多元化,社会管理思想也相应地趋于多元化,社会经济管理出现了一定程度的混乱局面。

随着冶铁技术和农业生产技术的发展,古代朴素的科学思想开始出现,整个社会的技术水平有了长足的发展,机械设备开始在社会生产中推广和使用。与农业生产管理有密切关系的天文历法,在公元前7世纪时已

[①] 翦伯赞:《先秦史》,北京大学出版社1988年版,第304页。
[②] 《史记·苏秦列传》。

第一章 道的重构：老子对治理之"道"的哲学建构

采用土圭测日影的办法来判定冬至和夏至的节气和月令，对掌握农业季节就更方便。由于农业科学发展农业管理的理论著述也多了起来，如对整地、播种、等距密植等都提出了颇为完整的论述，并研究了土壤和施肥，这是对当时农业生产经验的总结。战国时期代表农业科学兴起的学派——农家出现。农家反对"民舍本而事末"，鼓励发展农业。《吕氏春秋》作为战国末期问世的对诸子百家思想进行贯通和概括的总结性著作，其中有专门涉及农业生产的篇章，如《上农》、《任地》、《辨土》、《审时》，是我国目前所能见到的最早的农学著作。农业的发展和对农业的重视使与农业息息相关的自然变化和自然现象引起人们的关注。在当时，人们已经认识到农业活动与自然现象之间的紧密关系，思考和探索自然规律成为重视和发展农业所要面对的首要问题。

与古希腊纯粹追求知识的科学思维不一样，春秋战国时期的科学思维是为社会发展实用技术服务的，单纯的以认识世界为目的的科学思想较少。《墨经》是中国古代经验科学的总结之作，其中记载和反映了许多当时的科技成果和发展成就，如有关力学、光学、声学、几何学等科学成就。《墨经》记载，当时已经知道一些几何学原理。在光学方面，已知道光的直线传播和反射现象，在力学方面，能够利用杠杆起重原理创造人工灌溉用的桔槔，也能运用滑车来起重；兵器上利用机械轴轮制作弩机，建筑上利用分力原理设计斗拱。另外在数学、物理学研究方面，当时已有较复杂的面积和体积计算，并且能够运用分数。

科技的发展深化了人们对宇宙的认识，为人们正确认识宇宙提供了科学的认识论和方法论，人们对自然界认识的深化也必然会加深对社会和人自身本质的认识，为老子从哲学的高度概括宇宙、社会、认识的普遍规律提供了必要的基础。老子"道法自然"观念和思想的形成与当时农业自然规律的认识紧密相关，是对当时自然规律认识成果的哲学化抽象。老子以"自然"为最高原则的管理哲学主张正是基于当时农业科技的发展成果，

对现实农业生产的哲学理论提升。①

2. 社会政治管理的混乱

生产力的发展,生产方式的进步,必然要求社会组织结构和管理方式发生变革,这充分表现在春秋战国时期就是政权下移和旧有的社会秩序的崩坏。刘云柏指出,铁器的应用和工具的系列化,大大推动了管理物化形态及构造的发展,人们从原先只能消极地依附于大自然,而演化为能够积极主动地开发和改造大自然,人与人之间的行为关系也变得前所未有的复杂化,这些首先表现在经济、政治等管理领域,并通过上述管理领域反映了整个中国古代社会管理的基本特征,以及相关的主体管理精神面貌。②

整个西周时期采用的社会管理模式是一种宗族式的分封建制模式,③具体做法是周天子把天下的土地和人民分封给自己的子弟和亲戚,让他们作诸侯,成为周室的屏障。诸侯仿效天子的分封模式在自己的封国内分封子弟和亲戚为卿大夫,卿大夫再安排自己的子弟和亲戚为家臣。天子都以嫡长子的资格继承,是天下的大宗和共主;诸侯也多以嫡长子的资格继承父位,他们相对于天子为小宗,在自己的封国内则又为大宗。这样,通过分封的方式,周朝以血缘关系为纽带,形成了由天子、诸侯、卿大夫、士组成的层级式的宗法世袭贵族的统治网络。这个网络以家族的宗法制为基础,建构了封建制的政治统治体系。这个统治体系将封建制和宗法制统一在一起,形成了封建宗法世袭贵族的统治制度。这就是周天子"封建亲

---

① 黄钊认为春秋时期科学技术的发展是老子思想的主要来源,参见黄钊主编:《道家思想史纲》,湖南师范大学出版社,第4~6页。
② 刘云柏:《中国古代管理思想史》,陕西人民出版社1997年版,第103页。
③ 童书业认为,周朝是真正的"封建社会",即名义上在一个王室的统治下,而实际上土地权和政治权却被无限的分割,这个统治模式从西周一直到春秋前期。参见童书业:《春秋史》,山东大学出版社1987年版,第7页。另见陈鼓应、白奚:《老子评传》,南京大学出版社2007年版,第64~65页。

第一章 道的重构：老子对治理之"道"的哲学建构

威，以蕃屏周"①的社会管理模式，从管理的组织结构上看，周王室作为天下的大宗和共主，保持着独尊的地位，无论在经济、政治还是军事上，对各诸侯国都有着绝对的控制权。正如《诗经》里所说"普天之下，莫非王土，率土之滨，莫非王臣"②。

西周以血缘关系建构的"分封建制"的管理模式。随着时间的推移，血缘关系逐渐疏远、淡化，周天子的控制力度渐至衰落，最重要的标志就是礼乐制度的破坏。西周社会分封建制的管理模式是靠礼乐制度来标示和维护的，贵族们都必须根据自己在尊卑贵贱的等级序列中的地位而选用不同的"礼"和"乐"。"礼"一方面是维护国家政权的政治仪则和立国为政的根据，"夫礼，国之纪也"③、"礼，政之舆也"④；另一方面，礼又是调整社会关系、规范人们行为活动的准则，即进行社会管理的有效依据，"夫礼，所以整民也"⑤、"夫礼，天之经也，地之仪也，民之行也"⑥。周礼的核心通过建立以周天子、诸侯、大夫、士、庶人为序列的贵贱尊卑等级制度，实施对整个国家的控制，"天子建国，诸侯立家，卿置侧室、大夫有贰宗，士有隶子弟，庶人、工、商各有分亲，皆有等衰"⑦。在周礼的等级序列中，周天子是天下共主，拥有至高无上的权威，礼乐征伐等一切政治行为皆出自天子。但平王东迁以后，周室衰微，诸侯称霸局面形成，造成下级僭用上级礼仪现象的事件不断发生，礼乐征伐自诸侯出，"诸侯失礼于天子"⑧。霸主们挟天子以令诸侯，其实际地位渐与天子相当，他们纷纷要求有天子的排场。故晋文公有请龄之举，楚庄王有问鼎之心。霸主开其端，诸侯效其尤，"故天子微，诸侯僭。大夫强，诸侯胁。

---

① 《左传》僖公二十四年。
② 《诗经·小雅·北山之什》。
③ 《国语·晋语》。
④ 《左传》襄公二十一年。
⑤ 《左传》庄公二十三年。
⑥ 《左传》昭公二十五年。
⑦ 《左传》桓公二年。
⑧ 《国语·吴语》。

于此相贵以等,相敭以货,相赂以利,而天下之礼乱矣"①。在这样一种局面下,维护社会等级秩序的礼、乐发生混乱,社会的管理秩序出现混乱。这种"礼崩乐坏"的局面,表明了旧有的等级关系和统治秩序的崩溃,社会呈现出多元、无序的混乱状态。

旧有的社会管理秩序已被破坏,新的社会管理秩序尚未建立,失去了规范的统治者加重了对人民的占有和掠夺。在政治上,统治者企图通过战争取得霸主地位,正如郭宝钧指出:"当时五霸等大国,齐拓地于东,灭国三十;晋拓地于北,灭国二十;秦拓地于西,灭国十;楚拓地于南,灭国二十六。这都是把他人已耕之地,并为己有。惟宋居中原,鲁、卫、郑、许、陈、蔡等亦处中原,无法外拓,故争田、夺田、侵田、反田、与田、易田、疆田……之事,层见迭出(一部《春秋》中六十余见),可知当时已感觉地狭,重视田地的获得。"②春秋时期,诸侯国之间以争霸、兼并、掠夺为目的的大小战争愈演愈烈,"争地以战,杀人盈野;争城以战,杀人盈城"③,各诸侯国内弑君篡位之事时常发生,"春秋之中,弑君三十六,亡国五十二,诸侯奔走不得保其社稷者不可胜数"④。在经济上,统治者还通过战争兼并土地,积聚财富,土地和财富越来越集中在少数人手中,致使大量的农民失去土地,致使"富者田连阡陌,贫者无立锥之地"⑤。失去土地的农民不得不依附于豪门,忍受他们的沉重剥削。

统治者残酷的管理方式造成了管理者与被管理者之间的矛盾,管理主体之间的斗争接连不断,被压迫者的武装起义不断发生。公元前550年,陈国有筑城奴隶发生暴动⑥;公元前520年,"百工"叛变周王室⑦;公元

---

① 《礼记·郊特牲》。
② 郭宝钧:《中国青铜器时代》,三联书店1963年版,第25页。
③ 《孟子·离娄下》。
④ 《史记·太史公自序》。
⑤ 《吕氏春秋·为欲篇》。
⑥ 《左传》昭公二十三年。
⑦ 《左传》昭公二十二年。

第一章 道的重构：老子对治理之"道"的哲学建构

前478年，手工业奴隶暴动，围攻卫庄公①。自由民的反抗，公元前554年郑国"国人"杀掉执政的奴隶主子孔②；公元前484年，陈国"国人"赶跑了贵族辕③。被管理者还组成武装队伍，打击各国的主管者。到春秋末年，郑、宋、齐、鲁、楚等国的统治者，惊呼到处都是"寇乱盗贼"，其中"盗拓"是传说中奴隶起义的典型代表。孟子、庄子、荀子、韩非子等都提到过他，据说他率领九千多人，横行天下，狠狠地打击了诸侯。春秋时期，国人也暴动不断，威慑很大。这些事件的实质是被管理者对管理者的斗争，反应了原有的社会治理模式已不适应社会发展的需求，需要用新的管理模式替代原有的管理模式，以适应社会发展的需求。

面对管理混乱、战争频仍的社会局面，老子以理性的批判态度总结了其中的原因，提出了反战的思想和主张。"夫佳兵者，不祥之器。物或恶之故有道者不处。"④战争是不吉祥的事，因为它带来的是生命的杀戮和伤害，家庭的离散，社会财富的流失，"师之所处，荆棘生焉；大军之后，必有凶年"⑤。因此，众人皆厌恶战争，特别是有道之人更不会轻易地发动战争。即使不得不参与战争也是以丧事的礼节平淡处置，之所以如此，因为有道者知道只要战争爆发，就会给人们带来灾难，不管是胜还是败。"兵，民之贼也，财用之蠹，小国之大苗。"⑥军队、战争残害民众的生命，不仅是小国的灾难，也是大国的灾难。所以，"偏将军居左，上将军居右，言以丧礼处之。杀人之众，以哀悲泣之。战胜，以丧礼处之"⑦。老子提出君子应以无为之"道"治天下，百官应以虚静的"道"佐人主，而"不以兵强天下"⑧，反对战争，维护和平。

---

① 《左传》哀公十七年。
② 《左传》襄出十七年。
③ 《左传》哀公十一年。
④ 《老子·三十一章》。
⑤ 《老子·三十章》。
⑥ 《左传》襄公二十七年。
⑦ 《老子·三十一章》。
⑧ 《老子·三十章》。

3. 社会文化管理的混乱

社会管理的变革总是从物质层面开始,在制度层面推进,在文化层面提升。春秋战国经济管理、政治管理的变革引起了社会管理文化的深层变革。一方面以"礼"、"乐"为核心的代表周天子贵族管理文化面临着解体的局面;另一方面,新的适应时代发展的管理文化尚未建立起来,出现了官学逐步走进民间,社会文化呈现出"诸子蜂出,百家争鸣"的局面。社会文化的变革对推动社会管理的发展具有重要作用,集中表现为社会结构的变化造就了社会的"士"阶层。

"士"阶层是为了适应社会文化变迁的时代需要,产生了一个新兴的文化阶层或称知识分子阶层。"士"在西周时期本是贵族阶级中最低的一个等级,处于大夫之下。作为下级贵族,士受过"六艺"的教育训练,能文能武。春秋以来,天子式微,诸侯不得保其社稷,卿大夫不得保其宗族,大量靠父子祖孙世传其学以取禄秩的士人流落到民间,出现了"天子失官,学在四夷"[①]的现象。这些士人有丰富的政治经验,熟悉上层社会的各种礼仪制度典籍,都是某方面文化知识的专家。他们有的投靠了新的主人,有的则以教授弟子、传播文化知识为生,于是私学兴起。

私学的出现导致了百家争鸣的学术盛况的形成,《汉书》称有十家学说,即儒、墨、道、法、阴阳、名、纵横、杂、小说诸家。"诸子十家,其可观者九家而已。皆起于王道既微,诸侯力政,时君世主,好恶殊方,是以九家之说蜂出并作,各引一端,崇其所善,以此弛说,联合诸侯。"[②]司马谈在《论六家要旨》中对先秦百家之学进行总结时指出:"《易大传》曰:'天下一致而百虑,同归而殊途。'夫阴阳、儒、墨、法、道德,此务

---

① 《左传·昭公十七年》。
② 《汉书·艺文志》。

第一章 道的重构：老子对治理之"道"的哲学建构

为治者也。"① 诸子之学皆是对当时社会治理提出的方案，由于诸子经历、认识等各不相同，提出的社会治理方案也大相径庭。儒家提出以"仁"和"礼"为核心思想的治理方案，墨家提出以"兼爱"为核心思想的治理方案，法家则提出以"法"为核心思想的治理方案。老子则在对儒、墨、法学说的反思中提出自己的治理思想。对于儒家，老子认为："失道而后德，失德而后仁，失仁而后义，失义而后礼。夫礼者，忠信之薄而乱之首。"②"绝圣弃智，民利百倍；绝仁弃义，民复孝慈。"③ 对于墨家的"尚贤"思想，老子则认为："不尚贤，使民不争。"④ 对于法家，老子认为："法令滋彰，盗贼多有。"⑤ 对当时其他社会治理学说的批判性反思是老子治理之道形成的重要的文化基础。

总之，春秋时期，政治、经济、文化都发生了重大变化。政治上，天子式微、政权下移、割据局面形成，贵族政治衰落，世袭社会逐步解体；经济上，农业获得迅速发展，农业的生产经营方式都发生了重大变革，手工业和商业也获得进一步的发展；文化上，私学的出现、独立的"士"阶层已经形成，文化结构、文化发展模式以及当时人们的文化心理等都有重大变化。这些社会实践中出现的政治、经济、文化问题集中反映在社会管理方式上，当时的社会形势向人们提出了一个如何在一个已经变化的社会进行社会管理的问题。老子敏锐地观察到当时社会的急剧变化，把这些实践问题作为材料，深入地思考这些变化的原因，建构了关于如何治理当时社会的学说。

---

① 《史记·太史公自序》。
② 《老子·三十八章》。
③ 《老子·十九章》。
④ 《老子·三章》。
⑤ 《老子·五十七章》。

二、道的继承：老子治理之"道"的理论渊源

任何理论体系的形成都不是一蹴而就、凭空产生的，理论总是在前人已建构的理论基础上，结合社会实践，逐步形成和完善的，最终来源于前人理论而又以超越于前人的理论体系出现。老子治理之"道"的形成也是这样，老子本是"周守藏室之吏也"，"居周久之，见周之衰，乃遂去"①。老子的史官身份使他能够充分吸收历史上的治国经验，《汉书·艺文志》曰："道家者流，盖出于史官。历记成败存亡祸福古今之道，然后知秉要执本，清虚以自守，卑弱以自持，此君人南面之术也。"可见，道家思想来源于古代王官之学中的史官，即古人治理国家的历史经验。老子身为周王室的史官，对历史的经验自然十分看重。正如孙以楷指出，可以在现存的《易经》、《诗经》、《尚书》以及《国语》、《左传》中找到老子关于治理天下的理论、人生修养及思想方法方面的理论的原型。② 老子在理论上吸收了古人治国的历史经验、母系社会的管理理念以及上古的天道思想，在此基础上形成了自己的治理理论体系。

1. 吸收历史典籍的管理思想

老子的史官经历使他十分看重历史经验，"他对以往的社会治理方法和历史经验教训进行了深刻反思，又继承了中国古代巫史文化特别是继承发展《易经》、《尚书》等古代典籍之思想，并吸收各地文化传统，在对于自然、社会畸形观察思考和对于人体自身反观内照的基础上……针对当时

---

① 《史记》卷六十三《老庄申韩列传第三》。
② 孙以楷：《老子通论》，安徽大学出版社 2004 年版，第 209 页。

第一章 道的重构：老子对治理之"道"的哲学建构

社会政治生活中的诸多现实问题提出了自己的看法……"① 直接引用经典在《道德经》中有许多，如引用《建言》：明道若昧，进道若退，夷道若纇，上德若谷，大白若辱，广德若不足，建德若渝，质真若渝。② 有的学者认为，"建言"是古代流传的谚语、歌谣；更多的人认为"建言"就是"立言"，指古之立言者有此言；高亨先生则明确认为"《建言》殆老子所称书名也。"老子非常注重对历史典籍中管理思想的吸收，老子的许多思想直接或间接来自《周易》、《尚书》等典籍。

《周易》、《尚书》是我国较早包含管理思想的论著，总汇了夏、商、周各时代统治者决策、管理的言论、告示等官方文件，是中国上古社会后期有关管理制度和管理思想的重要文献资料。③《易经》是一部约形成于殷周之际的占巫之书，该书是巫用来沟通天人、探测天意的一种工具，最初是根据人与环境的关系预测人的行为的可能结果，这些思想都包含着理性管理思想的萌芽。春秋战国时期，《易经》已从占巫之书发展为理性化的哲学思维系统，提出了宇宙观、思维方式和生存方式，成为指导人们认识自然和社会并指导人们如何行动的理性工具，也是当时的统治者进行管理思维和管理决策的重要工具。老子在宇宙的普遍规律、认识事物的思维方式和人的管理行为方式等三个方面吸收了《易经》中的管理思想。

老子吸收了《易经》中关于事物对立、统一的思想。对立是《易经》对世界的基本认识之一。《易经》以阴（— —）和阳（—）符号作为卦爻构成的基础，也是六十四种自然与社会现象之间联系的纽带和内在根据。— —和—之间的对立构成了事物之间的联系及变化发展。老子根据这些思想提出了"万物负阴而抱阳"的命题。老子还具体提出了"有无相生，难易相成，长短相形，高下相倾，音声相和，前后相随"等对立统一命题。

老子还吸收了《易经》中关于事物发展规律的思想。一是吸收了《易

---

① 吕锡琛：《道家道教与中国古代政治》，湖南人民出版社2002年版，第5页。
② 《老子·四十一章》。
③ 刘云柏：《中国古代管理思想史》，陕西人民出版社1997年版，第292页。

经》中关于事物转化规律的思想。《易经》中比较多地表述了对立面转化的思想，以《乾卦》为例，从"潜龙勿用"到"见龙在田"，再到"飞龙在天"，已发展到极致，如果再发展，就会走向反面："亢龙有悔"。这就是《周易》提出的转化规律。老子总结了《易经》中矛盾转化的思想，提出了"反者，道之动"①的命题，作为转化的普遍原则。"反"有否定以及向相反方向转化的含义。他还具体揭示了"曲则全，枉则直，洼则盈，敝则新，少则得，多则惑"②的矛盾转化现象。老子还剔除了《易经》吉凶祸福占断中的神秘色彩，得出"祸兮，福之所倚；福兮，祸之所伏"③的结论，并十分强调人在矛盾转化中的主观作用。根据强弱转化的道理，当人或事物强大到极点时，就会转向衰弱。为了及早削弱对方，老子主张"将欲弱之，必固强之"，同理，"将欲废之，必固兴之；将欲取之，必固与之"④。二是吸收了《易经》中关于事物循环运动的思想。《易经》论述了十五循环运动的规律，《复卦》具体描述了事物循环运动的规律，卦辞云："复：亨，出入无疾，朋来无咎，反复其道，七日来复，利有攸往。"老子继承和发展了《易经》关于循环运动的思想。老子指出："万物并作，吾以观其复。夫物芸芸，各复归其根，归根曰静，静曰复命，复命曰常"⑤万物由产生、发展到衰亡，最后都复归于本根（道）。三是吸收了《易经》中关于事物质变量变的思想。质变量变规律在《易经》中有许多论述，在卦体构成中，阴（- -）与阳（—）数量相同，只要改变其排列形式（量变），就会从一卦转变为另一卦（质变）。在卦爻辞中，《渐卦》以鸿雁的飞行渐次程序象征人事及事物的渐变过程，《乾卦》以龙所处位置的变化反映吉凶关系，表明作者意识到量变能够引起事物性质的变化。

---

① 《老子·四十章》。
② 《老子·二十二》。
③ 《老子·五十八章》。
④ 《老子·三十六章》。
⑤ 《老子·十六章》。

第一章 道的重构：老子对治理之"道"的哲学建构

老子提出了较明确的质量渐变思想："合抱之木，生于毫末；九层之台，起于累土；千里之行，始于足下。"① 老子还把这个规律应用到管理上："天下难事，必作于易；天下大事，必作于细。"②

在思维方式上，老子继承了《易经》的象思维和直觉思维。观物取象是《易经》的最基本的思维方法。《周易·系辞》："古者包牺氏之王天下也，仰则观象于天，俯则观法于地，观鸟兽之文，与地之宜，近取诸身，远取诸物，于是始作八卦，以通神明之德，以类万物之情。"可见"八卦"是古人观象观法所得之八象。根据《易经》的思维方法，老子提出"以象观物"的方法，"以身观身，以家观家，以乡观乡，以邦观邦，以天下观天下"。老子还运用形象来表现抽象的哲理，表达自己对事物本质及规律的认识。他把"道"形象地比喻为母，即用母这一形象来表现"道"作为衍生万物以及作为宇宙万物本源的这一根本的宇宙观。他在第一章就说："无名天地之始，有名万物之母。"对于"道"，他有时觉得不容易用一个名词或概念来表达，只有把它看做天地万物之母才最为得体："有物混成……可以为天地母。"③ 为了让人们理解新生事物柔弱但一定能战胜衰老之物的道理，他特别取出新生事物的柔弱和衰老事物的僵硬（刚）的形象特征，同时用新生婴儿之柔弱以及柔水穿透坚石的形象加以比喻，来说明"柔弱胜刚强"的道理。老子借用形象以表达一般概念、范畴和命题的思维方法实际上也是源于《周易》的取象以立意的方法。

老子继承了《尚书》中关于"德"的主要思想。"德"的原义是事物的属性，而在西周文献中是指奴隶主贵族所特有的权利，以及由此而反映出的一种品性。④ 德实质上论证了西周统治者管理社会的合理性与合法性。《尚书》中"德"范畴给予老子以极大影响，老子提出"仁德"、"下

---

① 《老子·六十四章》。
② 《老子·六十三章》。
③ 《老子·二十五章》。
④ 候外庐主编：《中国思想史纲》（上册），中国青年出版社1980年版，第26页。

德"、"广德"、"建德"、"玄德"、"常德"等概念,均可溯源于《尚书》他从多方面继承和发展了《尚书》中"德"的思想。①

贵柔尚弱是老子的重要思想,这种柔弱思想在《尚书》中有许多论述。《尚书·皋陶谟》中就有"柔而立"的说法,《尚书·洪范》亦以"柔克"为"二德"之一,把"柔"作为治理国家的一种有效的手段。老子继承了这些思想,提出了"柔弱胜刚强"②、"坚强者死之徒,柔弱者生之徒"③等管理命题。谦下、不争不仅是一种待人接物处世的态度和方法,而且是居于上位的管理者应具备的基本品德。老子认为,"大国者下流,……大者宜为下"④,"是以圣人欲上民,必以言下之;欲先民,必以身后之"⑤,"善胜敌者不与,善用人者为之下,是谓不争之德"。⑥ 这些思想来自《尚书·大禹谟》曰:"惟德动天,天远弗届,满招损,谦受益,时乃天道。"

《金人铭》亦曰:"夫江河长百谷者,以其卑下也。"老子则提出:"江海所以能为百谷王者,以其善下之,故能为百谷王。"谦下不争,同时又是老子的一种策略,谦下是为了处上,不争乃是以不争为争。如:"夫唯不争,故天下莫能与之争。"⑦ 如《尚书·大禹谟》曰:"汝惟不矜,天下莫与汝争能。汝唯不伐,天下莫与汝争功。"《金人铭》亦曰:"君子知天下之不可盖也,故后之下之。"

此外,老子的其他思想观念,如欲取姑与、慎终如始、天道无亲、与人为善、以德报怨、尚慈崇俭等观念以及隐逸思想、无为思想、辩证思维、关于天道的思想理论等等,都可以从古籍中找到它们的直接思想来源。

---

① 孙以楷:《老子通论》,安徽大学出版社 2004 年版,第 233 页。
② 《老子·三十六章》。
③ 《老子·七十六章》。
④ 《老子·六十一章》。
⑤ 《老子·六十七章》。
⑥ 《老子·六十八章》。
⑦ 《老子·二十二章》。

2. 继承上古天道及圣人思想

老子吸收了古代的"天道"思想,天道思想源于远古时期人们对自然的崇拜。春秋以前,生产力低下,人类获得的生存物质几乎全靠自然施予,人类在思想和物质上都从属于自然界。而且从直观上看,大自然在施予人类物质时,表现了非意志性、无目的性。人类在对"天"产生无限景仰的同时,便从思想上对天的本质加以概括,并以"天道"命名。如春秋时的政治家子产就提出"天道远,人道迩"[①]的命题,这里的"天",本是指天象,推而广之,也可以泛指整个自然现象,"天道"与"人道"的关系即自然界运行规律与人类社会运行规律的关系。春秋以前论述"天道"的另一特点是把"天道"和"人道"相联系,以"天道"为标准衡量"人道"的合理性和应然性。

在原始氏族社会中,由于生产力低下,人们只有共同劳动、共同享有劳动成果、共同抗御敌害,才能共同生存,人与人之间天然地结成了互相友善的依存关系。人类的这些自然的生活原则被认为是"天道"的体现。老子认为,天道是人类管理应该效法天道的品德和行为,天道应该成为人类管理的重要原则。

老子吸收了天道公正无私、没有偏爱的思想。老子说:天道无亲,常与善人。在对待人类与万物的关系上,天道把万物和人看作同等地位,老子指出:"天地不仁,以万物为刍狗;圣人不仁,以百姓为刍狗。"[②] "刍狗"是古代祭祀时用草扎成的狗。祭祀时饰之奉之,并不是爱之;祭祀完后抛之弃之,也不是恶之。对于万物的这种无爱无恶的一视同仁的态度,就是天道公正无私无所偏爱的表现。老子还吸收了天道均平与平等的思

---

① 《左传·昭公十八年》。
② 《老子·五章》。

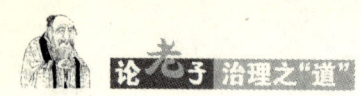

想，老子说："天地相合，以降甘露，民莫之令而自均"①，这是形容天道的公平施予，赞颂天道对人类的公道与均平。老子指出："天之道，其犹张弓与？高者抑之，下者举之，有余者损之，不足者补之。"②老子还吸收了"天道"自然无为的思想。天道对于万物，既有创生的功能又有养育的功能，但这些都是在自然而然中进行的，既不是有意的作为，也没有任何功利的目的。老子如此描述天道的这种无为的作用："万物作焉而不为始，生而不有，为而不恃，功成而弗居。"③这就是说，天道听凭万物自然而然地生长变化，却从不替它们开始，生万物而不据为己有，为万物而不自恃其恩，长万物而不主宰它们，功成业就而不自居夸耀，这就是天道自然无为的法则。老子指出："生而不有，为而不恃，长而不宰，是谓玄德。"④"玄者远也、深也"，"玄德"即是一种古老的美德，这是对上古文化和道德观念的赞美。在原始氏族社会中，生产资料归集体所有，氏族成员集体劳动，平均分配生活必需品，氏族首领替大家管理生产和公共事务，却从不占有大家的劳动成果，他虽然有权做出决定，但却是代表着公众的意志。这同天道那种"生而不有"、"长而不宰"的"玄德"十分相似。

如何在人类实现"天道"的管理模式，老子设想通过一些能够体现天道的基本精神的杰出人物——"圣人"来自实现。老子在《道德经》有32处提到圣人，如"是以圣人处无为之事，行不言之教。"⑤"是以圣人之治，虚其心，实其腹，弱气志，强其骨。"⑥ "圣人抱一为天下式"⑦ 等。老子所说的圣人与儒家的圣人是不同的，儒家的圣人以道德教化民众以达

---

① 《老子·三十二章》。
② 《老子·七十七章》。
③ 《老子·二章》。
④ 《老子·十章》。
⑤ 《老子·二章》。
⑥ 《老子·三章》。
⑦ 《老子·二十二章》。

第一章 道的重构：老子对治理之"道"的哲学建构

到治理的目的，而老子的所说的圣人则以自然之道治民，让民众自为、自化。"老子歌颂的'圣人'与《易传》歌颂的上古圣人是一致的，这就是神农、黄帝、尧舜等等，他们是上古文化发展辉煌阶段的代表。歌颂和肯定这些圣人的业绩和治国方略，表明了老子对上古文化的继承。不仅如此，在《老子》书中，还把他们的业绩抽象为、提升为顺应自然的"无为而治"。并希望当时的统治者效法上古圣人，'无为而民自化，无事而民自富'"①。老子所说的圣人在社会治理上有如下一些特点。

"圣人"注重个人的修养，在精神上保持了淳朴纯真的自然心态。老子称这种淳朴自然之心为"愚人之心"，把它作为精神修养的最高境界。老子对"愚人之心"进行了这样的描述："沌沌兮！俗人昭昭，我独昏昏，俗人察察，我独闷闷。"②"圣人"在实际的管理活动中以淳朴的自然态度体现、贯彻自然主义的原则。老子指出："是以圣人之治，虚其心，实其腹，弱其志，强其骨。常使民无知无欲，使夫智者不敢为也。"③"虚其心"即是净化人们的心灵，消除智巧诈伪之心。"'弱其志'是指抑制贪欲的扩张，这样人民就能保持"无知无欲"的纯真质朴的心态，智巧之人也就不敢利用智巧取利和扰乱人心了。老子还指出："圣人在天下，歙歙焉，为天下浑其心。"④ 意思是圣人通过收敛意志与欲望，净化天下人的心灵，让人们回归到浑朴淳真的自然状态。老子还认为这是一个优秀的统治者要做到的，老子指出："古之善为道者，非以明民，将与愚之。"⑤ "明"指明察和巧诈，"愚"即纯朴的自然状态，王弼注解为："愚谓无知。守其真顺自然也。"，《河上公》注解为："使朴质不诈伪也。"可见，老子认为圣人能够保持纯朴的自然心态，还把这种心态影响民众，以达到治理社会的

---

① 张智彦：《老子与中国文化》，贵州人民出版社1996年版，第33页。
② 《老子·二十章》。
③ 《老子·三章》。
④ 《老子·四十九章》。
⑤ 《老子·六十五章》。

目的。

在管理认识上,圣人以人民为管理主体,把自己看得很轻,而把人民看得很重要。老子指出:"圣人常无心,以百姓心为心。"① "圣人"没有自己的意志,而是以百姓的意志为意志。老子还指出:"是以圣人欲上民,必以言下之;欲先民,必以身后之。"② "圣人"虽然身居上位,却把自己摆在下位,把民众摆在上位。对人民谦下,把自己的利益置于民众的利益之后。这是"圣人"管理的基本原则,所以老子又说:"是以圣人终不为大,故能成其大。"③ "故贵以贱为本,高以下为基。是以侯王自称孤、寡、不谷。此非以贱为本邪?"④ 这些都是老子对理想的统治者即圣人的描述。

在管理行为上,"圣人"以无为的方式管理人民,体现了天道自然无为的基本精神。老子指出:"是以圣人处无为之事,行不言之教。"⑤ 圣人以自然无为的态度和原则治理社会,就不会给人民带来危害,也不会给人民带来压迫感,人民也会拥戴这样的统治者。因而老子说:"是以圣人处上而民不重,处前而民不害,是以天下乐推而不厌。"⑥ "我无为而民自化,我好静而民自正,我无事而民自富,我无欲而民自朴。"⑦ 老子认为,圣人以自然无为的方式管理人民能使社会得到最好的治理。因而老子总结道:"为无为,则无不治。"⑧ "无为而无不为。"⑨

天道思想和圣人管理思想是老子管理思想的重要来源。

---

① 《老子·四十九章》。
② 《老子·六十六章》。
③ 《老子·六十三章》。
④ 《老子·三十九章》。
⑤ 《老子·二章》。
⑥ 《老子·六十六章》。
⑦ 《老子·五十七章》。
⑧ 《老子·三章》。
⑨ 《老子·四十八章》。

第一章 道的重构：老子对治理之"道"的哲学建构

3. 继承母系社会的管理思想

母系氏族社会是人类社会最初的存在形态，由于当时人类生存能力低下，人类必须共享劳动成果才能生存下来，这就需要管理者具有宽容、节俭、尚慈等优点，而女性天生就具有这方面的特征，因此当时社会妇女在社会活动和经济生活中就居于主导地位，作用大于男性，女性充当氏族首领管理氏族。同时，由于生产力低下，人类的生存条件很差，适应自然的能力很低，人口死亡率特别是儿童的死亡率相当高，人类的平均寿命和自然增长率都很低，因而人口的增殖就成了人类延续、氏族繁衍的重大问题。那时的人类对男性在繁殖后代中的作用缺乏认识，在人口增殖的迫切要求下，就必然导致了女性崇拜。①

老子继承了女性崇拜的思想，吕思勉先生在20世纪30年代指出，《老子》"全书之义，女权皆优于男权，与后世贵男贱女者迥别"②。孙以楷认为，从原始母系氏族社会，老子记取了一种功成不居、为而不恃、生而不有的公而无私的精神，一种以己身为天下的品格，一种公正公平的作风，一种一切由民心民意裁决的决策方式和民本思想，归根到底，记取了因顺自然的根本原则。在以后的夏、商、周时代，凡是多少体现了这一古之道术精神的统治者，都或多或少地取得了成功，反之则失败。③陈鼓应认为，老子对远古女性崇拜的继承，从宏观上看，表现为崇尚阴柔的哲学基调。④

老子哲学的重阴、尚柔、守雌、好静、崇俭、尚慈、谦下等基本特征，都是对女性特有的道德品格的哲学抽象，都是对女性的处世态度和经

---

① 陈鼓应、张智彦等学者皆认为我国古代的女性崇拜思想是老子思想的主要来源，参见张智彦：《老子与中国文化》，贵州人民出版社1996年版，第113~120页；匡亚明主编，陈鼓应、白奚：《老子评传》，南京大学出版社2001年版，第40~50页。
② 吕思勉：《辨梁任公〈阴阳五行说之来历〉》，见《古史辨》第五册，1934年版，第369页。
③ 孙以楷：《老子通论》，安徽大学出版社2004年版，第206页。
④ 匡亚明主编，陈鼓应、白奚：《老子评传》，南京大学出版社2001年版，第43页。

验的概括和提升，表现了女性特有的温柔含蓄和独特的智慧。老子曰："我有三宝，待而保之。一曰慈，二曰俭，三曰不敢为天下先。"① 这"三宝"便集中体现了母系氏族社会中女性首领的美德。"慈"就是爱心和同情感，是氏族女首领赢得人们爱戴的基本德行。"俭"意指节俭不奢靡，兼有含蓄和不肆为之义，是氏族女首领管理氏族经济生活、善于持家的基本表现。"不敢为天下先"即是谦下和不争的态度，表现了氏族女首领宽容谦和、温良忍让、把自己的利益置于氏族成员的利益之后的品德风尚。老于以此为"三宝"，正表明他的思想同古代母系氏族文化传统之间存在着承续的关系。

老子针对春秋混乱的社会管理现状，从历史的对比角度，认为男性中心文化中阳尊阴卑的价值体系和父权管理模式造成了社会的混乱，当时的男性中心文化所倡导的社会秩序和伦理道德观念正是世风衰薄的产物和表现，而逝去的女性中心时代才是人类历史上的黄金时期。治理社会混乱的根本方法是倡导母系社会的价值和管理模式，反对当时的父权制的价值和管理模式。因此，老子在其管理哲学中提出了一套以崇尚阴柔为基调的哲学理论，以及以母系社会慈爱、自然、无为等为管理行为的管理模式。

总之，老子吸收了历史上的治国经验、远古的天道思想、远古的氏族女性管理思想等构成了自己的系统的管理之"道"。

三、道的重构：老子对治理之"道"的建构

春秋时期礼崩乐坏、战乱不止的社会现实向当时的人们提出了一个必须回答和解决的管理问题：建立什么样的社会秩序和如何建立这种社会秩

---

① 《老子·六十七章》。

第一章 道的重构：老子对治理之"道"的哲学建构

序。当时的科技发展加深了人们对自然、社会与人自身的认识，也为老子创立以宇宙论为基础的治理之道提供了必要的知识和有效的工具。在吸收历史上上古管理思想和管理模式，尤其是远古圣人管理模式、母系氏族管理模式的基础上，老子立足社会现实、总结历史经验、吸收前人的理论成果，建构了以"道"为核心范畴的社会治理思想体系，从现代的学术观点看，就是完整的管理哲学体系。

1. 老子建构哲学之"道"

春秋时期，我国已出现了具有理论思维的哲学概念和范畴，在殷周时期成书的《易经》中，出现了"——"（阴）"—"（阳）两种符号，《易经》试图用这两种符号的排列组合来概括自然界和人类社会中的种种理象。在西周末年出现了"气"的概念，与此同时，春秋时期还产生了"五行"的概念。"五行"最早见于《尚书》："五行：一曰水，二曰火，三曰木，四曰金，五曰土。水曰润下，火曰炎上，木曰曲直，金曰从革，土爰稼穑。润下作咸，炎上作苦，曲直作酸，从革作辛，稼穑作甘。"这里所说的"水曰润下，火曰炎上"[1]等，是人们从生产实践和日常生活中对五种物质特征直观把握的概括。这些为老子进一步提炼哲学思想奠定了基础，老子"万物负阴而抱阳，冲气以为和"等哲学思想都是这些哲学思想的拓展。

"道"，在中国古代使用极为广泛，"道"的理念在《尚书》、《周易》中就已出现。如《尚书·大禹谟》有："违道以千百姓之名誉"；"反道败德，君子在野，小人在位"；"满招损，谦受益，时乃天道"。《易传》中"道"字更多，如"一阴一阳为之道"、"形而上者为之道"。它本来不是哲学概念，就"道"的一般含义而言，包括如下几种[2]：

---

① 《尚书·洪范》。
② 张智彦：《老子与中国文化》，贵州人民出版社1996年版，第67页。

（1）指所行之路。"道"字的本义，据《说文解字》"从名首，一达谓之道"，把"道"解释为一条通达的大路。《易经》"履"卦九二爻说："履道坦坦。"也是说"道"是行走的平坦大路。可以说，这是"道"的基本含义。

（2）表示某种主张或学说。如"道，理也"①；"顺理而不失之谓道"②等。

（3）指治理国家的方略。如"道，国之政事"③；"道上也，上之所以导民也"④等等。

（4）具有引导、疏导的意义。如"道之以政，齐之以刑，民免而无耻，道之以德，齐之以礼，有耻且格"⑤。

（5）具有言说、谈论或讲述的意义。如"道，言也"⑥；"道，犹言也"⑦，"道，言说也"⑧等等。

（6）具有实行的意思。如"君子道者三，我无能焉；仁者不忧，知者不惑，勇者不惧"⑨。意思是说，君子实行三件事，我一件也没有做到。

詹剑峰认为⑩，春秋时期社会上流行三种道：一是人伦之道，如《左传》载：舜"举八元，使布五教于四方，父义，母慈，兄友，弟共，子孝"⑪；二是宗教家的神道，"圣人以神道设教"。这种神道就是上古的天道；三是阴阳家的天道，子产就说过："天道远，人道迩，非所及也，何以知之。灶亦焉知天道？"⑫

━━━━━━━━━

① 《庄子·缮性》。
② 《管子·君臣》。
③ 《礼记·大学》。
④ 《管子·君臣上》。
⑤ 《论语·为政》。
⑥ 《礼记·大学》。
⑦ 《周礼·训方氏》。
⑧ 《荀子·劝学》。
⑨ 《论语·宪问》。
⑩ 詹剑峰：《老子其人其书及其道论》，湖北人民出版社1982年版，第183页。
⑪ 《左传》文公十八年。
⑫ 《左传》昭公十八年。

第一章 道的重构：老子对治理之"道"的哲学建构

由此可见，"道"虽然在老子之前已存在，但却不是老子所提炼的哲学性意义上的"道"。老子在前人提供的思想资料的前提下，结合历史和现实，经过对自然、社会、人事种种问题的思考，把"道"上升到了最高的哲学范畴，以"道"作为对世界统一性的本质认识，把"道"作为世界的本原和终极性存在，从而把"道"提升到具有普遍意义的哲学范畴，构建了以"道"为核心范畴的哲学体系。

2. 老子建构完整的治理之"道"

老子建构了以"道"为核心范畴的哲学体系，实现了春秋时期"哲学的突破"。但老子并没有仅仅停留在哲学理念的突破上，而是以哲学理念为依据，关注和审视当时社会的管理问题，提出以"道"为依据的管理哲学。

尽管老子哲学体系涉及宇宙论、认识论、政治论、战争论等诸多内容，但从老子面对的时代命题和老子思想各个部分之间的相互关系看，老子哲学的目的和归宿是社会治理问题，老子论述的一切问题都是围绕社会治理而展开的。陈鼓应指出："如果我们了解老子思想形成的真正动机，我们当可知道他的形而上学只是为了应和人生与政治的要求而建立的。"[①] 徐复观亦指出："老学的动机与目的，并不在于宇宙论的建立，而依然是由人生的要求，逐步向上面推求，推求到作为宇宙根源的处所，以作为人生安顿之地。因此，道家的宇宙论，可以说是他的人生哲学的副产物。他不仅要在宇宙根源的地方方向人的根源；并且是要在宇宙根源的地方来决定人生与自己根源相应的生活态度，以取得人生的安全立足点。"[②] 贺荣一先生最初认为老子思想是由许多不相连属的个别思想单元组成，经过多年研究，贺荣一改变了这一结论："本人经过对各章句义、思想之分析、对照、综合之后，得知《道德经》中之各个思想单元，表面看来，虽似不

---

① 陈鼓应：《老庄新论》，商务印书馆2008年版，第138页。
② 徐复观：《中国人性论史》，华东师范大学出版社2005年版，第198页。

相连属,但其内涵实是互相关联而构成一个不可分割的思想整体。而这个思想整体所表达的乃是一套具有完整体系的政治哲学学说。此说之内容一言以蔽之,乃是'人君当以自然之道,亦即以自然方式治民'。"① 可见,老子哲学不仅是关于社会治理的思想,而且是一套完整的管理哲学体系。

老子思想虽然是一个完整的管理哲学体系,但由于《道德经》文本论及的内容庞杂,章节结构编排未完全彰显老子核心思想的本意②,因此无法从《道德经》文本看出老子所建构的管理哲学体系。为了凸显老子思想的实质和各个思想单元之间的联系,董京泉教授对《道德经》的章节秩序进行了重新编排,把《道德经》划分为道论篇、德论篇、修身篇和治国篇。道论篇主要阐述道的实有性,道的作用特点,道的基本特点和运行轨迹,道的本体论意义,以及如何认识和把握到等问题;德论篇主要论述德及其与道的关系,实践道和德、依道而行的基本原则;修身篇主要论述道、德如何用于修身和处世;治国篇主要论述道、德关照下的战争观和军事策略。③ 经过这样编排之后,可以看出,"老子的这个思想体系可以说是以'道'为形而上学的根本依据,以自然无为为纲纪,以依道修身为中介,以治国安民为归宿的理论大厦"④。

以现代管理哲学的理论范式,尤其是中国管理哲学的理论范式审视老子思想⑤,可以明确发现老子建构了一个完整的管理哲学体系,内容包括

---

① 贺荣一:《老子之朴治主义》,百花文艺出版社1994年版,作者自序。
② 董京泉认为,从《道德经》的思想内容和内在逻辑的视角看,其通行本(指王弼《老子道德经注》中的经文)的章次排列不够得当,比如上篇"道经"中多有论述当属下篇"德经"的内容,而在"德经"中则多有论述当属上篇"道经"的内容。郭店楚墓竹简本《老子》和马王堆汉墓帛书《老子》,其各章节之间的内在逻辑联系也不够紧密。(参见董京泉:《〈道德经〉新编》及其论证,《文史哲》,2003年第1—2期。)
③ 董京泉:《〈道德经〉新编》及其论证,《文史哲》,2003年第1—2期。
④ 董京泉:《老子道德经新编》,中国社会科学出版社2008年版,导言。
⑤ 如本文《绪论》部分所论,黎红雷教授在《儒家管理哲学》一书中提供了中国管理哲学的理论范式,包括管理的哲学观和哲学的管理观,虽然老子在这两个方面都有论述,但鉴于老子重在探讨管理的哲学观,考察老子的管理哲学则仅限于探讨其管理的哲学观,管理观则包含在哲学观中。

管理的哲学基础、管理的认识方法、管理的方法原则、管理的人性论等五个方面。

管理的哲学基础是从哲学的角度追寻管理的合理性、合法性。老子认为"道"是贯串宇宙、社会、人生的根本规律和根本法则，是管理的形上依据；道的规律性体现了社会治理的规律，认识"道"就是认识了社会治理的规律，认识"道"的方法是为道的直觉认识方法、辩证的认识方法、象思维的认识方法；道在管理万物时是顺其自然，道法自然，人类的管理应效法道的管理方式，在社会治理中的应然行为是无为和守柔；道的本真性决定了人性是自然的，是"少私寡欲"、"见素抱朴"的，依据道性，社会治理应采用复归和道治的治理方法。这样，老子以"道"为核心建构了完整的社会治理理论。

3. 老子治理之"道"的"哲学的突破"

管理哲学重在阐发人类管理的合法性以及人类管理的应然模式，其本身亦随着人类社会的发展不同而获得不同的内容。纵观我国古代的管理哲学尤其是先秦管理哲学主要围绕天命观、天人关系展开。春秋战国之前，历史上出现了两次管理哲学的转变，这两次转变在管理的哲学理念和管理的实践上都对后来的管理产生了深远的影响。

第一次是由氏族公社制向贵族世袭制转变。这次转变以"天命观"作为管理的哲学基础，认为贵族世袭制的管理合理性、合法性是由上天的意志决定的，是上天授予的，即君权神授。当时人们以天道解说人类社会的管理问题，"老子以前的天道观念，都把天看作有意志，有知识，能喜能怒，能作威作福的主宰"[1]。《诗经》中对天有许多论述，如"有命自天，命此文王"[2]，是指天有意志；"皇矣上帝，临下有赫，监观四方，求

---

[1] 胡适：《中国哲学史大纲》（卷上），东方出版社2004年版，第38页。
[2] 《诗经·大明》。

民之莫"①，是说天有知性；"敬天之怒，天敢戏豫；敬天之渝，无敢弛驱"②，是指天能喜怒；"天降丧乱，饥馑荐臻"③，是指天能肆意妄为。天命观的管理哲学应用在实践上就是贵族的统治是合法的，贵族可以采取任意的管理方式管理人民。自从禹将管理权顺利传给他的儿子启之后，原始氏族的禅让制让位给贵族的世袭制，奴隶主贵族采用残酷的管理方式管理人民。

到周朝时，管理哲学又一次出现重大转变。为了否定残暴的商纣统治的合法性，周开始将"天命观"由天上转向人间，力图在现实的人间寻求管理的合法性。在夏商时期，天道是统治者管理天下的合法性基础，是一种具有宗教性质的"天命"神学。到周朝时，为适应其宗法统治的需要，天命逐渐转变为具有伦理性质的道德学说，提出了"以德配天"的理论，把统治者的道德作为上天是否授予其管理权的标准，但天仍然是具有意志的天，只是在内容上作了改变。④ 周朝把统治者的德性作为管理的合法性基础，将统治者个人的德性扩大到家庭，以此论证"分封建制"的封建官僚制管理模式的合法性。依据这种管理哲学，周朝以"受民受疆土"的方式把家族成员分封在各地，以"德"为内在依据、以"礼"为外在责任和义务的管理模式。

到春秋战国时期，政治、经济、文化都发生了巨大的变化，种种迹象表明，周朝以血缘关系为纽带建立的"分封建制"的管理模式已不适应社会发展的需要，社会管理需要进行重大变革，这种变革首先要在观念上突破。人类历史的这个特殊时代，德国哲学家雅斯贝尔斯（Karl Jaspers，1883—1969）把这个时代称为"轴心时代"。他认为，在公元前五百年前后，在古希腊、以色列、印度和中国几乎同时出现了伟大的思想家，他们

---

① 《诗经·皇矣》。
② 《诗经·节南山》。
③ 《诗经·云汉》。
④ 张智彦：《老子与中国文化》，贵州人民出版社1996年版，第172~177页。

第一章 道的重构：老子对治理之"道"的哲学建构

都对人类关切的问题提出了独到的看法。古希腊有苏格拉底、柏拉图，中国有老子、孔子，印度有释迦牟尼，以色列有犹太教的先知们，形成了不同的文化传统。这些文化传统经过两三千年的发展已经成为人类文化的主要精神财富，而且这些地域的不同文化，原来都是独立发展出来的，并没有互相影响。美国当代社会学家帕森思则认为"轴心时代"是由"哲学的突破"开启的，余英时先生叙述美国当代社会学家帕森思的观点说："在公元前一千年之内，希腊、以色列、印度和中国四大古代文明，都曾先后各不相谋而方式各异地经历了'哲学的突破'的阶段。所谓'哲学的突破'即对构成人类处境之宇宙的本质发生了一种理性的认识，而这种认识所达到的层次之高，则是从来都未曾有的。与这种认识随而俱来的是对人类处境的本身及其基本意义有了新的解释。"①

生活在"轴心时代"的老子面对春秋时代由剧烈的政治、经济、文化变革所带来的种种问题，认识到社会管理的变革势在必然。管理的变革首先需要人们管理理念发生转变，也就是要求管理哲学需要发生重大变革。春秋以前围绕"天人关系"展开的管理哲学思维为老子实现管理哲学的突破提供了重要的理论基础，当时科技的发展为老子正确认识世界提供了重要的理论分析工具。老子在此基础上结合自己的思考实现了"哲学的突破"。

老子首先改造了"天"的内涵。在老子之前的管理哲学中，"天"是世界的主宰，被称为"帝"或"上帝"，因而"天"是有人格的。"天聪明，自我民聪明，天明威，自我民明威。"②"天之爱民甚矣，岂其使一人肆于民之上，以从其淫而弃天地之性，必不然矣。"③ 这里的"天"都是有意志的"天"。老子吸收了他之前关于"天"的合理内核，如天的仁慈性，"天道无亲，常与善人"④，但老子把"天"的本质还原为自然之

---

① 余英时：《士与中国文化》，上海人民出版社1987年版，第28页。
② 《尚书·皋陶谟》。
③ 《左传·襄公十四年》。
④ 《老子·七十九章》。

"天",如"天地相合,以降甘露"①,老子还以"天地不仁"②的思想彻底否定"天"的人格性。"中国古代的传统哲学是从天人问题的讨论开始,并围绕着天人关系的讨论而形成的。"③老子经过对"天"的改造,"天"对人类管理活动的干预不再是神秘的命令,而是自然的规律,"天网恢恢,疏而不失"④,"所谓'天网',即'自然之网'……即自然之法"⑤。如果违反了自然之法,就会遭到自然的惩罚。老子指出:"常有司杀者杀"⑥,"这个'司杀者',便是天,便是天道。违背了天道,扰乱了自然的秩序,自有'天然法'来处置他,不用社会和政府的干涉,若用人力去赏善罚恶,便是替天行道,便是'代司杀者杀'"⑦。其结果是必受惩罚,"夫代大匠斫,希有不伤其手者"⑧。管理者对待"天"的态度不再是接受"天"的神秘命令,再以其命令管理人民,而是以自己的智慧把握"天"的自然规律性,"是谓配天之极"⑨。任何人都可以直接面对"天",谁把握了"天"的自然规律并依据自然规律进行管理,谁就取得管理的合法性。这样,老子就否定了"天命观"只有接受"天命"的贵族统治者才是合法管理者的哲学依据,把管理的合法性建立在现实的自然规律基础上。

其次,老子还指出了"天"运行的法则,称为"天道"。《老子》一书中有七处提到"天道"或"天之道","天道"的实质是"天"运行的自然规律或自然法则。在老子思想中,天道的特质有如下几点:一是天道无私,老子指出:"天长地久,天地所以长且久者,以其不自生,故能长生。"⑩ 天

---

① 《老子·三十二章》。
② 《老子·五章》。
③ 游唤民:《〈尚书〉思想研究》,湖南教育出版社2001年版,第58页。
④ 《老子·七十三章》。
⑤ 詹剑锋:《老子其人其书及其道论》,湖北人民出版社1982年版,第393页。
⑥ 《老子·七十四章》。
⑦ 胡适:《中国哲学史大纲》(卷上),东方出版社2004年版,第47页。
⑧ 《老子·七十四章》。
⑨ 同上。
⑩ 《老子·七章》。

第一章 道的重构：老子对治理之"道"的哲学建构

地长久是因为天地无私，天地的一切运作都不是为了自己。老子以此说明自然法则是没有私心的、普遍的，故能永久运行。二是天道均平，老子指出："天地相合，以降甘露，民莫之令而自均。"① 天地相合降下的甘露，人们都公平地受到了滋润，天道对所有的人都是公平的。三是天道公道，老子指出："天之道损有余而补不足"②，"可见天道就是正义"③。四是"天之道，利而不害"④。五是天道的作用强大。老子指出："天之道，不争而善胜，不言而善应，不召而自来，繟然而善谋。"⑤ 足见天道功能的强大。

老子以自然"天道观"突破了春秋以前的宗教"天命观"。"天道"是指天体运行和时序变化的规律，广义的是指自然运行变化的规律。老子之前的"天命观"认为，天体运行和时序变化等自然现象体现了天神（或帝）的旨意，人类的行为模式必须按照神的旨意进行，管理者的合法性是看他是否符合天的旨意。老子改变了这种神秘的神学天道观，代之以自然天道观。"在老子哲学里，天没有意志，不具有人格的意义，天只是一种自然状态；天道运行的规律是'无为而化'、自然而然。"⑥ 老子多次论述了自然天道观，"天地不仁，以万物为刍狗"⑦，"天道无亲，常与善人"⑧。

老子改造了春秋之前的天人关系，实现了"哲学的突破"。正如胡适在论及老子思想产生时所说："老子亲见那种时势，又受了那些思潮的影响，故他的思想，完全是那个时代的产儿，完全是那个时代的反动。"⑨ 老子在改造天、天道、天人关系的基础上，建构了作为世界本原的哲学之"道"，并以此探讨社会治理问题，建构了治理之"道"。

---

① 《老子·三十二章》。
② 《老子·七十七章》。
③ 詹剑锋：《老子其人其书及其道论》，湖北人民出版社1982年版，第397页。
④ 《老子·八十一章》。
⑤ 《老子·七十三章》。
⑥ 张智彦：《老子与中国文化》，贵州人民出版社1996年版，第67页。
⑦ 《老子·五章》。
⑧ 《老子·七十九章》。
⑨ 胡适：《中国哲学史大纲》（卷上），东方出版社2004年版，第34页。

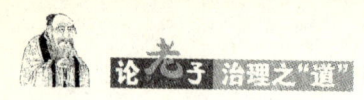

第二章 道：社会治理的本体论

春秋之前，社会治理的依据是宗教性的"天命"，统治者治理社会的合法性与合理性表现在是否与天命相符，这是把社会治理建立在宗教神学的基础上。老子突破了天命观的束缚，把社会治理的依据建立在哲学的形而上学的"道"论基础上。老子把"道"作为治理的形上依据，以"德"把形上之道落实到现实社会，以"尊道贵德"作为人类治理应遵循的形上原则。

一、道：社会管理的形上依据

为寻求人类社会管理的依据，老子建构了以"道"为核心概念的本体论哲学。从中国古代思想的发展看，中国古代虽然没有"哲学"和"形而上学"一词，但有"哲学"和"形而上学"思想。在中国古代哲学发展过程中，老子第一个完整地构建和表述了中国古代哲学之形上思想，已经相当接近西方哲学的 Metalphysic。因为他所关注的对象，考察的难题，以

第二章 道：社会治理的本体论

及诸抽象、对立的概念、范畴都已具备 Metalphysic 的性质。① 与西方的纯粹哲学不同，老子建构形而上学的目的是为人类社会的管理问题提供依据和思考工具。老子之"道"又可分为天道、常道、人道。老子的"道"有多层内涵。不仅如此，老子的"道"还有特殊的本质和规律，而这些都是"道"成为管理的形上依据的原因。

1. 道的内涵

在《老子》里，关于"道"的论述很多，全书共出现了 73 次②，所代表的意义也不尽相同。"道"的本意就是道路。如许慎《说文解字》的解释，"道"即人"所行道也"，"从行从首，一达谓之道"。③ 黑格尔曾经研究老子的"道"及其组成，他认为"道"是老子哲学的主要概念，是属于理性思维的，他说："'道'在中文中是'道路，从一处到另一处的交通媒介'，因此就有'理性'、本体、原理的意思，综合这点在比喻的形而上的意义下，所以道就是指一般的道路，道就是道路、方向、事物的进程，一切事物存在的理性与基础。"同时，他还归纳指出"道"是由"天之道或天的理性"、"地之道或物质的理性"和"人之道或人的理性"三者合成的。④ 熊铁基先生在《中国老学史》中总结学界的观点说，《老子》的"道"究竟是什么意义？比较一致的看法是，有几个方面的意义。首先是作为天地万物的根源，其次是讲事物发展的规律，第三就是讲生活的准则，属于伦理道德的范围。……道是天地万物的本原，这一点是确定无疑的。⑤ 陈鼓应则把"道"划分为实存意义的道、规律性的道和生活准则的道。⑥ 纵观《老子》一书，就历代研究者的论述，老子的"道"至少可以

---

① 马德邻：《老子形上思想研究》，学林出版社 2003 年版，第 8 页。
② 陈鼓应：《老子注译与评介》，中华书局 1984 年版，第 13 页。
③ 段玉裁：《说文解字注》，上海古籍出版社 1988 年版，第 75 页。
④ 黑格尔：《哲学史讲演录》第 1 卷，商务印书馆 1997 年版，第 126 页。
⑤ 熊铁基等：《中国老学史》，福建人民出版社 1995 年版，第 29 页。
⑥ 陈鼓应：《老子注译及评介》，中华书局 1984 年版，第 2~13 页。

有四个方面的含义。

(1) 道自身是一种真实的存在

老子对"道"作了如下描述:"道之为物,惟恍惟惚。惚兮恍兮,其中有象;恍兮惚兮,其中有物;窈兮冥兮,其中有精,其精甚真,其中有信,自今及古,其名不去,以阅众甫。吾何以知众甫之状哉?以此。"① "视而不见,名曰夷;听之不闻,名曰希;搏之不得,名曰微。此三者不可致诘,故混而为一。其上不皦,其下不昧,绳绳兮不可名,复归于无物。是谓无状之状,无物之象,是谓惚恍。迎之不见其首,随之不见其后。"② 河上公注:"无色曰夷,无声曰希,无形曰微。"超脱于具体事物之上的"道",与现实世界的万事万物有着根本的不同。它没有具体的形状,看不见,听不到,摸不着,它无边无际地、无古无今地存在着,时隐时现,难以命名。但是,正如陈鼓应先生解释的那样,"'道'虽然没有固定的形体,虽然超越了我们感觉知觉的作用,但它却并非空无所有,'其中有象'、'其中有物'、'其中有精'、'其中有信',都说明了"道"是一个实有的存在体"③。

实存意义的道的实质是从本体论意义规定道的内涵,把道看成是世界的本体,老子肯定"道"是一种真实的存在,因为只有这种真实的存在,"道"才能成为宇宙万物的本体。

(2) 宇宙万物的本原

老子认为,"道"是先于天地,在宇宙万物产生之前就独立存在的,有了"道"才产生了宇宙。老子这样描述作为宇宙本源的"道":"有物混成,先天地生。寂兮寥兮,独立而不改,周行而不殆,可以为天地母。吾不知其名,字之曰道,强为之名曰大。"④ 而这种作为宇宙本源的"道",

---

① 《老子·二十一章》。
② 《老子·十四章》。
③ 陈鼓应:《老子注译及评介·老子哲学系统的形成》,中华书局1984年版,第3~4页。
④ 《老子·二十五章》。

第二章 道：社会治理的本体论

它又是混沌而不可名状的："道之为物，惟恍惟惚。惚兮恍兮，其中有象；恍兮惚兮，其中有物；窈兮冥兮，其中有精；其精甚真，其中有信。自今及古，其名不去，以阅众甫。"① 有了这种先于天地的"道"之后，便能"道生一，一生二，二生三，三生万物"②。所以，老子极力称赞生育万物的"道"，他赞叹"道者万物之奥"③、"渊兮，似万物之宗"、"吾不知谁之子，象帝之先"。④ 又说"万物恃之而生而不辞，功成而不名有。衣养万物而不为主"⑤。

这是从"道"生成万物、"道"与万物的关系上论述"道"的内涵，揭示了"道"的宇宙论意义和价值。

（3）表示规律、法则意义的道

《老子》一书中的"道"，很多地方是用来指规律，把"道"视为天地万物运动变化的规律及其法则。"道"生万物之后，内在于天地万物之中，在天地万物的发展演变过程中支配着它们的发展轨迹和发展方向，从而形成万物之中各有其自己的"道"，即万事万物的发生、发展、变化、消亡，各有自己的规律，包括天道、人道、物道等。因此，"道"意味着宇宙变化的有序性，即规律。"道"反映了世界、世界上的事物运动变化遵循的普遍性规律，以及事物之间有着相互依存和相互转化的关系。老子指出："反者，道之动；弱者，道之用。"⑥ 自然界中一切事物的运动和变化，其中一个总的规律就是"反"，事物向相反的方向运动和变化；同时，事物的运动、发展又总是返回到原来基始状态。这是事物运动的一个规律。老子说："吾不知其名，字之曰道，强为之名曰大。大曰逝，逝曰远，远曰

---

① 《老子·二十一章》。
② 《老子·四十二章》。
③ 《老子·六十二章》。
④ 《老子·四章》。
⑤ 《老子·三十四章》。
⑥ 《老子·四十章》。

反。"①"反"即"返",也就是说,"道"生万物,然后万物死灭又都复归于"道"。老子指出:"夫物芸芸,各复归其根。归根曰静,静曰复命。复命曰常。"② 所谓"常",是指这种规律"独立而不改,周行而不殆"的自然性、客观性。

规律性的"道"为把握宇宙规律、认识人类社会提供了依据和可能性。

(4) 人生准则、社会规范意义的道

作为社会准则的"道"实质上是"道"在社会管理中的具体应用和落实,包括政治管理的柔弱之道,主张将'天道'的自然特征运用于人事,使施政者具备"柔弱"、"无为"的品格和风貌:淳朴、纯洁、不自以为是、不固执己见、不扰民、以百姓之心为心等;"天之道,损有余而补不足,人之道,则不然,损不足以奉有余"③;处世之道,如老子说:"上善若水。水善利万物而不争,居众人之所恶,故几于道。"④ 意思是说,一个人处世如果像流水一样,顺其自然而处于低位,"居众人之所恶",那么这个人的思想境界就已经接近"道"的境界了。在老子看来,处下、不争是最好的生存办法。老子还指出:"持而盈之,不如其已。揣而锐之,不可长保。金玉满堂,莫之能守。富贵而骄,自遗其咎。功遂身退,天之道。"⑤ 老子主张人类的行为规范应该效法天道的自然无为原则,人类社会的修身之道、齐家之道、治国之道、治学之道、处世之道等等都应该效法和体现天道原则和精神,人类社会才能有序、有道。

对于"道"的上述四种内涵,王泽应明确表达为本体论意义的"道"、宇宙论意义的"道"、发展论意义的"道"和人生论意义的"道"。⑥ 有学

---

① 《老子·二十五章》。
② 《老子·十六章》。
③ 《老子·七十七章》。
④ 《老子·八章》。
⑤ 《老子·九章》。
⑥ 王泽应:《自然与道德—道家伦理道德精粹》,湖南大学出版社1999年版,第91~98页。

者认为,"道"是既超越又内在于天地万物及社会人生的形而上的存在本体和价值本体,它的实质是矛盾法则或对立统一规律,对立面的协调和谐或转化时其落脚点,自然无为是道的根本特点,在价值观上道是超凡脱俗的精神境界。①

2. 道的主要特征、功能及规律

道作为宇宙万物的本原和规律,产生万物又区别于万物,除了具有独特的内涵之外,有着自己的特征。有学者认为,"道"具有超越性、内在性、普遍性和永恒性。超越性是指"道"是老子对天地万物及社会人生实施多层次抽象的产物,是从天地万物的现象层面抽象出它们的具体特点、本质和规律,并从具体本质概括出它们的共同本质和一般规律,是对天之道、地之道和人之道的超越;内在性是指道是内在于天地万物及社会人生之中;普遍性是指到的涵盖性事无限的,涉及天地万物及其发展过程的始终;永恒性是指道永远存在,不会因具体事物的消亡而消亡。道的超越性表明了它的形而上的性质,内在性表明了它的实存性,普遍性和永恒性决定了它是天地万物的根本依据、宇宙本体。②也有学者把道的特征概括为十个方面:(1)虚无;(2)自然;(3)清静;(4)无为;(5)纯粹;(6)素朴;(7)平易;(8)恬淡;(9)柔弱;(10)不争。③

从老子对"道"的论述看,老子所说的"道"具有如下五个重要特性:(1)自然性。自然性是"道"最核心的特征,自然是指自己如此、本来如此、势当如此,"道"的自然性意味着,一方面"道"在自身的运动、变化、发展中,不刻意、不执着,顺遂外界变化而变化;另一方面,"道"在对待万物的方式上,尊重万物的主体性,让万物自行发展而不加把持。

---

① 董京泉:《老子"道"的定义及实质之我见》,《哲学研究》,2005年第4期。
② 同上。
③ 任法融:《道德经释义》,三秦出版社1993年版。

(2) 统一性。"道"的统一性是指"道"涵盖了天地万物的一切本质和规律。(3) 虚无性。"道"的虚无性是指道体而言，道体虚无是"道"不占有的内在依据。(4) 无为性。无为性是"道"的行为特征，"道"依据事物的本性，按照"辅万物之自然而不敢为"的态度对待事物，让事物按照自身的规律发展而不加干涉。(5) 指导性。指导性是指"道"对人类的价值，"道"虚无的胸怀、顺其自然的精神、无为的行为模式等对人类管理既有重要的指导意义，是人类效法的榜样。

道的功能主要表现为创生万物，道化生天地万物，是天地万物之母，老子指出："天下有始，以为天下母。"① 是说道具有衍生万物的潜能。老子对道生万物作了许多描述，如，"谷神不死，是谓玄牝。玄牝之门，是谓天地根"②。车载说："'谷神'是'道'的写状；'不死'就道的永恒性说。'谷神不死'，是指'常道'。牝，指能够生物的东西说；玄，就总的方面说，统一的方面说；玄牝，是指一切事物总的产生的地方。"③

道化生天地万物的过程是："道生一，一生二，二生三，三生万物。"④ 一，指道的本然状态，即阴阳未分的浑沌一体；二，指从浑沌一体中生化出来的阴阳二气；三，指阴阳二气的冲和。三与一的不同在于，一并未分阴阳二气，也不是阴阳二气的统一，只有三才是阴阳二气的统一。二是对一的否定，三又否定了二。所以从一到三是否定之否定的过程。这一过程的完成使道具有了衍生万物的现实功能。在化生万物的过程中，道起决定作用。"大道泛兮，其可左右，万物恃之以生而不辞。"⑤ 道通天地间，万物恃之以生。"道者，万物之奥"⑥，道始终是万物创生的本原本体。

---

① 《老子·五十二章》。
② 《老子·六章》。
③ 陈鼓应：《老子注译及评介》，中华书局2006年版，第86页。
④ 《老子·四十二章》。
⑤ 《老子·三十四章》。
⑥ 《老子·六十二章》。

第二章 道：社会治理的本体论

道创生万物的动力是阴阳二气与环境所表现出的"和"，老子指出："万物负阴而抱阳，冲气以为和。"这里的"和"就是把生的潜能转化为阴阳和合的现实的创生功能，所以阴阳之和是道生万物的动力。

道创生万物是一个持续不断的过程。老子指出："夫物芸芸，各复归其根，归根曰静，静曰复命，复命曰常，知常曰明。"① 万物生长，经衰老而死亡，死亡亦即归根。然后又开始新的生长过程，道在万物生死相续中"绵绵若存，用之不勤"。"道冲而用之或不盈"，道具有无穷尽的生命力，万物不断地生长而又复归于道，然后又开始新的生成、生长、衰亡，整个宇宙是无尽的生成过程。

道创生万物时自身表现出自然性、非占有性。在万物的生长过程，道没有任何主观任意的作为强加其上，完全是自然的，"道常无为"。虽然是"道生之，德畜之，物形之，势成之"，但却是"莫之命而常自然"。②"道法自然"是道创生万物的总的原则，道生万物是自然而然地，道养万物也是自然而然地，并非有目的地抚育万物。同时，道对万物还表现为非占有性，道生万物而不视为己有，道作用于万物时不居功自恃，道作为万物之长而并不主宰它们，道对于万物的生长衰亡，只是"辅万物之自然"。

道在运动中表现出一定的规律性。陈鼓应认为，"道"是包含规律性的，"反者道之动"，老子认为自然界中事物的运动和变化莫不依循着某些规律，其中的一个总规律就是"反"：事物向相反的方向发展；同时，事物的运动发展总要返回到原来基始的状态。因而，"反"字可作"相反"，也可作"返回"讲。它蕴含了两个概念：（1）相反对立；（2）返本归初。由这两个基本概念可以推出事物发展的两个规律：对立转化规律和循环运动的规律。对立转化规律就是"道"的运动和发展是向对立面的转化，亦即是朝着相反方向进行的。当"道"作用于事物时，事物也依循着这个变

---

① 《老子·十六章》。
② 《老子·五十一章》。

化规律而运行,如"祸兮!福之所倚;福兮!祸之所伏"①,意思是福是相互转化的,祸可以转化为福,福可以转化为祸。循环运动规律是指事物向着相反的方向运动,这种运动会循环往复,但最终会返回到原点。老子指出:"强为之名曰大,大曰逝,逝曰远,远曰反。"② 意思是"道"是广大无边的,万物都从它出来,万物从"道"分离出来以后,周流不息地运动着(逝),万物的运行,越来越离开"道"了(远),离"道"遥远,剥极必复,又回到原点。③

对立转化规律和循环运动的规律说明了事物运动、变化的方向性规律,老子还指出了事物变化过程的规律,这就是事物运动中的质量互变规律。老子说:"合抱之木,生于毫末;九层之台,起于累土;千里之行,始于足下。"④ 老子以树木的生长变化、高台的修筑、千里的远行等等为例,说明了事物的变化有一个过程,在这个过程中不仅仅是数量的变化,还包含着一个逐渐的质变过程。

道在创生万物之后,以万物运动的规律而存在于万物的化生发展过程中,但道作为规律并不是有意识、有目的的主宰,但万物的存在与发展又莫不遵循一定的规律,这就是"道恒无为而无不为"⑤。万物遵道而动完全是自然而然的运动,并非受到什么命令或指使:"夫莫之命而常自然。"⑥ 这是"道"在体现规律性时的特点。

3."道"作为管理的形上依据的缘由

春秋之前的管理哲学以天、天命、天道、天人关系等作为管理的形上依据,老子继承了这种"推天道以明人事"的管理思维方式,即所谓"古

---

① 《老子·五十八章》。
② 《老子·二十五章》。
③ 陈鼓应:《老子注译及评介》,中华书局 2006 年版,第 7~11 页。
④ 《老子·六十四章》。
⑤ 《老子·三十七章》。
⑥ 《老子·五十一章》。

第二章 道：社会治理的本体论

之欲明大道者，先明天，而道德次之"的思维方式①，"老子在探讨天（自然）与人（人事）的关系时，往往是言天（自然）必然联系于人事；讲人事必取法于自然。我们把这种探讨天人关系的方法，称之为以自然为宗去把握天人关系。……老子是以'天道'（亦'天之道'）来探讨'人事'的"②。但老子在思维的内容上却突破了他之前传统的天命神学的束缚，以自然性的"道"取代了春秋之前的管理哲学的形上依据。

老子并没有仅仅停留在对他之前管理哲学的"天"、"天道"的改革上，而是以改革为基础，提出了涵盖宇宙万物的标志和规律的"道"。"老子的最大功劳，在于超出天地万物之外，别假设一个'道'。"③ 这样，老子把他之前管理哲学的形上基础——"天"、"天道"上升为自然性质的"道"，通过自然之天 → 自然之天道 → 自然治道的顺序推演，老子对他之前的管理哲学的形上基础进行了彻底的置换，把"道"作为管理的形上基础。

"道"之所以能够成为管理的形上基础是由以下几个原因决定的。从"道"自身的特性看，首先，"道"的统一性是"道"成为管理形上基础的前提，"道是关于一切存在的统一性的概念，是关于贯串在宇宙、世界、社会、人生中的总根源和总根据的一种解释"④。由于"道"的统一性使"道"所具有的形上规律不仅适用于人类社会之外的"天"，也同样适用于人类社会；其次，"道"的自然性是"道"成为管理形上基础的依据，"自然法则是人们行为的规范，因为人是自然的产物，故人应照自然法则以行，个人的行为如此，政治的措施亦应如此。故老子常举天道以明人事……天之道是人所必行之道。老子哲学是以自然为宗，而必验之于人

---

① 詹剑锋：《老子其人其书及其道论》，湖北人民出版社1982年版，第387页。
② 张智彦：《老子与中国文化》，贵州人民出版社1996年版，第110~111页。
③ 胡适：《中国哲学史大纲》（卷上），东方出版社2004年版，第39页。
④ 刘笑敢：《老子之道：关于世界统一性的解释》，《道家文化研究》第15辑，第85~90页。

事，以人事为主，则必取法乎自然"①。老子力图"从宇宙的规模上，来把握人的存在，来自提升人的存在"②。可见，老子建立"道"论的目的就是要为从宇宙万物的规律和联系中寻求人类社会管理的依据。

这样，老子运用"天人合一"的思维方式，改造了他之前的管理哲学的形上基础，以"道"作为管理的形上基础。

二、德："道"在人类管理的落实

作为管理形上依据的"道"，必须落实到现实的社会中，才能发挥其管理社会的职能。"形而上的'道'如果不与人生发生关联，那么它只不过是一个挂空的概念而已。当它向下落实到经验界时，才对人出生重大的意义。"③ "道"如何在现实中体现自身的性质、发挥自身的功能呢？为此，老子在"道"之下又设立了"德"，把"德"作为"道"与现实联系的载体，以"德"体现"道"的性质，落实"道"的社会管理职能。

1. 德的内涵

"德"原本是西周为了说明战胜殷商的合法性而提出的概念，并以"敬德保民"的命题说明周的合法性与周对人民的责任。周公制礼作乐，以"德"与礼相配，礼则是外在的行为。与殷商以"天命"观说明政权和统治的合法性相比，"德"凸显了人的主体性，人的命运不再由上天决定，而是由人的"德"性决定。"德"的内涵逐渐演化为具有伦理内涵的道德和成为一个理想人格所应具有的美好品性的总称。"德"不仅是统治者合

---

① 詹剑锋：《老子其人其书及其道论》，湖北人民出版社1982年版，第397～398页。
② 陈鼓应：《老子注译及评介·老子哲学系统的形成》，中华书局1984年版，第43页。
③ 陈鼓应：《老庄新论》，商务印书馆2008年版，第149页。

第二章 道：社会治理的本体论

法性的依据，而且德和"礼"相配合，逐步演化为君主治民的工具。孔子以"仁"释"德"，从社会伦理关系的角度对"德"进行发挥，继承并强化了周人"德"观念中的"天命"思想，使天命观念权威化、神圣化，将周人的"敬德保民"发展为君主治民的工具。

老子改造了周的伦理意义上的"德"，以自然之"道"作为"德"的根据，使"德"发展为一种秉"道"而成的自然品质。老子指出"道生之，德畜之，物形之，势成之，是以万物莫不尊道而贵德"①，意思是"道"生成万物，"德"蓄养万物，万物呈现各种形态，环境使各物成长。所以万物没有不尊从"道"而珍贵"德"的。② 由此可见，"德"乃万物生长发展的内在依据。万物存在的内在依据是由"道"赋予"德"的，德存在于万物之中并成为万物存在的内在依据，即万物的存在是按照道→德→万物的的秩序和规律而获得存在依据的。

历代老子注家也都从"德"与"道"的关系的角度理解"德"，管子认为，"德者，得也。得也者，谓其所得自然即是此文"，"虚无无形谓之道，化育万物谓之德"③。王弼指出："德者，得也。常德而无丧，利而无害，故以德为名焉。何以得德？由乎道也。"④ 可见，道是德存在的依据。高亨认为："老子所谓德，即道之本性，亦可云德者道之用。"⑤ 陈鼓应认为："形而上的'道'，落实到物界，作用于人生，便可称它为'德'。'道'和'德'的关系式合二为一的，老子以体和用的发展说明道和德的关系；德是道的作用，也是道的显现。"⑥ 詹剑锋提出，道是体，德是用；道是天地万物的本原，而德是天地万物之所自得。"总而观之，老子所说的"德"有三：一是道之德，亦即道的本性，这样的德与道同体，故老子

---

① 《老子·五十一章》。
② 陈鼓应：《老子注译及评介》，中华书局 1984 年版，第 263 页。
③ 《管子·心术上》。
④ 《王弼老子注·三十八章》。
⑤ 高亨：《老子正诂》，古籍出版社 1957 年版，第 12 页。
⑥ 陈鼓应：《老庄新论》，商务印书馆 2008 年版，第 148 页。

曰：'道生之，德畜之，物形之，势成之，是以万物莫不尊道而贵德'。二是物之德，亦即事物的本性，这样的德是物之所自得，可以名之为物性。故老子曰'天得一以清，万物得一以生'。这种德是某物之所以成为某物的依据。三是人之德，亦即人的本性，这样的德是人之所循以行者，故庄子曰'素朴而民性得矣'。"①

由此可见，老子以"道"为天地万物的本原和总规律，以"德"为每个具体事物因得到"道"而获得的存在和发展的根据。也可以说，"道"是万物生存的总原理，"德"是万物从这个原理中所得的一理，"德者，得也"，实指对"道"的分有。"道"与"德"的关系可以说是体与用、全与分的关系。"道"是"德"的体，"德"是"道"的用。因此，"德"的内涵可以从"德"与"道"的如下四个关系中加以把握：（1）"道"是无形的，它必须作用于物，透过物的中介而显现其功能。"道"所显现于物的功能即是"德"。正如杨兴顺说："'德'是'道'的体现，'道'因'德'而得以显现于物的世界。"② （2）一切事物都是由"道"所形成，内在于万物的"道"，在一切事物中表现它的属性，也就是表现它的"德"。德是万物分有"道"而产生的一种内在规定性，它体现和表征着"道"的功能。因此可以说，"德"是"道"的功用。（3）形而上的"道"落实到人生层面时，称之为"德"。（4）就人类生活的整体性与个体性而言，"道"多指社会的道德原则和道德规范，属于客观的法，"德"常指个人的道德品质和德性，属于主观的法。"道"的内化即为"德"。从人类伦理性的道德生活看，"道"是规律，是法则，是总的价值目标，"德"是德性，是品行，是个体成员体道行道过程中所达到的境界和水平。③

---

① 詹剑锋：《老子其人其书及其道论》，湖北人民出版社1982年版，第398～401页。
② 扬兴顺：《中国古代哲学家老子及其学说》，科学出版社1957年版，第50页。
③ 王泽应：《自然与道德—道家伦理道德精粹》，湖南大学出版社1999年版，第97～98页。

第二章 道：社会治理的本体论

2. "德"的种类

由于"德"上承"道"而下接万物人类，根据"德"与"道"、万物、人类的关系，以及在各种关系中所表现出的功能，"德"又可划分为不同的类别。老子把"德"划分为道之德和人之德。

詹剑锋认为，道之德是与道同体之德，有常德、玄德与上德。① 对于常德，老子指出："知其雄，守其雌，为天下溪。为天下溪，常德不离，复归於婴儿。知其白，守其黑，为天下式。为天下式，常德不忒，复归于无极。"② 此处常德是指空虚而宽容，濡弱而谦下，常后而不先。玄德就是"道之德"，德与道同体，老子直接称为"道"，有时称为"天之道"或"圣人之道"。老子指出："生而不有，为而不恃，长而不宰。是谓玄德。"③ 据此，玄德可定义为："生而不有，为而不恃，长而不宰"与道同体的德。④ 关于上德和下德，老子指出："上德不德是以有德。下德不失德是以无德。上德无为而无以为。下德无为而有以为。"⑤ 由此上德可定义为"顺物自然，而无容私焉，是谓上德"⑥。

人之德是指德已与道分离，成为人存在的内在依据，在人类社会中成为人类行为的规范。人之德中，最重要的就是下德，按照老子对下德的论述，下德可定义为"凡杂私意、不尽随自然的规律者，是为下德"⑦。下德不能和道保持同体，有由内在规范向下滑落为外在规范的趋势，老子指出："下德无为而有以为，上仁为之而无以为，上义为之而有以为，上礼为之而莫之应，则攘臂而扔之。故失道而后德，失德而后仁，失仁而后

---

① 詹剑锋：《老子其人其书及其道论》，湖北人民出版社1982年版，第398～409页。
② 《老子·二十八章》。
③ 《老子·五十一章》。
④ 詹剑锋：《老子其人其书及其道论》，湖北人民出版社1982年版，第401～403页。
⑤ 《老子·三十八章》。
⑥ 詹剑锋：《老子其人其书及其道论》，湖北人民出版社1982年版，第404页。
⑦ 同上。

义，失义而后礼。夫礼者忠信之薄，而乱之首。"① 陈鼓应认为："老子从居心上来分"道"、"德"、"仁"、"义"、"礼"这几个层次，无形无迹的"道"显现于物或作用于物是为"德"（"道"是体，"德"是用，这两者的关系其实是不能分离的）。老子将"德"分为上下；上"德"是无心的流露，下"德"则是有了居心。"仁义"是从下德产生的，属于有心的作为，已经不是自然的流落了。到了"礼"，就注入了勉强的成分，礼失而后法（古时候"法"实内涵于"礼"），人的内在精神全然被所伤。"② 人之德由于脱离道，具有一定的不稳定性，会逐步以外在的仁、义、礼、法等有为规范取代道、德的自然规范，人之德因此成为老子改造和批判的对象。

3. "德"是如何使"道"落实到现实管理的

"道"是管理的形上基础，是无形而实存的，道不能直接进入管理领域，也不能对人类社会直接产生有效作用，道必须通过中介把道的作用落实到现实社会中，这个作用就是"德"。"形而上的道落实到人生的层面上，其所显现的特性而为人类所体验、所取法者，都可以说是德的活动范围了。"③ 具体而言，形而上的道是通过如下的做法使道落实到社会管理的。

首先，德使道在人类社会中得以显现。"混一的道，在创生的活动中，内化于万物，而成为各物的属性，这便是德，简言之，落向经验界的道，就是德。"④ 人类社会是万物的一部分，是道创生的结果，但道不是直接在人类社会显现，而是通过德得以显现，德使道落实到人类社会。

其次，德是社会管理主体存在的依据。"德"是事物个性化存在的内在依据，人作为宇宙万物之一（也有学者把老子"万物莫不尊道而贵德"

---

① 《老子·三十八章》。
② 陈鼓应：《老子注译及评介》，中华书局1984年版，第217页。
③ 陈鼓应：《老庄新论》，商务印书馆2008年版，第149页。
④ 同上。

第二章 道：社会治理的本体论

的万物直接理解为人类），从逻辑上推理，人类个体差异性存在的内在依据也是"德"，德使人获得自身区别于其他事物和其他人的内在本质、本性，这种本性就是人类的德性。德性是按照自然→道→德→万物→德性（人）的顺序产生的并赋予人的，人存在的应然状态是"人法地，地法天，无法道，道法自然"①。人由于德成为具有内在存在依据的独立存在个体，从而成为社会管理的主体。

道之德和人之德确定了人类管理的方向。道之德是人类管理行为效法的应然行为："老子论及人之修德以理身治国，固应顺人类自然的本性，而尤其强调法'道之德'，这就是说，人类生活和社会生活都要合乎'道之德'。故在老子看来，'道之德'是人类行为和社会的规范。"② 道之德是人类管理方针的应然方向。人之德由于与道相脱离，既有趋向于道，与道保持一致的可能，又有向下发展成为仁、义、礼等有为管理的危险。道之德和人之德相互作用、相互影响，人在道之德和人之德之间的运动是人类管理发挥有效作用的空间。

道之德和人之德之间的作用通过上德和下德有机地联系起来，老子指出："上德无为而无以为，下德无为而有以为。上仁为之而无以为，上义为之而有以为。上礼为之而莫之应，则攘臂而扔之。故失道而后德，失德而后仁，失仁而后义，失义而后礼。夫礼者忠信之薄，而乱之首。"

从管理的角度看，上德和下德已进入人类的管理领域，根据"德"从"道"获得的自然本性程度差异，把德分为上德和下德。在结构上，上德是联结"道"的普遍性与万物特殊性的重要环节，上德保持与"道"的统一，按照自然原则行事，不凸显个体的意识，即"上德不德"；在行为方式上，上德因任自然，按照"道"赋予的规律自行运行、发展，表现为无为，"上德无为而无以为"，即上德的人顺任自然而无心作为；下德已偏离

---

① 《老子·二十五章》。
② 詹剑锋：《老子其人其书及其道论》，湖北人民出版社1982年版，第401页。

了"道",在结构上,下德是上德的分化,是上德在有为层面的下落,已经渗入了人的主体有为意识;在管理行为上,"下德无为而有以为",即下德已表现为在居心上有所作为,这种有心作为由于凸显了人的主体意识,忽视了事物与主体自身的自然本性,为管理者和事物进一步向着远离"道"的异化方向发展开启了方便之门。因此,下德一方面是上德的承接方,另一方面又是社会仁、义、礼等异化管理模式的起点,成为社会非自然管理模式存在的起点和依据。上德与下德的关系可以从下表中看出:

比较	来源	本质	行为方式	行为心理	功能	趋势
上德	道	自然	无为	无心作为	效法自然	与道合一
下德	上德	偏离自然	无为	有心作为	不能坚持效法自然	与道分离

本表参考了贺永一著:《老子之朴治主义》,百花文艺出版社1994年版,第31页。

上德在承继"道"的普遍性规律时又在具体事物上表现出特殊性,是一种普遍性与特殊性的统一,因此上德是管理存在的应然状态。下德表现出特殊性,但由于有为而偏离了上德的原初的自然状态,逐步承继了上德的某些特性并走向人世间的有为管理,下德也就成了人间有为管理的本源。

德使道落实到人类社会现实管理的过程可以如下表示:

道→道之德(常德、玄德、上德)→人→人之德(下德)→仁→义→礼

从上可以看出,德不仅确立了社会及社会管理主体——人的存在,而且以道之德确立了人类社会管理的应然规范,并以道之德为依据对人之德的异化进行了有力的批判,力图使人类管理沿着道的依据发展。这样,德就把形而上的道的管理依据落实到现实的社会管理中。

三、尊道贵德：社会治理的形上原则

作为管理形上依据的"道"通过"德"落实到社会管理中，因此在对待万物的管理中，必须正确对待道与德，这是实现现实社会治理的前提。老子指出："道生之，德蓄之。物形之，势成之，万物莫不尊道而贵德。"① 老子在这句话里不仅指出了对待道与德的基本方式——尊、贵，而且提出了人类对待管理形上依据的理性原则——尊道贵德原则。从老子整个管理哲学体系看，尊道贵德原则既是人类社会存在依据的道和人类主体存在依据的德对管理的内在要求，又是人类管理在以形上层面为起点的逻辑展开，昭示了人类管理的基本路径和应然态度。

1. 尊道的管理原则

道是万物存在的依据，是宇宙的本原和规律，人类的管理必须依据道的规律进行。老子认为"万物莫不尊道而贵德"②，人类只有尊重道的规律，依道管理，才能实现人类的理想秩序。老子的尊道思想表现在人类管理上可以称为管理的尊道原则，内容包括效法天道、把握常道、完善人道。

（1）效法天道

天道思想由天命观念演变而来，而天命是殷周人们探讨权力本原的基本思想。《尚书》中说："有夏多罪，天命殛之。"③ 这里的天命表示上天

---

① 《老子·五十一章》。
② 同上。
③ 《尚书·汤誓》。

的命令;"先王有服,恪谨天命"①,商人的这个天命表示上天授赐的政治权利,即命由天赐。事实上,春秋以前,天一直被看作一种具有人格的上帝,其作用是主宰宇宙万有,为人类提供管理权力,是人类管理权力的本原。老子改造了人格之天为自然之天,并以道概括天的本性。在老子之前,天是至公、至义、至善、至能、赏罚惩恶的,但天又是有情有私、有意志的理智之天。老子吸收了天是人类公正主宰的一面,同时又排出了天具有情感的一面,并把天上升到一个新的高度——天道。在老子的思想体系中,"天道"是对无意识之天的规律的追问,天道按照自然的原则规定了人类社会的理性秩序。"天道"在管理万物时表现为创生性、自然性、公正性和作用的广泛性,人类管理者要想获得和保持管理的权力,必须通过体"道"、悟"道",与天道保持一致,效法天道的自然方式管理人民。

效法天道的自然性。天道的自然性首先表现为在管理万物上的主观无意志性,天道是无意识、无意志、无情感、无理智的,因此天道不把自身的意识强加给宇宙万物,让万物按照自身的规律成长,任其自生自灭。老子指出:"天地不仁,以万物为刍狗。"② 河上公对"天地不仁"注解为"天施地化,不以仁恩,任自然也"③。其意是指天地任万物自然成长而不采取任何有为措施,"任自然"是"天道"对宇宙万物的权力。其次,天道的自然性还表现在行为上的无为,在管理万物时,根据万物的规律,顺其自然地进行管理。老子指出:"万物恃之以生而不辞,衣养万物而不为主。"④ 即道虽生养万物,使万物成长,却从不主宰万物,不对万物发号施令,也不干预、禁止什么,使万物各适其性地去生活。在管理万物时,在万物都按照本然状态生存之后,天道就自然退出管理领域(功成身退,

---

① 《尚书·盘庚》。
② 《老子·五章》。
③ 王卡点校:《老子道德经河上公章句》,中华书局2006年版,第18页。
④ 《老子·三十四章》。

第二章 道：社会治理的本体论

天之道也①）。天道的自然性是天道管理万物的行为方式。

效法天道在管理万物时所表现出的公正性。天道对待万物是一视同仁的，不存在偏私、偏爱。"天地不仁，以万物为刍狗"②，意思是天道无所偏爱，任万物自然生长；"天道无亲，常与善人"③，意思是天道是没有偏爱的，善人能够得到帮助是他自为的结果，并不是天道有意帮助的原因。天道的公正性还表现在"损有余而补不足"④，使天下万物处于公平的状态。天道的公正性是天道管理万物的行为准则。

效法"天道"的作用性。老子指出："常有司杀者杀。夫代司杀者杀，是谓代大匠斫，夫代大匠斫者，希有不伤其手矣。"⑤ "常有司杀者杀"就是指"天道"依据自然法则对万物进行管理，如果管理者违背自然法则而不是顺应自然法则，就会出现"伤其手"的管理后果。老子进一步指出了"天道"的自然权力的管理效果，"天之道，不争而善胜，不言而善应，不召而自来，单然而善谋。天网恢恢，疏而不漏"，"天道"虽"不争"、"不言"、"不召"却能做到对万物的管理没有任何疏失，这些都说明了"天道"管理作用的广泛性。

人类既是"天道"运行的产物，又是"天道"管理的对象，人类及人类的管理活动都是天道的一部分，人类的管理者要获得合法的权力则必须效法"天道"。老子指出，"人法地，地法天，天法道，道法自然"⑥。这就要求管理者在主观上加强自身修养，认真体道、悟道，和"天道"的自然性、无私性、公正性保持一致；在客观上要效法天道"无为"的方式进行管理，只有这样，管理者才能获得与"天道"相一致的管理权力。如果管理者不能与"天道"保持一致，就意味着管理权力来源不具有合理性、合

---

① 《老子·九章》。
② 《老子·五章》。
③ 《老子·七十九章》。
④ 《老子·七十章》。
⑤ 《老子·七十四章》。
⑥ 《老子·二十五章》。

83

法性。因此,天道是人类管理具有合理性、合法性的依据,人类管理应效法天道。

(2) 把握常道

道虽然运动变化不止,却是有规律可循的,道的运动规律即是常,亦称常道,老子称之为"常"。"常"字在老子书中屡次出现,有重要的独立概念意义的如"常德"①、"袭常"②、"复命曰常"③、"知和曰常"等,老子在许多地方论述了常道。

老子指出:"致虚极,守静笃。万物并作,吾以观复。夫物芸芸,各复归其根。归根曰静,静曰复命,复命曰常,知常曰明。不知常,妄作凶;知常容,容乃公,公乃王,王乃天,天乃道,道乃久,没身不殆。"④ 奚侗说:"生死往复,物之常理。"⑤ 陈鼓应认为,常字"指万物运动与变化中的不变之律则"⑥。孙以楷先生认为常字"指万物生长之自然规律"⑦。笔者认为,这里的常字一定程度上含有不易的"常理"、"律则"、"规律"诸种意思。但是,从整体上看,老子思想不是局限于纯粹抽象思考的哲学,释为正常、恒常的状态和趋势,则更加贴切。

老子指出:"天下有始,以为天下母。既得其母,以知其子。既知其子,复守其母,没身不殆。塞其兑,闭其门,终身不勤。开其兑,济其事,终身不救。见小曰明,守柔曰强。用其光,复归其明,无遗身殃,是为袭常。"⑧ 王弼注说"袭常"是指"道之常也"⑨,陈鼓应先生说习常是指

---

① 《老子·二十八章》。
② 《老子·五十二章》。
③ 《老子·十六章》。
④ 《老子·十六章》。
⑤ 奚侗:《老子集解》,见《老子注三种》,黄山书社1994年版,第82页。
⑥ 陈鼓应:《老子注译及评价》,中华书局1996年版,第127页。
⑦ 孙以楷:《老子注释三种》,安徽人民出版社2003年版,第52页。
⑧ 《老子·五十二章》。
⑨ 王弼著,楼宇烈校释:《王弼集校释》(上册),中华书局1999年版,第140页。

第二章 道：社会治理的本体论

"承袭常'道'"①。

老子指出："含德之厚，比于赤子。毒虫不螫猛兽不据，攫鸟不搏。骨弱筋柔而握固。未知牝牡之合而全作，精之至也。终日号而不嗄，和之至也。知和曰常，知常曰明，益生曰祥，心使气曰强。物壮则老，谓之不道，不道早已。"② "知和曰常"，王弼说："物以和为常，故知和则得常也。"③ 陈鼓应先生将"常"释为"事物运作的规律"④，刘笑敢先生在该章章句的"析评引论"部分，明白写到："'常'，即恒常、稳定的状态，简称常态。"⑤

综合老子的论述和历代注家的注解，可以认为"常"是道运行的规律，可以称为"常道"。常道的最大特点是规律性，"道"是永恒运动的，永远不会静止的，这是一种"变"；在变化中，道又表现为具有一定的法则和稳定不变的趋势，这就是"常"。陈鼓应则明确把常道概括为对立转化规律和循环运动规律。⑥ 规律性的存在使常道变得可把握，常道寓于万物的存在和万物运动中，通过对万物的观察和体会，是可以认识的。

常道的存在使管理者认识和把握形上之道的管理规律成为可能，而只有认识和把握"常道"才能使管理者采取正确的管理行为，做到"知常曰明"；反之，不了解管理对象的运动规律（不知常），采取不适当的管理行为，就会导引管理失败（妄作，凶）。常道还能使管理进行有效管理，能做到"执故之道，以御今之有。能知古始，是谓道纪"⑦，应用常道的普遍性进行管理，这正体现了常道在管理上的功能。

---

① 陈鼓应：《老子注译及评价》，中华书局1996年版，第266页。
② 《老子·五十五章》。
③ 王弼著，楼宇烈校释：《王弼集校释》（上册），中华书局1999年版，第146页。
④ 陈鼓应：《老子注译及评价》，中华书局1996年版，第278页。
⑤ 刘笑敢：《老子古今：五种对勘与析评引论》（上卷），中国社会科学出版社2006年版，第542页。
⑥ 陈鼓应：《老庄新论》，商务印书馆2008年版，第143~148页。
⑦ 《老子·十四章》。

(3) 完善人道

人道是作为形上管理依据的"天道"和作为管理普遍规律的"常道"在人类社会的体现。在应然规律的意义上，老子认为人类社会管理应效法"天道"并遵循常道，行"圣人之道"的管理，但在人类管理的实然律上，人类社会管理往往背离应然律。为此，老子认为应完善人道。

与天道相比，人道由于社会文明的异化作用逐步远离天道的自然性，背离人道的本质。老子指出："天之道，损有余而补不足。人之道，则不然，损不足以奉有余。"① 这是老子对人道的基本定位。造成人道堕落的原因，老子认为有三个：一是人的欲望，"五色令人目盲，五音令人耳聋，五味令人口爽，驰骋畋猎令人心发狂，难得之货令人行妨"②。人追求声色犬马的欲望使人逐步丧失其内在的道与德，把欲望和欲望的目标作为人的本质加以追求，人道逐渐沦丧。二是仁义智巧的人类文明的负面作用，老子指出："大道废，有仁义；智慧出，有大伪；六亲不和，有孝慈；国家混乱，有忠臣。"③ "故失道而后德，失德而后仁，失仁而后义，失义而后礼。夫礼者，忠信之薄，而乱之首。前识者，道之华，而愚之始。"④ "天下多忌讳，而民弥贫；人多利器，国家滋昏；人多伎巧，奇物滋起；法令滋彰，盗贼多有。"⑤ 由于仁义礼法等所谓人类文明的发展和人类投机取巧心理的产生，人道越来越远离自身存在的本质，而成为人类文明的附属品和牺牲品。三是管理者的有为管理，统治者只顾贪图享受，不顾百姓死活，加重对百姓的剥削，形成了"朝甚除，田甚芜，仓甚虚；服文采，带利剑；厌饮食，财货有余"⑥ 的社会局面，老子指出："是谓盗夸，

---

① 《老子·七十七章》。
② 《老子·十二章》。
③ 《老子·十八章》。
④ 《老子·三十八章》。
⑤ 《老子·五十七章》。
⑥ 《老子·五十三章》。

第二章 道：社会治理的本体论

非盗也。"① 意思是正是管理者强盗式的有为管理导致了社会人道的下落。

针对人道下落的三个原因，老子提出了完善人道的三种方法。一是以修道的方法降低人的欲望，"为学日益，为道日损。损之又损，以至于无为"②。老子希望通过为道的方式让人类降低欲望，回归到道的本质上。二是废弃人类的仁义礼法等文明，回归到无知无欲的自然状态，"绝圣弃智，民利百倍；绝仁弃义，民复孝慈；绝巧弃利，盗贼无有。此三者以为文，不足。故令有所属：见素抱朴，少私寡欲，绝学无忧"③。三是采用圣人的无为管理方式。老子所说的圣人是懂得自然之道，按自然规律进行社会管理的管理者，圣人管理社会的权力合法性是因为圣人效法"天道"而取得合理性。具体表现为圣人取法天道的任自然精神，不以仁心待民（圣人不仁，以百姓为刍狗④）取法天道"利而不害"的精神（"为而不争"）。在个人修养上，圣人取法天道"不言而善应"的精神，做到"致虚极，守静笃"并做到"处下"、"不争"、"利万物"、"圣人抱一为天式。"⑤在管理方式上，圣人在尊重自然规律的基础上实行"无为而治"，对人民不施教化，不用繁苛政令扰民（"为无为"）；在对待人民的态度上，圣人效法天道"常与善人"⑥的精神，以爱和善的精神对待人民（"圣人无常心，以百姓心为心"⑦），能够正确管理人民，使人民各得其所，"故无弃人"；在管理效果上，由于圣人效法"天道"，按自然规律办事，整个国家处于有序、安宁、淳朴、自然的状态。圣人不造成民的压力（"是以圣人处上而不，处前而民不害"⑧），不干预人民，减起赋税，因而就好人民的

---

① 《老子·五十三章》。
② 《老子·四十八章》。
③ 《老子·十九章》。
④ 《老子·五章》。
⑤ 《老子·二十二章》。
⑥ 《老子·七十九章》。
⑦ 《老子·四十九章》。
⑧ 《老子·六十六章》。

拥戴（"是以天下乐推而不厌"①）。

通过以上的措施，使人民回归到"愚民"的状态而不是"明民"的状态。"非以明民，将以愚之。"② "愚"王弼注为"愚谓无知，守其真顺自然也"③，河上公注为"使朴质不诈伪也"④；"明"王弼注为"明谓多见巧诈，蔽其朴也"⑤，而河上公注为"明，知巧诈也"⑥。由此可见，"明民"的管理措施会使人民逐步远离真朴的自然状态，会使人民背离自身的自然本质，人道会逐渐丧失，管理难度也会增大，"民之难治，以其智多"⑦。而愚民并不是在管理上愚弄人民，而是要求管理者能够让人民保持一种天真、真朴的自然状态，是人道完善的表现。

2. 贵德的管理原则

德不仅使形上之道落实到现实社会管理中，而且德在成为万物存在的内在依据的同时，也就确立了作为管理主体的人的存在依据和本性。这一点正如高亨指出，老子所说的德其中一个内涵是指人的本性。从政治上看，"老子以性为至善，故其人生哲学在全己之性，其政治哲学在全人之性"⑧。德连接了形上之道和现实的管理主体，正确对待"德"才能使"道"有效地落实到现实管理中。因此老子在其哲学中既强调要"尊道"，又同样强调要"贵德"。然而在实然的人类管理层面，道之德转化为人之德的过程中，由于社会的异化作用，人之德会逐步堕落为仁、义、礼等外在规范，从而丧失了德性的本质，使德不能在社会管理中发挥有效的作

---

① 《老子·六十六章》。
② 《老子·六十五章》。
③ 《王弼老子注·六十五章》。
④ 《老子河上公章句》。
⑤ 《王弼老子注·六十五章》。
⑥ 《老子河上公章句》。
⑦ 《老子·六十五章》。
⑧ 高亨：《老子正诂》，古籍出版社1957年版，第12页。

第二章 道：社会治理的本体论

用。为此，老子提出应用修德、复德、积德等方法，原则保持人的内在德性，贯彻和体现形上之道的管理精神，使形上之道在人类社会的管理中有效地展开。

(1) 复德原则

复德就是恢复人的自然德性，方法是处下、守柔等，路径是下德 → 上德 → 道 → 自然。老子指出："知其雄，守其雌，为天下溪。为天下溪，常德不离，复归于婴儿。知其白，守其辱，为天下谷。为天下谷，常德乃足，复归于朴。知其白，守其黑，为天下式。为天下式，常德不忒，复归于婴儿。"① 这里的"复"就是指恢复，守雌、守辱、守黑是复德的方法，婴儿、朴、无极都是指德性存在的自然状态，通过复德达到恢复人的自然德性的管理目的。

(2) 积德原则

积德是指人精神内在，不外求，使人的精神关注于人的内在本质，使人丧失的德性逐步累积，使人保持自然状态。老子指出："治人事天，莫若啬。夫为啬，是谓早服，早服谓之重积德；重积德则无不克；无不克则莫知其极；莫知其极，可以有国；有国之母，可以长久；是谓深根固柢，长生久视之道。"② 老子提出了积德的"俭啬原则"，就是指保养人的内在精神，积累人内在的自然德性。啬是积德的方法，"无不克"是积德的结果。"无不克"就可以达到治理国家"可以有国"，并且可以使事物永久地保持自然状态。

(3) 修德原则

所谓修德就是指去除内在欲望对自然德性的干扰和外在规范对自然德性的束缚，恢复德性在人身存在的天然状态。老子指出："修之于身，其德乃真；修之于家，其德乃馀；修之于乡，其德乃长；修之于邦，其德乃

---

① 《老子·二十八章》。
② 《老子·五十九章》。

丰；修之于天下，其德乃普。"① 老子认为治理天下是一个从管理者自身做起，通过修德，恢复管理者的自然本真状态，并用这种思想和行为影响他人，使每个人都能恢复本真状态，在修德的基础上，使家乡、邦、天下得到治理。在具体的修德方法上，老子提出了减少人欲望的寡欲原则和反人为规定的不争原则。寡欲是针对人的内在欲望膨胀而言的，由于欲望膨胀，人逐步偏离其自然性。老子指出"见素抱朴，少私寡欲"②、"少则得，多则惑"③、"是以圣人去甚，去奢，去泰"④、"始制有名。名亦既有，夫亦将知止，知止所以不殆"⑤、"故知足不辱，知止不殆，可以长久"⑥、"罪莫大于欲得，祸莫大于不知足"⑦ 等等。这里的"少私"、"寡欲"、"去甚"、"去奢"、"知止"、"知足"等一系列说法都是要说明减少人的欲望。对于"不争"原则，老子指出："故善为士者，不武；善战者，不怒；善胜敌者，不与；善用人者，为之下。是谓不争之德"⑧、"夫唯不争，故无尤"⑨、"以其不争，故天下莫能与之争"⑩。老子在这些说法中表述了他主张在人与人相处的关系中应实行"不争原则"。

修德的另一方面是反对外在规范对德性的影响，自然德性来源于"道"，是自然而然产生的，而不是人为外加的，外加在德性上的仁、义、礼、法等都不是德性的本质，而且会扰乱德性的本质，老子指出："夫礼者，忠信之薄，而乱之首。"⑪ 礼的存在是忠信不足，是祸乱的开端。法

---

① 《老子·五十四章》。
② 《老子·十九章》。
③ 《老子·二十九章》。
④ 《老子·十九章》。
⑤ 《老子·三十二章》。
⑥ 《老子·四十四章》。
⑦ 《老子·四十六章》。
⑧ 《老子·六十八章》。
⑨ 《老子·八章》。
⑩ 《老子·六十六章》。
⑪ 《老子·三十八章》。

令对德性也会产生干扰,"法令滋彰,而盗贼多有"①,外加在德性上的法令只会使德性受到干扰而产生更多的盗贼。礼和法都不会产生理想的管理效果,原因是礼和法都是德性之外对德性的规定,只有消解这些规定,恢复德性本身,才能让事物按照自身的规律发展,管理也才能取得好的效果。

运用修德去掉外在干扰,消解外在性、非自然性,运用复德使人回归内在的德性本质,运用积德承接道赋予人的德性,让人永远保持内在的德性。这样,运用修德、复德、积德的方法进行德性建构,就能使人永保德性本质,就能够达到管理社会的目的。

3. 尊道贵德的管理形上原则

尊道贵德是形上之道对万物的管理要求,是老子管理哲学的首要原则,这一原则在人类社会的展开和落实就转化为人类社会的管理原则。老子是如何把形上之道的尊道贵德原则展开为人类管理原则的呢?

首先,老子提出了天人同源、同构的天人合一思维模式。在老子之前,天人是不对等的,人从属于天,听从天的安排,遵从天的意志。老子改变了这一思维模式,提出了天人都来源于道的天人同源思想:"谷神不死,是谓玄牝。玄牝之门,是谓天地根。"② 谷神、玄牝都是形容道对天地的生化作用③,"吾不知谁之子,象帝之先"④。老子还指出道创生天地万物的过程:"道生一,一生二,二生三,三生万物。"⑤ 从这些论述中可以看出,老子认为天和人都是同一个来源,这个来源就是道。在老子的思想中,天和人不仅是同源的,而且是同构的,天和人的同构性表现在两个

---

① 《老子·五十七章》。
② 《老子·六章》。
③ 陈鼓应:《老子注译及评价》,中华书局1984年版,第85~86页。
④ 《老子·二十五章》。
⑤ 《老子·四十二章》。

方面，一是天和人存在的内在依据都是"德"，因此二者存在的依据结构是一样的；二是天和人在行为模式上是一致的，"人法地，地法天，天法道，道法自然"①。

由于道统万物、天人同源同构，道的形上规律完全适用于人类，正如河上公对老子治身理国同理的思路的注解。河上公认为，道统领着天地万物和人事，是"通行天地，无所不入"、"无定所"、"无常名"的存在②，天人皆通于道，"天道与人道同，天人相通"③。在老子的思想中，"自然法则和社会法则是相通的，养生和处世、治国的原则是一致的"④。尊道贵德原则不仅是道对形上管理规律的要求，也是人类管理应该效法的原则。

其次，老子提出了身国同治的原则。由于道统万物、天人同源同构，所以身与国也因为道而具有同源同构性，这就意味着治身的原则和方法同样适用于治国，"圣人治身与治国同也"⑤。河上公明确指出："圣人学人所不能学，人学诈伪，圣人学自然；人学治世，圣人学治身，守道真也。"⑥ 河上公认为，"治世"是常人所学，而"治身"只有圣人才能学，但圣人并不仅仅停留在治身上，而是把治身中悟出的道推广到国家治理中。由此可见，"在道家看来，治身之道与治国之道有很大的相通性，治国之道应建立在对治身之道的体认之上"⑦。

老子道统万物、天人同源同构、身国同治的管理思想表明了人类管理完全可以效法形上之道，而尊道贵德不仅适用于万物之上的形上之道的管理，也同样适用于人类社会的管理；尊道贵德在人类社会的展开就是人类

---

① 《老子·二十五章》。
② 王卡点校：《老子道德经河上公章句》，中华书局2006年版，第18页。
③ 同上，四十七章注。
④ 吕锡琛：《道家道教与治国古代政治》，湖南人民出版社2002年版，第11页。
⑤ 王卡点校：《老子道德经河上公章句》，中华书局2006年版，二十六章注。
⑥ 同上，第18页。
⑦ 吕锡琛：《道家道教与治国古代政治》，湖南人民出版社2002年版，第18页。

第二章 道：社会治理的本体论

的理性管理原则和管理方式。

从历史上看，老子尊道贵德的形上管理原则对春秋之后的社会治理理论和实践的发展具有重要意义。首先，老子冲决了天命神学的束缚，把人类管理的依据建立在对现实认识的哲学基础上，为当时的社会管理变革提供了有力的理论支撑。与同时代的治理思想相比，老子的治理之"道"是先进的，"老子书中的'道'比孔、墨的天道观的'道'是进步的；其所以是进步的，因为'道'在孔、墨那里是附有宗教性的，而'道'在老子书中是义理性的，有一定的自然规律性的。老子书中也出现'神'字，如'谷神不死'之类，后来朱子还把这一点肿胀起来，然而'神'在老子书中是泛神一类的概念，完全义理化了"①。其次，老子开启了以"道"论证社会管理的先河。老子以"道"作为对世界的总的规律性认识，并以"道"审视人类社会的管理问题，对老子同时代及其之后的管理哲学思维具有重大影响，历代道家、道教学者以道论证社会管理问题自不待言，法家韩非则以《原道》、《喻道》，通过变道为理，为君主法治的管理寻求管理的形上依据。再次，老子确立了管理的主体性原则。在老子之前，天命神学的管理形而上学只论证了统治者的存在合法性，而对被管理者却只承认并规定接受管理的义务。老子则以道作为万物和所有人存在的依据，每个人都可以直接面对道，通过修道、体道而成为管理者。这就否定了管理者永远具有管理合法性的理论基础、为社会管理变革中充分发挥人民的主观能动性提供了依据。

总之，老子把对世界的认识概括为"道"与"德"，以"道"审视世界万物，提出了尊道贵德的原则，这个原则的展开就是人类社会治理的根本的形上原则，这个原则在人类社会的落实就是人类社会现实的应然治理原则。

---

① 侯外庐：《中国思想通史》，第一卷，第266页。

第三章 知常曰明:社会治理的认识论

作为社会治理形上基础的道是变动不居的,但道的运动却又是有规律的,这个规律就是常道。老子指出:"夫物芸芸,各复归其根。归根曰静,静曰复命,复命曰常,知常曰明。不知常,妄作凶……"① 这里的"常"字"指万物运动与变化中的不变之律则"②。常道是万物运动变化的规律,也是社会治理的规律,认识了常道,就认识了社会治理的规律,就能做到"执古之道,以御今之有"③。常道在特征上表现为虚无性、运动性、整体性,为了认识常道的这些特征,并通过认识这些特征以认识常道,老子提出了"为道日损"的直觉认识方法、"反者,道之动"的辩证认识方法、"大象无形"的象思维等认识方法。

---

① 侯外庐:《中国思想通史》,第一卷,第266页。
② 陈鼓应:《老子注译及评价》,中华书局1996年版,第127页。
③ 《老子·十四章》。

第三章　知常曰明：社会治理的认识论

一、"为道"：认识道的虚无性的方法

"道"是形而上的规律，它"视之不见"、"听之不闻"、"搏之不得"，①"迎之不见其首，随之不见其后"②。这些都是道虚无性的表现，社会治理规律的常道同样表现为一种虚无，认识虚无的方法就是"为道"，就是以主体的空无去体认道的空无。

1. "为道"的认知内涵

"道"是世界万物的本原和总规律，是现象界背后的深层次的存在，只有认识了"道"，才能真正把握事物的本质和规律，才能找到解决社会与人生问题的根本方法。由于"道"是形而上的，它"视之不见"、"听之不闻"、"搏之不得"，③超感觉超经验，用认识具体事物的方法是不可能获得的。经验知识的积累不仅无助于认识道，而且容易产生成见、偏见甚至欲望、智巧，妨碍对道的认识。认识"道"必须采用特殊的认识方法，就是"为道"的方法。

老子指出："为学日益，为道日损。损之又损，以至于无为，无为而无不为。"④"为道"，是指通过玄思或体验去领悟和把握最高的"大道"，由于"道"的形上性，认知主体必须消除自身的欲望，恢复人的自然性，利用人的自然性与"道"的相通性认识和把握"道"。因此"为道"贵在减损，"损之又损，以至于无为。"即损到无可再损的地步，所以说"日

---

① 《老子·十四章》。
② 同上。
③ 同上。
④ 《老子·四十八章》。

损"。多余的、不自然的东西消除之后,就能够体认把握"大道",也就能做到"无为而无不为"①。

"为道"在认识事物时采用的是直觉方法,与"为学"的经验性认知方法不同,"为道"的认识不是建立在观察、理性思维等基础上,而是认识者在排除经验性认识的基础上,用纯净的心灵直接认识和把握"道"。老子指出:"不出户,知天下。不窥牖,见天道。其出弥远,其知弥少。"②

这里的户、牖可以理解为人的感觉器官,出户、窥牖可以理解为人应用感觉器官感知客观世界。但老子否定了这种经验性的认识方法,认为"道"不是在经验认识可以得到的,越是应用经验知识认识"道",离"道"就会越远。认识"道"的最好的方法就是不用"为学"的经验认识方法,而是用用直觉的体道方法,才能获得"见天道"的真知。

"为道"的首要方法是"损",即尽量消减人的欲望,"为道日损"。《河上公注》解释为:"'道'谓自然之道也;日损者,情欲文饰,日以消损。"蒋锡昌认为:"'为道者日损',言圣人为'无为'之道者,以情欲日损为目的。"从哲学认识论上看,"日损"的目的就是要把认识的主体意识泯灭掉,人的主体意识容易为情欲所控制而不能准确把握"道",通过"损之又损",直至无所可损,彻底地排除了贪欲和巧诈之心,人心便可返归至质朴纯真的本然状态。在这种状态下,人的认识才能和"道"融为一体,人才能真正把握"道"。这种返朴归真的自然之心,就是老子所说的"得道"状态,它既是道德修养的最高境界,也是人类认识的终极目标。

2. 涤除玄鉴的认知途径

作为具有形而上性质的"道",由于其超经验性、超感觉性,不可能

---

① 《老子·四十八章》。
② 《老子·四十七章》。

第三章 知常曰明：社会治理的认识论

用认识普通事物的方法获得。为了认识"道"，老子提出了认知"道"的特殊方法，这就是"涤除玄鉴"："涤除玄鉴，能无疵乎？"①

所谓"涤除"，帛书本"涤除"作"修除"，"修"有扫除之义，故与"涤"的涵义在这里是一致的，"修除"即"涤除"。高亨注为："洗垢之谓涤，去尘之谓除。《说文》：'疵，病也。'人心中之欲如镜上之尘垢，亦即心之病也。故曰：'涤除玄鉴，能无疵乎'，意在去欲也。"② 认识是主体见之于客体的活动，主体自身的状态既是认识的起点，又决定着认识的效果，尤其是在认识超经验的规律时，主体的性质和状态显得更为重要。为此，老子提出运用"涤除"的方法加强认知主体自身的建构。

运用"涤除"进行主体建构时首先要去除人的贪欲，贪欲使主体受欲望的支配而失去对"道"的准确认知。贪欲的产生是由于受到了外物的刺激。老子指出："五色令人目盲，五音令人耳聋，五味令人口爽，驰骋畋猎令人心发狂，难得之货令人行妨。"③ 贪欲破坏了人的自然状态，使人无法体认"大道"。

老子提出认知主体必须杜绝贪欲，最简单的方法是："不见可欲，使民心不乱。"④ 认知主体保持无私无欲的自然状态，才能体认"大道"。"常无，欲以观其妙"⑤，这里的"无"就是指主体保持一种无欲的清静状态。

其次，运用"涤除"进行主体建构时首先要去除人的智巧和诈伪。老子认为，世俗之人热衷于玩弄心机和诈伪，他们的心灵不再保有纯真朴实的自然状态。这种世俗的所谓聪明会使人自以为是，以主体的主观认识代替对"道"的体悟。要认知"道"就必须去除智巧和诈伪，使知主体恢复

---

① 《老子·十章》。
② 高亨：《老子正诂》，古籍出版社 1957 年版，第 24 页。
③ 《老子·十二章》。
④ 《老子·三章》。
⑤ 《老子·一章》。

到本真的自然状态,其方法是"绝圣弃智"、"见素抱朴",通过弃绝智、巧,使人回到素、朴状态。这样,认知主体在自然状态下就可以认识和把握"道"。

最后,用"涤除"进行主体建构时首先要去除人的经验性认识:成见和偏见。经验性认识具有一定的排他性,形成固有的心智,阻碍人们理性地认识客观事物及其规律,更妨碍人们体认大道。因而,认知主体必须涤除自我中心的价值观和由此产生的成见与偏见,使内心的认知超越狭隘的经验性认识,消除主观偏见对认识的负面影响,以内心的直觉直接观照万物和宇宙的规律,就能真正体认大道。

"涤除"去除了认知主体的贪欲、巧伪和经验性认识,恢复了主体本真的自然状态,以此为前提和基础,认知主体就可以运用"玄鉴"的方法直接观照、认识规律性的道。

所谓"玄鉴",高亨解释为:"'览'读为'鉴','览''鉴'古通用。……玄者形而上也,鉴者镜也,玄鉴者,内心之光明,为形而上之镜,能照察事物,故谓之玄鉴。"① 河上公注曰:"心居玄冥之处,览知万事,故谓之玄览也。"② "玄"的本义是幽深、幽远,"玄鉴"即是对事物本质和全体的一种深远的观照。

在具体认识过程中,"玄鉴"首先要求"塞兑"和"闭门"。老子指出:"塞其兑,闭其门,终身不勤;开其兑,济其事,终身不救。"③ "兑"字意为道路或途径,引申为有孔窍者,可以把"兑"视为耳目鼻口等感觉器官。"塞其兑"即堵塞嗜欲的孔窍,同"闭其门"文义一致。老子把耳目感官看成是私欲和成见得以进入的门户,"塞兑"、"闭门"就是切断欲望和成见的来源,防止对"大道"进行"玄鉴"时出现干扰。老子认为"塞兑"、"闭门"则会受益无穷("终身不勤");相反,如果打开嗜欲和成

---

① 高亨:《老子正诂》古籍出版社1957年版,第24页。
② 王卡点校:《老子道德经河上公章句》,中华书局出版发行2006年版,10章注。
③ 《老子·五十二章》。

第三章　知常曰明：社会治理的认识论

见的门径（"开其门，济其事"），就会不可救药（"终身不救"）。显然，"塞兑"、"闭门"是"玄鉴"的前提。

老子还指出："塞其兑，闭其门，挫其锐，解其纷，和其光，同其尘，是谓玄同。"① 堵塞嗜欲的孔窍，封闭成见的门径，再经过"挫锐"、"解纷"、"和光"、"同尘"的功夫，就可以达到"玄同"的最高境界。在玄同的境界里，主体消除了自我与外界的隔阂，与"大道"合一，以此种体认获得对道的认知。

其次，"玄鉴"要求认知主体做到"致虚"和"守静"。老子指出："致虚极，宁静笃。万物并作，吾以观复。"② "虚"是形容清明空灵的心境，"静"是指心灵宁静安和的状态。"极"和"笃"都是指极度和顶点。"致虚极"即是心智作用的消解，消解内心的心机与成见，内心达到空明，不以先验主见妨碍对道的认知。致虚必守静，"守静"即是使内心宁静，"守静笃"就是保持内心的极度宁静，使思虑不生，杂念不起，外物不能惑乱本心，以利于体认"道"。这样，尽管"万物并作"，"为道"之人仍可以静制动，以不变应万变，于纷扰杂乱之中深观远照万事万物的本质和规律（"观复"），从而把握"大道"。③

在"塞兑"、"闭门"和"致虚"、"守静"的基础上，应用内心的空明状态直接观照客观规律，反复观照，使主体与客观规律完全融合为一，主体的认识就能和"道"保持一致，主体也就真正认识和把握"道"了。

3. 为道的直觉思维对治理之道的认知

老子的为道思维实质上是一种直觉思维，这种思维是老子的重要思维方式。老子在《道德经》开篇就提出"道"是不能概念、定义、判断和推

---

① 《老子·五十六章》。
② 《老子·十六章》。
③ 陈鼓应、白溪：《老子评传》，南京大学出版社2001年版，第164页。

理等理性方法把握的("道可道,非常道"),因为"道常无名",是难以下定义的,当然不能用概念的方法去认识。同时,道又无形、不确定,也不能用判断、推理的方法去认识。老子认为,真正能够把握道、认识道的方法是直觉(或直观)的方法。运用直觉思维的前提是认知主体必须保持"致虚极,守静笃"的认知状态,认知的具体方法是"涤除玄鉴"。而"玄鉴"本身是一种直觉思维,"'玄鉴'是一种直观,是对'大道'的直接观照,它属于直觉思维,是对'大道'的整体的、直接的体悟和把握。换言之,按照'道'的本质和特性,它既不能用感觉经验来获得,也不能用理性思维来把握,而只能靠'玄鉴'这种直觉的方式来体认"①。

所谓直觉思维(Institutionthinking),指不经过逻辑分析而直接洞察事物本质的思维过程,是一种超越一般感性和理性的内心直观方法,是以"现实中的人的具体感性为中心的感性领悟方式。它的特征是注重超越世界与现实界的合一,注重以人为中心的万物融通"②。其特征是"注重意象的统一,注重超越意念世界与可感世界的统一"③。直觉思维的最大特点是不讲主客体的区别,主客体相互渗透浑然一体。

"为道"是认识管理规律的重要方法,"损"让管理者超越经验认知状态,"静"使管理者消除主体性而与"道"保持一致,直觉的认知方式使管理者能够直接认识到"道","无为"使管理者在管理行为上与"道"相统一。

"为道"的认识方法带来的结果,一方面会使管理者在认识管理规律时保持宁静的心灵状态,排除各种欲望的干扰,在"致虚极,守静笃"④的情况下认识事物;另一方面,管理者在与"道"合一的情况下,减少自身的过多的管理行为,在不妄为的前提下,应用"道"的规律进行"无

---

① 陈鼓应、白溪:《老子评传》,南京大学出版社 2001 年版,第 164 页。
② 转引自周春生:《直觉与东西文化》,上海人民出版社 2001 年版,第 54 页。
③ 同上。
④ 《老子·十六章》。

第三章 知常曰明：社会治理的认识论

为"管理，"损之又损，以致于无为"，而最终会实现"无为而无不为"①的结果。

老子为道的直觉思维是针对现实社会治理中的"为学"思维而言的。老子把"学"与"道"作为管理认知的对象，而"学"与"道"又分别是经验世界和超经验世界的本质完全不同的认知对象。对于经验世界的"学"，老子认为，通过"为学"的方式可以认识和把握。

就管理而言，老子所说的"学"就是指人类社会已经积累的可以通过传授和学习的方式进行积累的经验管理知识。这些知识是人类文明发展和进步的表现，属于操作层面的知识，在老子的观念中属于"可道之道"。《老子河上公注》指出："'学'谓政教、礼乐之学也；'日益'者，情欲文饰，日以益多。"② 蒋锡昌《老子校诂》亦曰："'为学者日益'，言俗主为有为之学者，以情欲日益为目的；情欲日益，天下所以生事多扰也。"③这种解释将"为学"与对仁义圣智礼法的追求相联，从"政教礼乐"的角度切入问题，既阐发了老子对政治、社会、文化和人心的态度，又同知识智慧等认识论问题相联。根据这样的解释，老子认为世俗之"学"只能是滋长人们的贪心和物质欲望，从而导致天下混乱。因此在对待"学"的问题上，一方面，老子认为"学"是一种经验知识，这种知识虽然对人类管理有一定的意义，但由于这类知识停留在经验和操作层面，是对世界局部、枝节的反映，是由一定的局限性的；另一方面，许多世俗的管理知识，如仁义圣智礼法等会背离乃至消解人的自然本性，与真正的管理之"道"相违背。基于这两个方面的考虑，"学"作为客观存在的认知对象虽然不能被抛弃，但管理必须寻求"学"之上的"道"，管理认知活动必须从"为学"走向"为道"。

相对于"为学"而言，老子的"为道"对于把握治理之道具有重要意

---

① 《老子·四十八章》。
② 王卡点校：《老子道德经河上公章句》，中华书局2006年版，四十八章注。
③ 蒋锡昌：《老子校诂》，商务印书馆1937年版。

义。一方面是"为学"作为一种经验性认识，是建立在观察、理性推理等认知活动基础上，而这些认知活动本身在方法论上就具有一定的片面性。如在主体的参与下如何保证观察中的客观性原则得到彻底贯彻、如何消解管理主体自身的欲望在认识中的负面影响等。因此，"为学"是一种低层次的认识，具有一定的局限性，"为学"必须走向"为道"；另一方面，进入人类社会以后，"为学"逐渐发生异化，"学"的内容演化为"政教礼乐"。表现为人们在增长知识、经验和智能的同时，也会产生浮华、虚荣、机巧和诈伪之心，破坏了人心本来具有的那种纯真、朴素、敦厚的自然状态。在老子观念中，人心淳朴质真的自然状态是人类社会管理的基础和合理的价值取向，是最珍贵的，破坏了人心的自然状态，人类的管理将无法达到最佳状态。"为学"加速了人心自然状态的毁灭，从人类管理的整体发展和可能的理想状态看，人类要认识到"为学"的负面影响，要逐步用"为道"的认知方式消除"为学"的消极影响。因此，老子是把"为道"看作比"为学"更高一层的认识，是管理认识的高级阶段。

二、"反者，道之动"：认识道的运动性的方法

老子提出了道的基本运动规律，他说："反者道之动，弱者道之用。"① 表明对立面之间相反相成，是变化的动力；弱是道体现功能的方式。老子认为道的运动包含在对立面的矛盾之中，事物矛盾双方的对立、统一和转化是道运动的根本原因，事物从量变到质变，从肯定到否定，再从否定到肯定是事物运动的规律。由于道的辩证运动，把握道的运动性的思维方式也必然是一种辩证思维方式，辩证思维是老子的重要思维方式，

---

① 《老子·四十章》。

第三章 知常曰明：社会治理的认识论

老子以辩证思维认识和把握世界，并把辩证法应用到管理规律中。老子的辩证思维包括事物的普遍联系和运动、变化的思维、质量互变思维、否定之否定思维等等。应用辩证思维可以把握道的运动规律。

1. 道的辩证运动

道是一切事物存在的依据，事物的运动是道的运动集中体现，老子关于道的辩证运动内容主要表现在以下几个方面。

关于事物普遍联系和运动、变化的思想。"道"是一切事物存在、变化、发展的原因和内在依据，各种事物虽然在个体存在上表现为"德"，但"德"又是从"道"获得的内在依据。因此，从"道"看世界万物，万物统一于"道"，"道"的存在说明了世界万物之间的普遍联系。"道"本身就具有运动性，"独立而不改，周行而不殆"，"道"在运动中使万物产生，"道生一，一生二，二生三，三生万物。万物负阴而抱阳，冲气以为和"①。万物产生之后，"道"的运动性又推动万物不停地运动，整个世界就处于不断地运动、变化中，"夫物芸芸，各复归其根"②。"飘风不终朝，骤雨不终日。孰为此者？天地。天地尚不能久，而况于人乎？"③老子认识到自然界也是不停地运动着，道是"独立而不改，周行而不殆"④。从道产生的天地万物也是在变化着，世界上没有不变的事物。

关于事物存在和运动的矛盾规律。老子用大量的对立概念说明事物的存在是由于事物对立、统一的关系。这些概念包括有无、难易、长短、高下、前后、声音、虚实、强弱、冲盈、彼此、宠辱、得失、明昧、古今、清浊、新敝、唯阿、美恶、昭昭昏昏、察察闷闷、曲直、多少、重轻、静躁、开闭、解结、救弃、雄雌、黑白、荣辱、行随、壮老、左右、张翕、

---

① 《老子·四十二章》。
② 《老子·十六章》。
③ 《老子·二十三章》。
④ 《老子·二十五章》。

去举、夺予、柔弱刚强、厚薄、华实、盈竭、生灭、贵贱、明昧、进退、阴阳成缺、直拙、辩呐、巧拙、寒热、损益、出入生死、亲疏、利害、正奇、福祸、大细、德怨、先后、主客、寸尺、抑举、有余不足、知行、正反"等等。老子不仅指出了这些对立的概念,还对矛盾双方相互依存的关系进行了分析,说:"三十辐共一毂,当其无,有车之用。埏埴以为器,当其无,有器之用。凿户牖以为室,当其无,有室之用。故有之以为利,无之以为用。"① 有、无本来是矛盾的,但老子认为它们又是互相依存的统一体,就象车轮的辐、毂("有")与中间的空洞("无")构成了统一体;正是因为有车的空处,才有车的功用。

老子还指出了矛盾对立双方相互转化的,其中"反者,道之动"这一命题是老子矛盾转化论在理论上的最高概括。这是一个超出了经验和直观的命题,是必然性、理性的命题。老子认为"反"是道即世界的基本属性,包含对立、斗争、转化几个方面的内容。他指出,事物是由相反的对立成分组成的,这些对立面相互依存、相互渗透,每一方都以对方为生存发展的条件,离开对立的一方,自己就不能存在和发展。对立是变化的根源,是动力。老子的这一思想十分丰富。首先,他认为事物矛盾的转化是一个普遍现象,是绝对的。他说:"唯之与阿,相去几何?善之与恶,相去何若?"② 老子这段话的意思是说,是与非、善与恶相差不远,它们之间没有绝对的界限,是可以转化的。老子还例举了现实生活中的许多事实,以说明矛盾转化的普遍性和绝对性。如他说:"企者不立;跨者不行;自见者不明;自是者不彰;自伐者无功;自矜者不长。"③ 总之,老子对现实生活中的种种现象进行了提升,对矛盾转化的普遍性作了很好地概括,这就是:"祸兮,福之所倚;福兮,祸之所伏。孰知其极?其无正邪?

---

① 《老子·十一章》。
② 《老子·二十二章》。
③ 《老子·二十四章》。

第三章　知常曰明：社会治理的认识论

正复为奇，善复为妖。"① 老子认为，祸、福、善、恶都是在不断转化之中的，祸是福之所由生，福是祸之所隐藏，祸与福的反复变化没有一个定准。考虑难的事情要在它简易的时候，处理大事要在它细小的时候，因为天下的难事是从简易开始的，天下的大事是由细小开始的，弄得不好，就要发生质的变化。老子的这些看法，包含着相当合理的因素。老子还将矛盾转化的思想应用于人生，说明人应该如何处世。如老子说："天长地久，天地所以能长且久者，以其不自生，故能长生（久）。是以圣人后其身而身先，外其身而身存。以其无私，故能成其私。"② 老子告诫"圣人"，要效法天地，遇到利益把自身置之度外，而自身却能安存；自己不自私，反而能够成其私。

在矛盾存在中，矛盾双方必有主导的一方。老子说："重为轻根，静为躁君。"③ 提出了重与轻，静与动两对矛盾。他认为轻与重的对立，重为矛盾的主要方面；动与静的对立，静是矛盾的主要方面。"贵以贱为本，高以下为基"。

老子在矛盾的普遍性的基础上指出了事物运动中的质量互变规律。老子说："合抱之木，生于毫末；九层之台，起于累土；千里之行，始于足下。"④ 老子以树木的生长变化、高台的修筑、千里的远行等等为例，说明了事物的变化有一个过程。在这个过程中不仅仅是数量的变化，还包含着一个逐渐的质变过程。尽管老子不是自觉地讲事物变化过程中的量变与质变的关系问题，但这段话的确包含了某种程度的量变与质变关系的思想。这种类似的思想，老子还在其他地方有所表述，如老子说："图难于其易，为大于其细。天下难事必作于易，天下大事必作于细。"⑤

---

① 《老子·五十八章》。
② 《老子·七章》。
③ 《老子·二十六章》。
④ 《老子·六十四章》。
⑤ 《老子·六十三章》。

老子还提出了事物发展的否定之否定规律。老子说:"万物并作,吾以观复。"① "作",就是生成活动而这种活动则是"复",即往复循环。这就是说,万物是不断运动的;万物运动的形式则是往复的循环。事物能够循环是因为事物内部的否定因素,事物不断地循环正是事物不断否定自我的结果。老子多处应用了否定之否定规律,如"大巧若拙"揭示了人的技能的螺旋式上升的发展过程,经历两次否定:一是"巧"对"拙"的否定;二是"大巧"对"巧"的否定;三个阶段:拙 → 巧 → 大巧。老子指出:"善行无辙迹,善言无瑕谪,善数不用筹策,善闭无关楗而不可开,善结无绳约而不可解。"② 如果从否定之否定的观点分析,就能理解这一组表述的深刻涵义。人不走路当然不留辙迹,走路的人必然要留下辙迹,但善于走路的人也能做到无辙迹。为什么?因为这是一个否定之否定的过程。善行者表面上回到了出发点(无辙迹),而本质上他的行走技能达到了一个更高的境界。譬如他根本不用车马(当然不留辙迹),但比一般人走得还快。不作计算当然不用筹码,要作计算就要用到筹码,但一个善于计算的人也能做到不用筹码。因为他的计算技能达到了一个否定之否定的更高水平,所以就用不着筹码了。这种更高的水平在表面上又回到了出发点(不用筹码)。这是一个螺旋式上升的否定之否定过程。

2. 辩证思维对管理之道的认知

(1) 从辩证思维的对立面认识社会治理问题

老子根据矛盾的对立面相互转化原理,提出了从管理对象的反面进行管理的方法,其方法是:从反面着手,矛盾的这个侧面经过量的积累,就会逐步壮大起来。当其达于极点时,必然导致矛盾双方互易其位,即反面一变而为其反面(也就是正面)。这是一种"以反求正"的管理方法,

---

① 《老子·十六章》。
② 《老子·二十七章》。

第三章 知常曰明：社会治理的认识论

"反"是手段，"正"是目的。这种管理方法可以简称为"用反"，老子指出了许多这样的具体管理方法。

用易管理难，用小管理大。老子指出："图难于其易，为大于其细。天下难事，必作于易；天下大事，必作于细。是以圣人终不为大，故能成其大。"① 这是说：解决困难的问题，要在它尚处于容易解决的时候入手，不要等到问题成堆、难以解决的时候才动手去解决；解决重大的问题，要在它尚处于细微的时候就开始入手，不要等到问题由小变大后再去解决。这是因为，天下的困难问题，在开始的时候并非是困难的；天下的重大问题，在其初期，也决不是一下就是重大的。难、大时管理中的矛盾现象，要处理好这样的矛盾可以从它们的对立面易、细着手，管理所面临的难事、大事，并非一开始就难、就大。在其开始时，往往是"易事"、"细事"。在这个时候，问题极易解决，也就不会再酿成日后的难事、大事。这样就能从易、细解决难、大的管理问题。

以"无"管理"有"。老子指出："其安易持，其未兆易谋，其脆易泮，其微易散。为之于未有，治之于未乱。"② 意思是：局势稳定的时候，保持其稳定的局面是比较容易的（相反，局势混乱时，要使局面由乱变治，转为稳定，就困难得多）；事物尚未呈现变化兆头的时候，就容易对付（相反，事物如处于急速变化之中，就比较难以适应、对付）；事物（问题）很脆弱的时候，很容易把它打碎、分化；事物（问题）很微小的时候，很容易把它消除（相反，当问题积累成老、大、难时，就难以解决）。因此，处理事故、解决问题，最好在事故、问题尚未发生的时候，预先加以处理；治乱，要在变乱发生之前就要作好预防。有与无、未乱与已乱矛盾双方，要想得到有、未乱的管理结果，可以从无（没有迹象）进行管理。任何事物都有一个发生、发展的过程，事故、问题也不例外。而

---

① 《老子·六十三章》。
② 《老子·六十四章》。

当事故、问题未发生时,或刚发生的初期,加以预防或整治,是比较容易的,也是比较容易收到成效的。这就是老子所说的"其安易持,其未兆易谋,其脆易伴,其微易散"的本意,也是解决事故、问题的客观规律。相反,如果违反这一规律,对事故、问题,不是"防患于未然",而待它们发展成大事故、大问题时才去动手解决,那就十分被动,往往是吃力而不落好了。① 鉴于这样的认识,老子强调指出:"为之于未有,治之干未乱。"

以终管理始。老子在阐明了对管理的善始善终问题。老子说:"民之从事,常于几成而败之。慎终如始,则无败事。"② 意思是,一般人做事,常常到快要成功的时候,反而失败了。这是因为在事情快要成功的时候,常常疏忽大意的缘故。如果在事情快要完成的时候,也象开始时一样谨慎重视,就不会失败了。始和终是矛盾双方,要正确管理终,就要象对待始一样。

从对立面认识社会治理问题是老子辩证法应用到管理中提出的主要管理方法,老子非常重视这个管理方法,作了极为详尽的论述。他说:"将欲禽之,必固张之,将欲弱之,必固强之;将欲废之,必固兴之;将欲夺之,必固与之。是谓微明。"③ "圣人后其身而身先,外其身而身存。非以其无私耶?故能成其私。"④ "不自见故明,不自是故彭,不自伐故有功,不自矜故天下莫能与之争。"⑤ "以其终不自大,故能成其大。"⑥,"是以欲上民,必以言下之,欲先民,必以身后之。……以其不争,故天下能与之争。"⑦ "大国以下小国,则取小国。小国以下大国,则取大国。"⑧ "贵以

---

① 潘乃樾:《老子与现代管理》,中国经济出版社 1996 年版,第 94~95 页。
② 《老子·六十四章》。
③ 《老子·三十六章》。
④ 《老子·七章》。
⑤ 《老子·二十二章》。
⑥ 《老子·三十四章》。
⑦ 《老子·六十六章》。
⑧ 《老子·六十一章》。

贱为本，高以下为基，是以侯王自谓孤寡不谷。"①"甚爱必大费，多藏必厚亡。"②"夫唯病病，是以不病。"③"无为而无不为。"④

(2) 从辩证思维的统一性认识社会治理问题

管理要维持社会秩序的相对稳定，而矛盾双方的对立转化又使社会秩序处于不稳定的状态，尤其是矛盾转化条件不具备时的强行转化，会给管理双方带来很大伤害。老子提出用"守正"的方法维持矛盾的统一和管理秩序的相对稳定。

所谓"守正"即老子主张处于矛盾正面地位的一方要防止矛盾转化。老子看到了矛盾转化这一普遍现象，他着重探讨了处于正面的一方如何常得而无丧，以保持矛盾不转化的问题。因此，矛盾为什么会转化，事物在什么条件下转向反面，是老子特别注意研究的问题。老子通过生产实践和社会斗争发现："人之生也柔弱，其死也坚强。万物草木之生也柔脆，其死也枯槁"⑤；"飘风不终朝，骤雨不终日"⑥；"兵强则灭，木强则折"。他对这种现象进行了哲学概括，提出了一条"物壮则老"的普遍原理。老子根据这个规律认为，既然事物发展到顶点就会转化，那么只要事物不发展到顶点当然就可以不转向相反了，社会就能维持较稳定的秩序。

要做到守正，处于矛盾重要方面的管理者要常保主导地位，不转到反面，首先要做到"不盈"（即保持不过度强盛）。老子指出："保此道者不欲盈。夫唯不盈，故能蔽，不新成。"⑦ 其意就是遵守"道"的人，能保持不盈，就能维持不变。为了做到"不盈"，他要求"知止，知足"⑧、

---

① 《老子·三十九章》。
② 《老子·四十四章》。
③ 《老子·七十一章》。
④ 《老子·四十八章》。
⑤ 《老子·七十六章》。
⑥ 《老子·二十三章》。
⑦ 《老子·十五章》。
⑧ 《老子·四十四章》。

"去甚、去奢、去泰"①，就是要适可而止，知道满足，去掉那些极端的、过分的举动，始终保持象"道"那样"不盈"的状态。这样就"可以长久"，避免转向反面。

其次，管理者要做到"抱一"。在老子的辩证法中，事物虽然有对立，但这种对立是事物统一中的对立，管理者最终要以超越对立的思维和管理方式进行管理，以保持管理客体之间的统一。老子指出："圣人抱一为天下式。"② 所谓抱一，就是守道，严灵峰认为："一者，道之数；犹不二也，其言绝于对待也。抱者，犹守也。"③

从管理的角度看，抱一就是要求处于矛盾正面的管理者，应该抱住"无为"、"好静"、"无欲"，以缓和矛盾另一方而（即反面）的反对，不让矛盾激化起来。老子说："我无为而民自化，我好静而民自正，我无事而民自富，我无欲而民自朴。"④ 这样正反双方的矛盾就不会发展起来，事物就能处于稳定状态，保持原状。

抱一并不是回避矛盾，防止矛盾转化，而是要求管理者认识到事物的存在和发展都有一个度，如果超过了这个限度，就会引起事物发生质的变化，而走向反面。因此，为了维持事物的存在，必须把握事物的度。同时，抱一思想反映了老子把事物的发展看成是一个纯粹的自然过程，具有尊重规律的思想。事物的产生、发展和死亡都是有自己的规律的，管理者只能顺应事物的发展规律而行动。如果违反规律，不顾条件是否成熟，采取极端措施，拔苗助长强使事物壮大，那就不仅不能促使事物发展，反而会破坏事物的发展。老子指出："善有果而已，不敢以取强。果而勿矜，果而勿伐，果而勿骄。果而不得已，果而勿强。物壮则老，是谓不道，不

---

① 《老子·二十九章》。
② 《老子·二十二章》。
③ 陈鼓应：《老子注译与评介》，中华书局1984年版，第154页。
④ 《老子·五十七章》。

道早已。"① 意即善于打仗的人，获得了胜利就适可而止，不要用武力逞强。伐胜了不要狂妄，战胜了不要夸耀，战胜了不要骄傲，战胜了也是出于不得已的。最后指出由于"物壮则老"，如果不懂得这个道理，果而矜，果而伐，果而骄，果而强地去追求强盛，那是不合乎道的，不合乎道就会很快死亡。因此，老子主张管理者应该抱一，以避免采取极端措施，过分的、不符合规律的举动是不会去的好的结果的。

总之，老子"守正"的管理方法是在"用反"的管理方法基础上，针对矛盾转化条件不成熟时提出的应采取的管理方法。老子主张通过"守正"以维持社会的尚未达到转化条件的秩序，处于矛盾主要方面管理者，要防止转向反面，则必须坚持"守正"。

三、大象无形：认识道的整体性的方法

万物统一于"道"说明了"道"是具有整体性的，"视之不见，名曰'夷'；听之不闻，名曰'希'；搏之不得，名曰'微'此三者不可致诘，故混而为一。……迎之不见其首，随之不见其尾"②。老子还指出："大象无形。"③ 认识道的整体性的方法是象思维，运用象思维把握了治理之道，才能做到"执大象，天下往"④。

1. 老子的象思维

观物取象是中国人重要的思维传统，《周易》说："古者包羲氏之王天

---

① 《老子·三十章》。
② 《老子·十四章》。
③ 《老子·四十一章》。
④ 《老子·三十五章》。

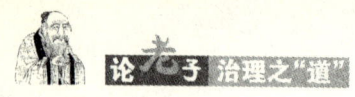

下也,仰则观象于天,俯则观法于地……近取诸身,远取诸物,于是始作八卦以通神明之德。"① "夫象,圣人有以见天下之赜,而拟诸其形容,像其物宜,是故谓之象。" "在天成象,在地成形,变化见矣。" "圣人立象以尽意。"② 表明象是中国哲学的重要概念,也是中国传统思维的基本单元。王树人先生把以"象"为基本单元的思维称为象思维。③

古棣认为象思维是老子的重要思维方式:"五千余字的《老子》,据统计,比喻性的形象词汇和语句,共有180个(不包括一般的形容词),审其篇章的结构和逻辑,这些形象词汇和语句都是同它的理论推理象结合的,所以这不仅是《老子》书的表达形式,也是老子的思维方式,可以名之曰形象思维。"④

象思维是老子的重要思维方式,所谓象思维,又称为意象思维,在本质上象思维是一种非理性思维。它是一种认识主体直接面向客体,通过主体对客体的直接感知,在主体内部直接建立有关事物的整体形象(意象),把意象和事物的整体进行直接对照,不断概括出事物整体的本质形象,以完善的意象来认识和把握事物。在形成意象的过程中,强调去除主体的经验性认识,把主体与客体直接相融合,以超越主客二分的方法去认识事物,从而形成具体事物的本质的逻辑典型形象。象思维通过对感性形象的重组、提炼、加工、取舍,去除了偶然的、琐碎的、枝节的、不重要的形象,保留了典型的、必然的、重要的形象,揭示出真实的、深刻的形象;并由此及彼,由表及里,把握住深藏于内的不同形象间的内在逻辑性。象思维在传递认知信息的方式上以典型的形象,如故事、寓言、理想化模型等作为表达方式。

从思维过程上看,"象思维"从"象"出发,使其在视角和方法论上,

---

① 《周易·系辞下》。
② 《周易·系辞传》。
③ 王树人、喻柏林:《象思学论纲》,《中国社会科学院研究生院学报》1997年第4期。
④ 古棣、关桐:《老子十讲》,上海人民出版社2009年版,第149页。

第三章 知常曰明：社会治理的认识论

都不同于从概念出发的概念思维。从"象"出发，总是开始于可感之象。但是若要进入原发创生的思维状态，则必须在"象的流动与转化"过程中，跃进到"原象"或"大象无形"或"无物之象"的思维境域，也就是跃进到"物我两忘"或"天人合一"的境域。这是思维真正进入自由无碍因而可以打破常规俗见并能发现和提出新问题的境域。而概念思维作为规定性的思维，它的逻辑规则是固定的，是一种规范或模式。思维进入这种规范模式，就只能按部就班地进行下去，没有自由可言，也就不可能由此而创造和创新。①

从象思维的思维特点上看，象思维表现为以下几个特点：第一，整体思维过程在于取象与观象，以物象为基础。第二，这种思维讲求在"象"的基础上抽绎出义理，注重对"象"的整体直观和体悟；第二，这种思维是以自我为中心的，即在获得知识的过程中主体与客体混为一体。②

老子很注重"象"的认识作用，他非常善于运用形象来表现抽象的哲理，表达自己对事物本质及规律的认识。他把道形象地比喻为母，即用母这一形象来表现道作为衍生万物以及作为宇宙万物本源的这一根本的宇宙观。他在第一章就说："无名天地之始，有名万物之母。"对于道，他有时觉得不容易用一个名词或概念来表达，只有把它看做天地万物之母才最为得体："有物混成……可以为天地母。"为了让人们理解新生事物柔弱但一定能战胜衰老之物的道理，他特别取出新生事物的柔弱和衰老事物的僵硬（刚）的形象特征并用新生婴儿之柔弱以及柔水穿透坚石的形象加以比喻，其说理效果深刻而持久。老子借用形象以表达一般概念，范畴和命题的思维方法实际上是源于《周易》的取象以立意。③

---

① 王树人：《"象思维"与原创性论纲》，《哲学研究》2005年第3期。
② 户晓辉：《中国人审美心理的发生学研究》，中国社会科学出版社2003年版，第85页。
③ 孙以楷：《老子通论》，安徽大学出版社2004年版，第219页。

2. 象思维对管理之"道"的把握

象思维是中华民族独有的思维方式，是区别于抽象思维的思维方式。老子继承了《易经》等象思维方式，丰富和发展了象思维的内涵，并把象思维贯穿到自己的管理思维中，提出了包括观物取象、赋予哲理、建立联系、说明政要等内容的象思维方式。

观物取象是象思维的起点和基础，所谓观物取象就是通过对自然界客观事物的观察，形成与该事物形象相似、具有一定思维性质的意象，取象基本方法是把实体事物所表现出的功能与意象相联系，建立起意象。老子强调"以身观身，以家观家，以乡观乡，以国观国，以天下观天下"①，"故常无，欲以观其妙。常有，欲以观其徼"，"吾以观复"等，都是对事物进行取象前的观察。这种观察与西方哲学的对事物内部的观察不同，主要是发现事物的外部性功能。在观察的基础上，老子建立了许多意象，如自然之象，水、草木、天地、江河、山谷等；社会之象，如圣人、君子、婴儿、俗人等；形而上的哲学意义上的象，如道、德等。意象虽然在名称上仍然与实体事物一样，但在实质上已演化为具有一定内涵指涉、与抽象思维的概念相似的、反映事物功能性本质的、具有形上意义的思维单元。

赋予哲理是老子象思维的第二步，老子善于运用意象来表现抽象的哲理，表达自己对事物本质及规律的认识。他把道形象地比喻为母，即用母这一意象来表现道衍生万物以及作为宇宙万物本源的特点。他在第一章说："无，名天地之始；有，名万物之母。"对于道，他有时觉得不容易用一个名词或概念来表达，只有把它看作天地万物之母才最为得体："有物混成……可以为天地母。"② 老子还使用了君子、婴儿等意象以特殊的思维内涵。"君子终日行不离辎重。虽有荣观，燕处超然。"这代表的是怡然

---

① 《老子·五十四章》。
② 《老子·二十五章》。

第三章 知常曰明：社会治理的认识论

自乐、超然处事的有君子之风的形象。"婴儿"是老子惯常使用的意象。在老子眼里，婴儿象征一种状态，代表一种境界，在某种意义上，与他竭力推崇的"道"有共通之处。第十章："专气致柔，能如婴儿乎？"第二十章："我独泊兮，其未兆；沌沌兮，如婴儿之未孩。"第二十八章："知其雄，守其雌，为天下谿。为天下谿，常德不离，复归于婴儿。"一般说来，婴儿是可爱的形象，天然、质朴、柔弱、宁静。老子把"道"这一抽象的东西，具象化为婴儿，表现出他对"道"的珍爱，也使其阐述的"道"充满灵性。

建立联系是老子象思维的第三步，老子善于从一种意象推及另一种意象，进行联想。在原始人看来，一切事物、现象中都存在神秘的内在联系，一种现象的出现往往关联着另一种现象。老子继承了《易经》中联想思维方法，善于在联想中揭示事物、现象之间的内在联系。如老子由道生万物联想及万物之母，再由母生子联想生子的器官玄牝，天地万物都是从玄化中衍生出来的："玄牝之门，是谓天地根。"老子以"三十辐共一毂，当其无，有车之用"、"埏埴以为器，当其无，有器之用"的有无结合的形象，论证无与有对立统一的哲理。老子还由此联想到整个天地犹如无与有统一的大橐龠："天地之间，其犹橐龠乎，虚而不屈，动而愈出。"① 由车而器，由器而天地，表现出老子超凡的联想能力。在形象化的联想中，生动地揭示出所要表达的哲理。

老子还利用象思维建立事物间的本质联系。在谈到善时，老子认为"上善若水"，这个结论是这样推出的："水善利万物而不争，处众人之所恶，故几于道。"② 从水"利万物而不争"的形象推出真正的善就应该象水一样。这种思维方式就是从象 A→象 B 的推理过程。老子在得出"柔弱胜刚强"的揭露时也是应用象思维的方法，水至柔弱，但是天下没有任何

---

① 《老子·五章》。
② 《老子·八章》。

可以攻坚强的东西能够战胜它。为什么呢？因为攻坚强的东西，谁都无法使水的本身有所改变（"天下莫柔弱于水，而攻坚强者莫之能胜，以其无以易之"①）。老子进一步把这个推理扩展到管理上，提出管理上的两个法则，这就是（1）应用柔弱可以克胜坚强事物。例如：主帅用"慈"可以战胜强大的外敌，因为是柔；（2）应用柔弱比应用坚强好。例如：人君制驭不良臣属，要用柔术，不可用刚强。用柔对用者有益，因为柔弱是生之徒；用强对用者有害，因为坚强者死之徒。

最后象思维从自然领域推广到社会领域，老子多处以水为象说明治国的道理。在老子的思维里，水成了道的象征和载体。老子描述"道"："道冲而用之，或不盈。渊兮似万物之宗。"② 说明了水和道都具有化生万物的功能。老子赋予水以丰富的道德内涵和人文内涵，他说："天下莫柔弱于水，而攻坚强者莫之能胜，以其无以易之。弱之胜强，柔之胜刚，天下莫不知，莫能行。"③ "天下之至柔，驰骋天下之至坚。"④ "上善若水，水利万物而不争，处众人之所恶，故几于道。"⑤ 在老子看来，水的本性包含着人生智慧、生活哲理和一种理想的生活状态，这是自然物象给智者的深刻启迪。他还说："大邦者下流，天下之牝，天下之交。"⑥ "江海所以能为百谷王者，以其善下之，故能为百谷王。是以圣人欲上民，必以言下之，欲先民，必以身后之，……是以天下乐推而不厌。"⑦ 老子由水之性感悟出了政治智慧，得出了治理国家的道理。

老子还使用水、草木等意象阐明管理的道理。老子指出："上善若水。水善利万物而不争，处众人之所恶，故几于道。"⑧ "天下莫柔弱于水，而

---

① 《老子·七十八章》。
② 《老子·四章》。
③ 《老子·七十八章》。
④ 《老子·四十三章》。
⑤ 《老子·八章》。
⑥ 《老子·六十一章》。
⑦ 《老子·六十六章》。
⑧ 《第子·八章》。

攻强者莫之能胜，以其无以易之。"①水是意象，老子从中参悟出深刻的哲理，形象说明了柔弱胜刚强的道理。借草木说明柔弱胜刚强："草木之生也柔弱，其死也枯槁。故坚强者死之徒，柔弱者生之徒。是以兵强则灭，木强则折。"②总之，老子阐明事理善于借助具体可感的物象，以物之理佐证和强化事之理，使其所明之理更有说服力。

古棣认为，老子的象思维对老子思想具有重要意义。"这些形象思维包含丰富的想象力，这对老子达到他的哲学成就具有重大意义，正因为理论思维和形象思维的结合，所以老子哲学原理大部分不仅形象可感，而且准确，不易发生误解，涵盖面广大，有的甚至可以推到极限，即无所不包的程度，可以说形象思维提高了理论概括水平。"③

同样，老子的象思维对治理之道的把握和社会治理实践具有重要意义。象思维在认知上表现为整体性、先验性、非概念性、非对象性等特征，这些特征决定了象思维在管理中具有特别重要的价值和意义。

首先，象思维在管理中具有独特的创造性，利于管理者进行管理思维创新。这是因为象思维直接面向认知客体，在进行认识之前，不带有任何先入为主的成见。因此，象思维的认识方式是一种先验性的认知方式。由于客体的复杂性和意象间联系的多样性，对于同样的客体及其属性，人们完全可以用不同的形象去加以描述。象思维可以在一定程度上超脱时空限制，创造独特形象，自由地构思，自主地表达思维者的意图和情感。在管理中，这种思维对管理者开启管理灵感，对管理客体进行发散思维具有原创意义上的启发。因而象思维不是以固定的结论限制管理者，而是给管理者以创造性的启发。

其次，象思维对事物认识的整体性利于管理者整体把握管理中的各种现象和本质，避免了在管理中陷入细节而不能把握整体的危险。管理对象

---

① 《老子·七十八章》。
② 《老子·七十六章》。
③ 古棣、关桐：《老子十讲》，上海人民出版社2009年版，第149页。

总是整体性的,象思维力图从整体上再现管理对象的形象,并从整体上揭示管理对象的实质。这些对管理者在宏观和战略层面认识并有效把握管理问题具有重要意义。再次,象思维具有一定的情境性,利于管理者具体问题,具体分析。由于象思维是直接面向客体并就客体规律建立形象的一种思维,思维的材料来源是现实的,管理者可以针对具体情况进行决策,这种基于现实的决策在管理中具有更大的现实适应性和更强的针对性。

最后,象思维还具有一定的情感性,比较而言,抽象思维是理智的,而形象思维是富于情感的①,利于管理者形成对管理对象的人本思想。由于在进行象思维时,认识主体与认识客体之间有一个互动的过程,这个过程使管理者对管理对象倾注一定的情感。②

---

① 孙以楷:《老子通论》,安徽大学出版社 2004 年版,第 220~221 页。
② 王希坤:《学习型组织的复杂性管理思维创新》,《系统科学学报》2009 年第 1 期。

第四章 道法自然:社会治理的方法论

老子以自然之道取代了人格之天,提出了"道法自然"的天道运行法则,天道依据自然的规律,因任万物自身的特点而不横加干涉。人类社会的治理方法在应然状态上要效法天道的自然法则,采用无为与柔弱的方式进行治理。

一、道法自然:天道的管理方法

自然是老子的核心思想,在老子的思想中,自然是"道"自身的本质和运动法则,同时,自然又是"道"处理外界事物的方法论,"道法自然"是对"道"管理万物方法的集中概括。

1. 自然的内涵

根据张岱年先生的考证,"自然"一词始见于《道德经》[①]。刘笑敢也

[①] 张岱年:《中国古典哲学概念范畴要论》,中国社会科学出版社1987年版,第80~83页。

持这种观点，并认为《诗经》、《左传》、《论语》这些较早期经典中都没有自然的说法。① 历代注家对自然都有注解，王弼以为"自然"是"无称之言，穷极之辞"。南怀瑾认为，"自然"二字，从中国文字学的组合来解释，便要分开来讲，"自"便是自在的本身，"然"是当然如此。老子所说的"自然"，是指道的本身就是绝对性的，道是"自然"如此，"自然"便是道，它根本不需要效法谁，道是本来如是，原来如此，所以谓之"自然"。② 陈鼓应认为，自然是老子的核心思想，老子认为任何事物都应该顺任它自身的情状去发展，不必参与外界的意志去制约它。事物本身就具有潜在性和可能性，不必由外附加的。因而老子提出"自然"观念，是用来说明不加一毫勉强作为的成分而任其自由伸展的状态。③ 刘笑敢则认为，从《老子》对"自然"观念的运用中，我们可以分析出"自然"的几层意思，这就是"自己如此"、"本来如此"、"通常如此"和"势当如此"。

从老子对自然的论述看，老子在《道德经》中有五处提到了"自然"。

"悠兮其贵言。功成事遂，百姓皆谓：我自然。"④

"希言自然。故飘风不终朝，骤雨不终日。"⑤

"道大，天大，地大，王亦大。域中有四大，而王居其一焉。人法地，地法天，天法道，道法自然"。⑥

"道之尊，德之贵，夫莫之命而常自然。"⑦

"是以圣人欲不欲，不贵难得之货，学不学，复众人之所过。以辅万物之自然而不敢为。"⑧

"百姓皆谓：我自然"的自然是指人民未被干扰而自由发展的状态，

---

① 刘笑敢：《老子之自然与无为概念新诠》，《中国社会科学》1996年第6期。
② 南怀瑾：《老子他说》，复旦大学出版社1998年版，第356页。
③ 陈鼓应：《老子注译与评介》，中华书局2006年版，第29页。
④ 《老子·十七章》。
⑤ 《老子·二十三章》。
⑥ 《老子·二十五章》。
⑦ 《老子·五十一章》。
⑧ 《老子·六十四章》。

第四章 道法自然：社会治理的方法论

"希言自然"是指不施政令是合于自然的，即不施政令是合规律性与合目的性的，"道法自然"的自然是指事物自身具有的本性和运动规律，"夫莫之命而常自然"、"以辅万物之自然而不敢为"的自然是指事物按照自身的本质和自身的规律自由发展，即统治者辅助百姓的自我发展而不加约束。

由此可见，老子所说的"自然"并不是现代人所说的"自然界"，现代人所说的自然是一种与人的主体性相对的客观存在的物质世界，包括人工自然和非人工自然。人工自然是指经过人为改造过的物质世界，而非人工自然是指未经人工改造过的物质世界。这种自然在老子的思想体系中被称作"天地"，如"天地不仁，以万物为刍狗"，这里指自然界的无意志性、无偏私性；"玄牝之门，是谓天地根"，这里指出自然界的来源是"道"；"天长地久，天地之所以长且久者，以其不自生，故能长生"，这里天地是指自然界的永恒性。在《道德经》中，以"天地"指代现代所说的自然界还有多处，此处不再一一列举。

老子所说的自然是与人为相对的一个概念，是指事物未被干扰时的本质存在和事物按自身规律运动并和其它事物保持和谐而自在自为的状态。从老子对自然的论述看出，老子所说的自然内涵包括以下几个方面。

一是指事物存在的一种本然状态，这种状态使事物成为自身而不是他物，即承认事物自身是事物存在的原因和依据，事物的存在是不需要外力干扰、不需要外在依据的。如"道之尊，德之贵，夫莫之命而常自然"，这里的自然就是指一种基于"道"和"德"基础上的一种本然存在。从事物存在的本然意义上说，老子的自然概念含有"自在"之意，与西方的Bing一词相对应，强调事物存在的根本原因在事物自身，而非事物间的相互联系。正如詹剑锋认为，老子的自然基本涵义是："事物全部地或部分地自生或至少自行规定，而无需外在的原因，叫做自然。"[1]

二指事物运行规律的本质，事物是运动、变化和发展的，其规律是

---

[1] 詹剑锋：《老子其人其书及其道论》，湖北人民出版社1982年版，第202页。

"道",而"道"又按照"道法自然"的规律促使事物产生、成长、运动、发展,在本质意义上,"老子的'道'是自然的本质,又是自然的现象"①。

三是指事物运动的规律,这种规律在过程上表现为事物相互作用过程的混沌,但在结果上又内在地具有一定的必然性,是偶然性和必然性相互作用的一种随机性结果。过程的混沌和结果的随机性表现为一种变化的趋势,这种趋势就是一种"自然法则"。有学者根据对"自然"概念的分析,认为老子哲学就是关于事态或态势的哲学,或者称之为掌握变化趋势的哲学。老子的旨趣在于研究万事万物,包括社会历史的可能态势,他的归趋落实在认识最佳态势的哲学上。这种最佳态势既是事物变化的最优趋势,也是存在的最优条件。"最佳"指的就是"正常态",简言之为"常态",常态的本质就是自然态,这是老子"道"的根本意旨所在。老子的"自然"不等于大自然、规律、事物、实体、元素、自然现象等等,而是指这种正常、稳恒、优化、动态平衡的态势,这也是老子"道"论的重要实践价值所在。②

2. 道法自然的天道管理方法

天道在管理万物时,依据自然的法则,采用不占有、不干扰的自然方法进行管理。

首先,"道"在管理万物时,不以占有为目的。"道"虽然生养了万物且使万物各有其"德"(得),却完全不以主宰者、控制者自居。"大道泛兮,其可左右,万物恃之而生而不辞,功成而不名有,衣养万物而不为主。"③道不是神,它并不有意识、有目的地造生万物,但万物却由道产

---

① 詹剑锋:《老子其人其书及其道论》,湖北人民出版社 1982 年版,第 203 页。
② 谢扬举:《老子"自然"概念的实质和理论》,《湖南大学学报》(社会科学版),2009 年第 1 期。
③ 《老子·三十四章》。

第四章 道法自然：社会治理的方法论

生出来，而万物的生成完全是一个自然而然、自己如此、没有丝毫做作的过程，万物在生成过程中毫无神性可言，更没有任何功利的目的。在万物生成之后，"道"不占有、不控制万物（"不为主"），纯任万物自然运行。老子还如此描述天道的这种无为的作用："万物作焉而不为始，生而不有，为而不恃，功成而弗居。"① 天道听凭万物自然而然地生长变化，却从不替它们开始，生万物而不据为己有，为万物而不自恃其恩，长万物而不主宰它们，功成业就而不自居夸耀。老子认为这正是"道"的伟大："生而不有，为而不恃，长而不宰，是谓玄德。"②

其次，"道"在管理万物时，采取"辅万物之自然而不敢为"的行为方式。"道"在管理万物时，不是不作为，而是依据万物自身的规律，辅助万物的运行、发展，不采取任何违背事物自然规律的行为。"不敢为"就是不妄为，就是不违背事物规律而为。

再次，"道"在管理万物时表现为公正无私、没有偏爱。老子说："天道无亲，常与善人。"③ 在对待人类与万物的关系上，天道把万物和人看作同等地位，老子指出："天地不仁，以万物为刍狗；圣人不仁，以百姓为刍狗。"④ "刍狗"是古代祭祀时用草扎成的狗。祭祀时饰之奉之，并不是爱之；祭祀完后抛之弃之，也不是恶之。对于万物的这种无爱无恶的一视同仁的态度，就是天道公正无私无所偏爱的表现。其次，天道表现为均平与平等，老子说："天地相合，以降甘露，民莫之令而自均。"⑤ 这是形容天道的公平施予，赞颂天道对人类的公道与均平。老子指出："天之道，其犹张弓与？高者抑之，下者举之，有余者损之，不足者补之。"⑥

总之，"道法自然"意味着"道"只是让宇宙万物各自顺乎自然地生

---

① 《老子·二章》。
② 《老子·十章》。
③ 《老子·七十九章》。
④ 《老子·五章》。
⑤ 《老子·三十二章》。
⑥ 《老子·七十七章》。

灭变化而不横加主宰和干预，而这样的结果是万物都得以按照自己的自然本性去存在和发展。故老子的道，又叫做自然无为之道，人们也通常称之为天道自然。①

二、天人合道：道法自然的管理方法下落到社会治理的逻辑

天人合一是中国历史上重要的政治管理思维方式，通过对天人关系的理解与追问，寻求人类社会治理方式的合法性，要求人类社会的治理方式要与"天"保持一致。老子继承了这一思维方式，并把天人合一改造为天人合道，并以天人合道为依据，把道法自然的天道管理方法逻辑性地下落到人类社会的治理方式上。

1. 天人合一的内涵与发展脉络

"天人合一"作为一个完整而明确的命题是由北宋哲学家张载首次提出的，"儒者因明致诚，因诚致明，故天人合一，致学可以成圣。"② 作为中国传统的政治管理思维方式，"天人合一"经历了漫长的发展历程。

"天"是中国传统哲学的主要研究内容，是中华民族主体意识觉醒之后面对的首要认知对象。"'天人合一'意义上的"天"范畴的建立是经过了一个艰难的探索过程的，这个过程就是中国哲学本体论的形成轨迹。"③至春秋之时，天的概念经历了宗教之天、道德之天、自然之天的发展历程。

宗教之天产生于原始部落对天的神秘理解。由于生产力水平低下，人

---

① 冯友兰：《中国哲学史》（上），华东师大出版社2000年版，第137页。
② 《正蒙·诚明》。
③ 康中乾：《论"天人合一"之"合"》，《人文杂志》1995年第4期。

第四章 道法自然：社会治理的方法论

无力抵抗自然的力量，更无力把握自身的命运。天被当时的人们理解为一种神秘的力量，一种主宰人类一切的力量，人只有求助于天的护佑而不能对天产生任何影响。夏商时期，天被进一步神秘化、抽象化，逐步演化为主宰自然与社会的至上神，形成以天神、至上神为核心的宗教信仰式的"天"。天就变成"帝"、"天帝"，成为高居人间之上的神，拥有最高权威，决定人间的生杀予夺、兴替废立大事。地上君王是天神在人间的代表，是天神赋与其统治人间的权力。

道德之天产生于周朝。为了说明周取代商的合法性，周公提出"敬德保民"、"以德配天"的理论，承认天命转移决定朝代兴替及人事演变，却以君王的德行和民心向背作为天命转移的根据，从重天命转向重人事，否定了天命的绝对性。天的内涵由此转变为保佑有德君王的道德之天。

自然之天源于老子对天的认识。"天地不仁，以万物为刍狗"[1]，老子认为，天是没有情感的，天是自然而然地按照自身的规律运转，因此天是一种自然之天。老子的天有三重含义：一为宇宙的物质之天，与地相对；二为物质之天的本质是自然；三物质之天的规律是天道，是一种自然法则。

尽管到春秋之时，天的内涵不断变化，但在不同阶段人们以天立据，通过天确立人类社会治理的合法性的思维方式却是一致的，即在社会治理上强调统治者的管理思想和要同"天"保持一致，做到"天人合一"。根据天的内涵的不同，天人合一有具有如下三个不同的命题。

(1) 天人合神

这一思想源于殷周时期，由于当时人们对自然的认识很肤浅，人们认为在人类之上有一个有意志的"天"，"天"无所不能并控制人类一切，社会治理只能按照天的意志行事，这是当时人们对无法认识的自然现象产生恐惧和崇拜的表现。到了商朝，统治者为了巩固自己的统治，宣称自己是

---

[1]《老子·五章》。

秉承"天"意统治人间，以天神崇拜的方式证明自己的政治合法性。

(2) 天人合德

面对商纣的残暴统治，为了说明周朝革命的合法性，周公以"德"重新论证"天"对统治者合法性的效用，即统治者的德行必须与"天"保持一致，否则统治者就是不合天意的，就是不合法的。孔子表达为"天生德于予"、"五十而知天命"，德是人的内在本性，是由上天赋予的，是一种"天命"，人的重要使命是认识自身的"天命"，使自己的德行与上天赋予的德行保持一致。天人合一的内涵由殷商时期的"天人合神"转变为"天人合德"。孟子表达为："尽其心者，知其性也；知其性，则知天矣"[1]，意思是人的本性与天的本性相通，如果人能够知道自己的内心，了解自己的本性，就能与天合一。

(3) 天人合用[2]

《易传》建立了"天人之合用"的天人合一观。所谓"天人之合用"，即天与人相互作用、相互依存、相济相成。一方面，天与人具有同一性，天道的变化有自身的规律，人不能违背；另一方面，人在效法天道时，并非被动地因袭天道，而是驾御其法则或提高人的思想境界。乾卦《文言》指出："夫大人者与天地合其德，与日月合其明，与四时合其序，与鬼神合其吉凶。先天而天弗违，后天而奉天时"。"先天而天弗违"，意思是天是有规律的，大人能预测并顺应天时的变化，虽先于天时而动，却并不违背天时。"后天而奉天时"，意思是天时虽然变化，但大人却能依天时而行动。总之，人类既能认识天时变化的规律，又能按照其变化的规律而行动，此即天人合用。

2. 天人合道：老子对天人合一思想的继承与改造

为了寻求社会治理方法的合法性依据，老子继承了传统的"天人合

---

[1] 《孟子·尽心上》。
[2] 巩英洲：《"天人合一"的意蕴及指向》，《中共宁波市委党校学报》2000年第2期。

第四章 道法自然：社会治理的方法论

一"的思维方式，但老子改变了"天人合一"思维的具体内涵，为社会治理方式寻求了新的合法性依据。

首先，老子改造了"天"的内涵。不管是殷商的神意之"天"，还是周朝的道德之"天"，都认为天是有意志的，老子则认为天是无意志的自然之天，改变了商周时期天的内涵。

其次，老子否定了天的至上性。老子在"天"之上设立了一个更加本原的"道"，"道"是天产生的根源，老子指出："有物混成，先天地生"①，这里的"物"就是指道，道是先于"天"产生的，"道生一，一生二，二生三，三生万物"②，道又创生了天地万物。天不仅不是至上的神，连"天"自身都是"道"的产物，把"天"摆在与万物平等的地位，否定了天的至上性而凸显了道对万物的本原性。

最后，老子把天的运行规律概括为"天道"。天道的本质是自然，老子指出："天地相合以降甘露，民莫之令而自均"③，老子以天降甘露说明天对万物作用的自然性，天降甘露既没有天的主观意志，也没有人为的干扰，是自然而然的，是天道本性的自然流露。

老子在改造"天"的内涵基础上，依据天人关系必须合一的思维方式，提出了"天人合道"的思想，内容包括天人同源、天人同质、天人同归三方面。

天人同源。天和人都是"道"创生的产物，"道"是天和人共同的来源。老子指出："谷神不死，是谓玄牝。玄牝之门，是谓天地根。"④谷神、玄牝都是形容"道"对天地的生化作用，⑤ 天地万物皆由道而生，这就决定了天与人的同源性。

---

① 《老子·二十五章》。
② 《老子·四十二章》。
③ 《老子·三十二章》。
④ 《老子·六章》。
⑤ 陈鼓应：《老子注译及评价》，中华书局1984年版，第85~86页。

天人同质。天与人都秉承了"道"赋予的自然性,在本质上是相同的,二者具有同质性。如前所述,老子所说的自然是指事物未被干扰时的自然而然的状态,这种状态对于天来说是必然的;对于人而言,则是指统治者不加干涉任百姓自由存在状态。老子指出:"悠兮其贵言。功成事遂,百姓皆谓:我自然。"① 老子认为人存在着一种理想的自然存在状态,这种存在状态与天的自然存在状态在本质上是一致的。

天人同归。天人同归是对天人关系的终极性追问。在应然状态上,天与人都应效法道而归于自然,"人法地,地法天,天法道,道法自然"②,自然是天与人终极性的归宿。对于自然之天而言,由于其无意志性而时时自动处于自然状态;对于人而言,由于人的欲望存在,人常常偏离自然,需要通过"为道日损"③、"致虚极,守静笃"④ 等方式,消除人的欲望,回归自然本质;对于统治者而言,就是要做到无为而治,使社会回归自然。

天与人同源、同质、同归充分说明天与人在本源上、本质上、终极状态上保持了高度一致,即二者处于合一的状态,合一的基础是道,天人合一经过老子改造后转化为"天人合道"。

3. 天人合道是道法自然管理方法下落人间的内在逻辑

老子在继承天人合一思维方式的基础上,把天人合一转换为天人合道,目的是为社会治理方法寻求合法性的效法对象。

从社会治理的角度看,天人合一思维的实质是要求人类社会的治理要效法天管理万物的模式,天既是人类社会的无形的管理者,又是人类社会治理效法的对象。人类社会的治理在应然状态上要按照天人合一的思维方

---

① 《老子·十七章》。
② 《老子·二十五章》。
③ 《老子·四十八章》。
④ 《老子·十六章》。

式，效法天的管理方式并体现天的意志。

天人合一转换为天人合道之后，天不再管理人类，但天依然是人类效法的对象，"人法地，地法天，天法道"①人类的效法对象依次为人 → 地 → 天 → 道，由于道的创生性，天和人都平等地面对道并效法道，而道管理天、地、人、万物的方式是"道法自然"，人类社会治理的方法应是"道法自然"。

由此，老子的天人合道思想既继承了天人合一的政治思维方式，又以天人合道得出人类社会治理的方法与道管理万物的方法一致，就是"道法自然"，天人合道是"道法自然"的天道管理方法下落到人类社会治理的内在逻辑。

三、无为而治：道法自然对人类管理方法的启示

天人合道内在地要求人类管理行为必须效法天道自然的原则，天道在管理万物时，顺任万物的自然本性而不加过多干涉，天道的这些管理原则落实到人类社会的管理上就是要求人类要做到"无为"，防止"有为"。詹剑锋认为："老子'无为而治'这一政治原则乃根据自然法则而建立，故他说：'道常无为而无不为'，'上德无为而无不为'，道与德既密合而无间，故自然与政治亦应密合而不离，此则老子有见于自然界依一定的规律而运行，社会现象当亦不能例外，所以政治亦应依照其自然的规律进行。唯有掌握自然的规律并遵守自然的规律，才能实现安居乐业、含哺鼓腹的自然社会，此则老子哲学'言人事必本之于道'（自然而然的规律）。"②

---

① 《老子·二十五章》。
② 詹剑锋：《老子其人其书及其道论》，湖北人民出版社1982年版，第207～208页。

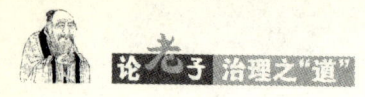

1. 无为而治

（1）无为的内涵

无为是相对于有为而言的，所谓"有为"就是指强作妄为，苛政暴敛，严刑酷法，过多地干涉和强制被管理者。老子反对有为，认为有为是春秋时代社会混乱的根源，"民之难治，以其上之有为，是以难治"①，"天下多忌讳，而民弥贫；法令滋章，而盗贼多有"②。统治者肆意伸张自己的意欲，带来了严重的治理后果。"朝甚除，田甚芜，仓甚虚；服文彩，带利剑，厌饮食，财货有余，是谓盗夸。非道也哉！"③ 最终也给统治者带来大的祸乱。老子说："民不畏威，则大威至。"④ "民不畏死，奈何以死惧之。"⑤ 因此，老子把无为作为社会管理的最佳的管理理念和管理方法。

老子在《道德经》中多次提到"无为"，并将"无为"作为贯穿天道与治道的共同品格，为社会治理提供了理想的管理方法论原则。老子说："道常无为而无不为。侯王若能守之，万物将自化。"⑥ "爱民治国，能无为乎？"⑦ "我无为，而民自化；我好静，而民自正；我无事，而民自富；我无欲，而民自朴。"⑧ 这是说圣王无为，而化及民众。自化，即化归于道；自正，即保持本性之正；自富，即物质与精神充实富足；自朴，即返噗归真。圣王之所以能做到这样，是因为他"以辅万物之自然而不敢为"⑨。在管理活动中"辅万物之自然"，也就是因任万物之自然。

---

① 《老子·七十五章》。
② 《老子·五十七章》。
③ 《老子·五十三章》。
④ 《老子·七十二章》。
⑤ 《老子·七十四章》。
⑥ 《老子·三十七章》。
⑦ 《老子·十章》。
⑧ 《老子·五十七章》。
⑨ 《老子·六十四章》。

第四章 道法自然：社会治理的方法论

对于"无为"的解释，自古以来的许多学者都提出了自己的见解。河上公把"为无为"解释为"不造作，动因循"①，其意是不刻意追求，不张显人的主观认识，完全按照事物的规律行事。文子认为"无为"就是"循理而举事，因资而立功，推自然之势"②。意思是顺应客观规律去做事，该做的就做，不该做的就不做。陈鼓应认为，"无为"是一种处世的态度和方法，"无不为"乃是指"无为"（不妄为）所产生的效果。③

从语言分析哲学看，要理解老子的"无为"概念，可以对"无为"的语素"无"和"为"分别进行分析，通过"无"和"为"各自的内涵得出"无为"的内涵。从老子的哲学体系看，老子的"无"在某些场合含有认识论的意义，如"故常无，欲以观其妙"。这里的"无"就是指主体所处于的一种认知状态，是一种主体排除经验认识的虚静状态。同样，"无为"的"无"也是指主体在采取某一行为前的认知状态。这种认知状态排除了人的主观认识，消除了人的主体性，是一种"无我"的状态。在这种状态下，管理主体让管理客体的规律充分显现，避免了把管理主体的主观意识强加给管理客体的倾向。

在老子思想中，"为"字一是指一般具体的行为，如"为无为，事无事，味无味"④、"为无为则无不治"⑤ 和"为大于其细；……天下大事必作于细"⑥。这里的"为"就是最一般的"作"的意思。二是指包含某种行为的行为系统。"为学日益，为道日损。"⑦ "是以圣人终不为大，故能成其大。"⑧ "为奇者吾得执而杀之。"⑨ 这些"为"字不仅指某种具体的行

---

① 王卡点校：《老子道德经河上公章句》，中华书局出版发行 2006 年版，第 11~12 页。
② 《文子疏义》卷八，中华书局出版发行 2000 年版，第 368~369 页。
③ 陈鼓应：《老子注译与评介》，中华书局出版发行 1984 年版，第 34 页。
④ 《老子·六十三章》。
⑤ 《老子·三章》。
⑥ 《老子·六十三章》。
⑦ 《老子·四十八章》。
⑧ 《老子·六十三章》。
⑨ 《老子·七十四章》。

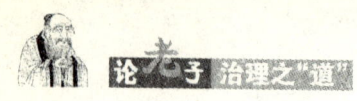

为动作，而且指出了行为的某种目的或性质，是行为与行为目标所构成的行为系统。三是指包含价值指向和管理规律指向的行为。这就是特指"无为"的"为"的内涵，在价值上含有合自然、不私为；在规律性上含有不妄为、不强为，合规律而为。因此，老子的无为包含着无为即无事和无为即善为的两层基本内涵。①

无为即无事。"无事"是针对管理者的要求，是"无为"的主要表现形式。老子说："为无为，事无事。"②"以正治国，以奇用兵，以无事取天下。"③"取天下常以无事，及其有事，不足以取天下。"④老子所说的"无事"是针对"有事"而说的。老子厌恶礼制与征战这些"事"，认为这些不足以取天下。同时老子也反对统治者设禁忌、制法令之事。在老子看来，统治者以其权力强行制定并推行的各种禁忌、法令越多，人民所获自由就越少，生活就越贫困。所有这些都违背了管理对象的自然本性，故"不足以取天下"。相反，若"无事"，即以清静无事的方式治国，以不扰民来治理天下，则国家就可以"无为而治"："我无为而民自化，我好静而民自正，我无事而民自富，我无欲而民自朴。"⑤

无为即善为。善为是针对具体管理行为而言，"无为而治"并不是排斥任何管理行为，并不是纯粹放任而不管理，只是要把握好管理者行为的性质和程度，以不破坏事物的自然状态和保障人民的正常生活为前提。正如李约瑟曾指出："无为在最初原始科学的道家思想中，是指'避免反自然的行动'，即避免拂逆事物之天性，凡不合适的事不强而行之，势必失败的事不勉强去做，而应委婉以导之或因势而成之。"⑥老子说的"无

---

① 朱晓鹏：《智者的沉思——老子哲学思想研究》，杭州大学出版社1999年版，第237~243页。
② 《老子·六十三章》。
③ 《老子·五十七章》。
④ 《老子·四十八章》。
⑤ 《老子·五十七章》。
⑥ ［英］李约瑟：《中国古代科学思想史》，陈立夫译，江西人民出版社1999年版，第80页。

第四章 道法自然：社会治理的方法论

为"，并不是说"不为"，而是在强调"善为"。要做到"善为"，管理者必须学习"道"，因为"善为"是"道"本身的固有秉性："天之道，不争而善胜，不言而善应，不召而自来，惮然而善谋。天网恢恢，疏而不失。"①"道隐无名。夫为道，善贷且成。"② 老子说："古之善为道者，非以明民，将以愚之。"③ 就是说，使民愚朴、无知无欲是"善为道者"的政治原则，能做到"不以智治国"即是"无为"，是"国之福"④，而这是只有"善为道者"才能如此，所以它是"善为"。老子又说："古之善为道者，微妙玄通，深不可识。……保此道者不欲盈，夫唯不盈，故能蔽而新成。"⑤ "善为道者"能够"蔽而新成"。在老子看来，无为就是善于以顺其自然的态度成就的作为。管理者"善为"的最高境界是"治大国若烹小鲜"，老子主张治理国家要像烹制小鱼一样，依其自然之态，根据人的本性，按照社会发展的内在规律，不搅扰百姓，就是"无为"，更是"善为"。

除以上基本内涵外，老子的无为还包含多层含义⑥：一是遵循社会治理的规律而为，"以辅万物之自然而不敢为"⑦；二是让民众自为。"天下神器，不可为也，不可执也。为者败之，执者失之，是以圣人无为，故无败；无执，故无失。"⑧ 三是顺应民众之意愿而为，不把自己的主观意志强加于社会生活，"圣人常无心，以百姓之心为心"⑨；四是无偏私偏爱而为。"天地不仁，以万物为刍狗；圣人不仁，以百姓为刍狗。"⑩ 五是不恃己功而为，"太上，不知有之"，"功成事遂，百姓皆谓我自然"⑪；六是不

---

① 《老子·七十三章》。
② 《老子·四十一章》。
③ 《老子·六十五章》。
④ 同上。
⑤ 《老子·十五章》。
⑥ 吕锡琛：《道家道教与中国古代政治》，湖南人民出版社2002年版，第51页。
⑦ 《老子·七十五章》。
⑧ 《老子·二十九章》。
⑨ 《老子·四十九章》。
⑩ 《老子·五章》。
⑪ 《老子·十七章》。

为一己而为,"生而不有,为而不恃,长而不宰"①。

总之,老子的"无为"包含了认识论上的"知"与方法论上的"行"两个方面,是知与行的有机统一,其中,"无"是"为"的前提和基础,"为"是"无"的具体落实。"无为"可以简单地理解为"无我而为",排除主体认识的干扰,按照客观事物的规律,顺其自然地管理事物。

(2) 无为的具体管理方法

无为落实到具体的管理实践上,就是要求管理者能够做到三个方面:一是顺自然而为,也就是让万物各顺其性命而自为;二是不私为,不为己而为;三是不妄为,事物的自然性决定了任何事物都有一个界限,管理要在事物的自然性范围内,而不能不顾事物的本质妄为,否则无法达到预期的管理目标。而要做到以上三个方面,实现"无为"管理,管理者必须做到以下两个方面。②

一是对管理者自身而言,首先要做到保持"清静"。要使管理活动能顺应自然,必须首先以清静、持重的态度处事。克服轻率、躁扰的弊病,不把握趋向和时机,不采取行动。老子认为:领导人尤其是君主这样的最高统治者,如不遵守清静的原则,轻举妄动,朝令夕改,就必然会在全国社会引起纷扰、混乱,造成严重后果。因此,它一再强调:君主要"清静为天下正"③,"我好静而民自正"④。对于大国的领导者、管理者来说,轻举妄动,朝令夕改造成的后果是尤为可怕的,由此引起的纷扰、混乱将更为广泛,复杂和难于收拾。因此,老子特别告诫大国的领导人说:"治大国若烹小鲜。"⑤ 这些都是要求管理者保持清静。其次管理者要做到"寡欲"。老子认为:多欲和纵欲违背事物的自然本性,管理者在失去自然本

---

① 《老子·十章》。
② 赵靖:《〈老子〉管理哲学的启示》,《经济纵横》1991年第3期。
③ 《老子·四十五章》。
④ 《老子·五十七章》。
⑤ 《老子·六十章》。

第四章 道法自然：社会治理的方法论

性后必然采取"有为"的行为进行管理，而有为又干扰了被管理者的自然本性，必将激起被管理者的抵制，使整个社会陷于纷乱和不宁。老子把"寡欲"看作实现无为之治的一个先决条件，提倡"见素抱朴，少私寡欲"①，"不欲以静，天下将自定"②。老子认为理想的管理只要君主自身寡欲和崇俭，就会上行下效，在整个社会中形成一种人人安于朴素、简陋生活的社会风气："我无欲而民自朴。"③

二是在对待被管理者方面，管理者首先要做到"下民"。老子提出了管理者必先"下民"的管理原则，强调："欲上民必以言下之，欲先民必以身后之。"④ 并且以百川归海作比喻说："江海所以能为百谷王者，以其善下之。"⑤ "下民"的实质是以被管理者为主体，而不是以管理者为主体。其次，管理者要做到"愚民"。老子认为：人们智慧的发展必然使人类社会背离自身的原始自然状态，而且必然使人们更趋向于有为，使无为之治越来越难于实现。要实行无为之治必须"愚民"，"古之善为道者，非以明民，将以愚之"⑥。"愚民"不是让人民愚昧，而是让人们回归到质朴的自然本质状态。

老子认为运用以上的管理原则就可以实现社会的无为管理，老子的无为思想在道家后学中得到极大的发展。庄子继承并发展了老子的无为思想，提出因循事物的自然本性而用的管理思想："鱼处水而生，人处水而死，彼必相与异，其好恶故异也。故先圣不一其能，不同其事。"⑦ 庄子还对实行无为的管理者提出了具体的要求，一是不自恃功德，"至人无为，大圣不作，观于天地之谓也"⑧；二是君主不自虑、不自为，"古之王天下

---

① 《老子·十九章》。
② 《老子·三十七章》。
③ 《老子·五十七章》。
④ 《老子·六十六章》。
⑤ 同上。
⑥ 《老子·六十五章》。
⑦ 《庄子·至乐》。
⑧ 《庄子·知北游》。

者，知虽落天地，不自虑也；辩虽雕万物，不自说也；能虽穷海内，不自为也"①；三是以无言的身教育民，"古之至人，先存诸己而后存诸人"②。《黄帝四经》把老子的无为管理思想阐发为"顺天者昌，逆天者亡。毋逆天道，则不失所守"③，同时《黄帝四经》还把老子无为中的无偏私、不自生等思想发展为立公去私的管理原则。"天地无私，四时不息。"④ 人类管理应该效法天地公正无私的自然本性，"天下大平，正以明德，参之于天地，而兼复载而无私也，故王天下"⑤。《吕氏春秋》则把老子的无为管理表达为"贵因"原则。所谓"因"即因循、顺应自然，"因者，君术也；为者，臣道也。""有道之君，因而不为。"⑥《淮南子》则把老子的无为原则表达为："人主之术，处无为之事，而行不言之教，清静而不动，一度而不摇，因循而任下，责成而不劳。"⑦

总之，从老子及老子后学对无为的论述中，可以看出，在具体管理中要实现无为，简单地说，就是要做到两个方面：其一是对管理者主体性的消解，这种消解并不是完全解除管理者的主体性，而是要去除管理者主体性中不利于管理的部分，包括自是、占有等欲望。这些会影响管理者对管理客体规律的认识和把握，管理者只有保持虚静、无我的状态下，才能充分把握管理客体的规律。其二是管理者在实施管理行为时，要公正地依据已掌握的管理客体的规律，以辅助的行为（"辅万物之自然而不敢为"）促进管理目标的实现。

（3）无为的管理价值

与儒家、法家的规范式管理不同，老子的无为管理模式具有尊重管理

---

① 《庄子·天道》。
② 《庄子·人间世》。
③ 《十六经·姓争》。
④ 《经法·道法》。
⑤ 《经法·大分》。
⑥ 《吕氏春秋·知度》。
⑦ 《淮南子·主术训》。

规律、保障被管理者的利益、自由放任等特点。这些特点，决定了无为在历史上和管理上具有儒、法等管理方式所不具备的价值。从历史上看，老子的无为管理方法对于促进社会发展具有重要价值，无为淡化了专制君主自以为是的主观意志，顺应了管理的客观规律，减少了对民众生活的干扰，体现了民众的意愿，尊重了民众的利益。在以自然经济为主并实行封建专制政治制度的中国封建社会，无为的治理模式对于保证民众的正常生产活动，缓冲封建专制制度所产生的诸多弊病是由积极意义的。[①] 从管理学的角度来说，"无为而治是一种尊重被管理者的人性和心理需求的弹性管理，其注重顺应民心，根据人的特征而进行管理，因此是一种合乎道德正义的政治治理方式，它与现代管理学的一些原则也是不谋而合的"[②]。

因此，从管理价值的角度看，"无为"包含了管理中的合规律性和合目的性的统一。作为具有主观能动性的人，其最大的弊病就是在做事时"有我"，把个人的主观意识强加给客观事物，以主观代替客观，以主见代替规律。这样的"为"是一种妄为，妄为的结果是失败，因为妄为是违背客观规律的。而无为则强调在主体保持"致虚极，守静笃"的状态下，发挥人的主观能动性去认识、把握规律，运用"涤除玄览"的方法，消除人内心的成见、偏见，以"心"观照规律，按照规律去作为。这样的作为由于是在把握事物规律的基础上，采取的是"辅万物之自然"的方法，其目的在于让客观因素自然发展或运作，使管理客体向着有利于自身发展的方向运转，这样的管理结果必然是成功的。因此，"无为"的结果一定是"无不为"。

2. 柔弱胜刚强

"柔弱"是老子哲学中的重要范畴，柔、弱二字在《老子》中出现的

---

① 吕锡琛：《道家道教与中国古代政治》，湖南人民出版社2002年版，第51页。
② 同上，第53页。

次数分别是 11 次和 10 次,而两字合用共达 5 次。从管理角度看,"无为"是管理的基本方法论原则,而守柔、用柔则是无为管理方法的具体应用和延伸。

(1)"柔弱"的内涵

柔弱的内涵可以从道的角度加以理解,关于道与柔弱的关系,老子定义了一个基本的原则:"反者,道之动;弱者,道之用。"① "反者,道之动"是从辩证法的角度,从发展趋势上说明"柔弱"具有内在包容强、最终发展为强的潜力;而"弱者,道之用"则是指道依其"法自然"的本性,在作用于万物时,总是顺应万物的自然本性而任其生化和发展,对万物绝无强制性干预,因而表现出"柔弱"。从本体论角度看,道是万物的本体,"弱"是道发挥作用的方式,是自然界和人类社会最高法则的体现者。正如王力指出:"弱也,欲法自然;反也,欲返自然;故曰,自然者道之来源也。所谓'道之动'者,指方向言之,进、退、往、返,皆方向也。所谓'道之用'者,指状态言之,刚、柔、强、弱,皆状态也。聊意若曰'吾道之方向,则返而不进;吾道之状态,则弱而不强'。"②

从这里看到,柔弱是道作用于万物的一种表现,从本质上看,是道的一种特殊的作用方式,可以表示为:道→柔弱(作用)→万物(自然生化)。因此,从道的角度可以把柔弱定义为:道对万物的作用及其作用方式。这个定义一方面肯定了柔弱是道对万物的一种作用,另一方面,说明了道对万物作用的方式是柔弱的,柔弱是道对万物作用的本质和作用的方式的统一。由柔弱的基本内涵可以看出,柔弱与柔弱事物是不同的,柔弱事物是承接了道的柔弱作用并把这种作用表现出来的事物。柔弱不能简单地理解为柔弱的事物,只能说柔弱的事物体现了道的柔弱作用。

由柔弱与道的关系可以知道,柔弱体现了道的作用,而道本身具有强

---

① 《老子·四十章》。
② 王力:《老子研究》,上海书店出版 1992 年版,第 2 页。

第四章 道法自然：社会治理的方法论

大的生命力。老子指出"道生一，一生二，二生三，三生万物"①，道是一切生命力的源泉，道通过柔弱的方式把生命力传递给万物，当事物表现为柔弱时，就能够不断承接道传递的生命力而具有强大的生命力。

从道的角度看刚强，与柔弱相反，刚强违背道的规律行事，主要表现在三个方面：一是在自然界的现象层面，刚强既是事物走向衰亡阶段的表现形态，又是事物走向衰亡的原因。老子指出："人之生也柔弱，其死也坚强。万物草木之生也柔脆，其死也枯槁。故坚强者死之徒也，柔弱者生之徒也。"② 二是在生命个体存在层面，在心理、行为上表现为逞强，在心理上具体表现为"使气"，"心使气曰强"③，欲念主使和气，内心逞强；在行为上表现为强横，"强梁者不得其死，吾将以为教父"④。三是在社会生活层面，柔弱体现为不争，而刚强意味着争夺，柔弱体现天道，刚强违背天道，违背天道必然会受到惩罚。从本体论上看，与柔弱相比，刚强由于违背了道，失去了道赋予的生命力，发展趋势是衰落和死亡。

由此可见，柔弱是道对万物的作用，柔弱因道的作用而获得了存在的依据和内在的生命力；刚强则是违背道的，失去了道赋予的存在依据，丧失了内在的生命力，其发展趋势是衰亡。因此，从道的角度看，柔弱胜刚强是必然的。

（2）柔弱的基本命题

为了说明柔弱对人类的意义，以及人类如何正确认识和对待柔弱，老子以柔弱的基本内涵为逻辑起点，提出了关于"柔弱"的四个基本命题。⑤

一是"弱者，道之用"。这是老子关于柔弱的本质的命题，是从本体

---

① 《老子·四十二章》。
② 《老子·七十六章》。
③ 《老子·五十五章》。
④ 《老子·四十二章》。
⑤ 参见段淳林、程宇宏、晁罡：《中国管理哲学与现代企业管理》，广东经济出版社2006年版，第106～107页。

论的角度来说明柔弱的本质。老子指出："反者，道之动；弱者，道之用。"意思是柔弱是道的表现形式和道作用于万物的方式，道在运作时对他物不带有压力感①，在创生万物和管理万物时不强行改变事物，而是以柔弱的方式任事物自行运行、发展。

二是"坚强者死之徒，柔弱者生之徒。"这是从柔弱与刚强在现实中的作用说明柔弱对人类及万物的意义，老子指出："人之生也柔弱，其死也坚强。草木之生也柔脆，其死也枯槁。故坚强者死之徒，柔弱者生之徒。是以兵强则灭，木强则折。强大处下，柔弱处上。"②老子以人、草木为例，从人和草木在死的时候变得强硬、生的时候显得柔弱得出，坚强的东西属于死亡的一类，而柔弱的东西才是有生命力的。老子把这一思想引申到人类管理上，人类的刚强管理行为如用兵、用法等都会遭遇覆亡的下场；相反，人类的柔弱管理行为却会象婴儿一样具有强大的生命力，老子指出："含德之厚比於赤子。毒虫不螫，猛兽不据，攫鸟不抟。骨弱筋柔而握固。未知牝牡之合而全作，精之至也。终日号而不嗄，和之至也。"③

三是"守柔曰强"。这是老子从强大的角度让人们认识柔弱，意思是持守柔弱，效法道、水、婴儿等，才能真正做到强大。从管理的角度看，老子的守柔就是承认事物自身存在的内在依据，不凸显管理者的主体意识，尊重事物自身规律，依据事物的自然规律进行管理，就能做到强大。老子指出："江海之所以为百谷王者，以其善下之，故能为百谷王。是以圣人欲上民也，必以其言下之；欲先民也，必以其身后之。"④

四是柔弱胜刚强。这个命题是老子对柔弱的价值判断，老子指出："天下之至柔，驰骋天下之至坚。无有人无间，吾是以知无为之有益。不

---

① 陈鼓应：《老子注译及评介》，中华书局1984年版，第226页。
② 《老子·七十六章》。
③ 《老子·五十五章》。
④ 《老子·六十六章》。

第四章 道法自然：社会治理的方法论

言之教，无为之益天下希及之。"① "天下莫柔弱于水，而攻坚强者，莫之能胜。以其无以易之。弱之胜强，柔之胜刚，天下莫不知莫能行。"② 老子认为柔弱能战胜刚强，因为柔弱者具有强大的生命力、无形的力量，就象水，虽然柔弱，却没有什么能战胜过它。老子希望人类尤其是管理者能认识到"弱能胜强"、"柔能胜刚"的道理，以柔弱的方式对待外界，但在现实中，尤其是管理者中却没有人能效仿施行。

（3）"柔弱胜刚强"的社会治理方式

老子把"贵柔"、"守柔"、"柔弱胜刚强"等柔弱思想应用到社会治理上，提出了社会治理的柔性管理思想。老子的柔性管理思想相当丰富，黎红雷教授把老子的柔性管理思想概括为静观待变、守弱用弱、知盈处虚、居上谦下、不争之争、见微知著、欲取先予、以曲求全、藏而不露等九个方面。③

老子的柔性管理思想虽然可以概括为许多方面，但从总体上可以划分为守柔与用柔两个方面。守柔是针对管理者对待自身而言，要求管理者的主体性不要过分张扬，以避免把管理者的主观意识强加给被管理者，做到"以百姓心为心"；用柔是指使用柔弱而不是刚强的管理方式，做到"柔弱胜刚强"。

老子的柔性管理思想与现代的柔性管理是有区别的。现代柔性管理（Soft Management）产生于20世纪30年代，是西方管理学界发现刚性管理缺陷后而提出的一种管理思想和管理模式。刚性管理是"以规章制度为中心"的强制性管理，柔性管理在本质上是"以人为中心"的非强制性管理，也可称为"人性化的管理"，是人本管理在实践中的具体表现。柔性管理是在研究人的心理和行为规律的基础上，采用非强制性的方式，将人们高尚的品德、强烈的责任心和积极性挖掘出来，在人们的心目中产生一

---

① 《老子·四十三章》。
② 《老子·七十八章》。
③ 黎红雷：《人类管理之道》，商务印书馆2000年版，第80～81页。

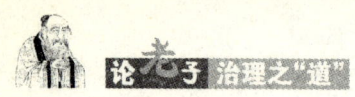

种潜在的说服力,从而把组织的意志变为人们的自觉行为。它是在尊重人的人格和个人尊严的前提下,员工对组织产生向心力和凝聚力,自觉自愿地展露自身的才干,将自己的知识、思想、才能与工作相结合。柔性管理以人性取代制度,讲求管理软化,以柔克刚,激发人的主观能动作用,通过调动职工的参与积极性便使工作得以完成。与刚性管理相比,柔性管理最大的优越性在于它主要不是依靠诸如上级的指令、规章制度等外力的作用,而是依靠尊重人性、权力平等、民主参与,从内心深处来激发每个员工的内在潜力、主动性和积极性。

对于柔性管理的本质,正如郑其绪认为,柔性管理的本质是对管理对象施加软件控制;柔性管理的职能是教育、协调、激励和互补;柔性管理的特征在质的方面表现为模糊性,在量的方面表现为非线性,在方法上强调强感应性,在职能上表现为塑造性,在效果上表现为滞后性;柔性管理的基本原则是内在重于外在、直接重于间接、心理重于物理、个体重于群体、肯定重于否定、身教重于言教、务实重于务虚、执教重于执纪。①

但老子管理哲学产生于中国特有的生产、生活背景和文化土壤,与西方现代的柔性管理思想之间主要差别很大,这一点正如黎红雷认为儒家的官僚组织与韦伯的官僚组织是完全不同的组织一样。儒家所主张的以五伦(君臣、父子、夫妻、兄弟、朋友)为基础的社会形态,其外观是家庭关系的推衍,其内涵是追求组织成员之间的亲密性。韦伯提出的理性的组织形式应该使人们彼此隔离,强迫他们专精于技术,按规矩执行管理和考核,以便在与他人交往时保持公正的态度。韦伯认为,组织必须坚决反对不合理的社会亲密感,根据技术和效率而非政治或友谊,以公平的态度,有效率地工作。韦伯组织理论的基本要点是批判家族主义,排除组织中的亲密的人际关系,进而代之以追求效率合乎理性的管理组织。②

---

① 郑其绪:《柔性管理》,石油大学出版社1996年版。
② 黎红雷:《儒家管理哲学》,关东高等教育出版社1998年版,第227~232页。

第四章 道法自然：社会治理的方法论

　　与此相类似，老子的柔性管理思想与现代西方的柔性管理思想有很大差异，主要表现为老子的柔性管理思想主要是针对管理者而言的，是希望管理者能够采用柔和的管理方式进行社会管理；而西方的柔性管理则重在组织制度的设计上，通过改变组织的结构和组织的运行方式实现组织的管理目标，而且强调柔性管理与刚性的制度管理的有机结合。因此，不能把老子的柔性管理思想完全等同于西方的现代柔性管理。

第五章 道性：社会治理的人性论

人性假设是社会治理的基础，人性假设不同，社会治理的逻辑起点、治理的方法、治理的原则都不同。在先秦诸子学说中，对中国社会治理产生过一定影响的学说都是建立在一定的人性认识基础上，如儒家建立在"人性善"的基础上，法家建立在"人性恶"的人性认识基础上。老子的治理之道则以宇宙论为参照系考察人性问题，认为人性是自然的，并在此基础上建构了对社会个体的自我修养管理模式和对社会群体的整体治理模式。

一、自然人性：社会治理的人性论

与儒家仅就人类社会探讨人性不同，老子把人和人性问题放入整个宇宙秩序中进行思考，从人的起源和人在宇宙中的应然秩序得出人性的本质。正如张岱年先生曾指出的，中国古代人生论的立论步骤常是：由宇宙论而讲天人关系，由天人关系进而于人性论，再由人性论而讲人生的最高

第五章 道性：社会治理的人性论

准则；人生最高准则确立后，便推衍其原理以讨论人生各问题。① 老子也是从天道到人道推出人性在本质上是自然的。

老子人生哲学的特异处就在于，自然不仅是其人生论的起点，而且还是其终点，因为老子不单要在宇宙自然中为人寻找到其存在的位置，还要以自然原则作为人的存在的终极依据和终极价值。由此看来，老子的人生哲学乃是一种自然主义的人生哲学。② 实际上，老子将关于宇宙自然的本体论与人生论结合在一起，从而就从形而上学的高度上在一切存在的根源处为人的存在找到了终极性的基础——"道"既作为自然本体也作为人的生命本体和价值本体。

1. 道性：自然人性的来源

老子以道性观照人性，从道性得出人性的来源与本质。

人是人性存在的前提和基础，为了寻求人性的存在必须首先论证人的存在。老子认为"天下万物生于有，有生与无"③。这里的万物当然包括人，"无"是指"道"，而"有"是指道在事物中的显现——德，"从此过程可知人直接是由道之德所生，间接是由道所生。因此，道之德是人之生母，而道是人之大母或最后根源"④。道按照"道生一，一生二，二生三，三生万物"⑤的过程产生万物的，就生命体而言，生命成长的历程包含着四个发展阶段："道生之，德畜之，物形之，势成之。"⑥ 在老子的思想里，生命的第一阶段是"道"这个生命总根源发挥其生命力从而形成生命的潜能；第二阶段是"道"的生命力开始转化为具体生命体的内在特质即"德"，此时，生命只有内质，尚无外形；第三阶段是生命内在特质"德"

---

① 张岱年：《中国哲学大纲》，中国社会科学出版社1982年版，第166页。
② 朱晓鹏：老子的自然人性论，《玉林师范学院学报》2001年第1期。
③ 《老子·四十章》。
④ 贺荣一：《老子之朴治主义》，百花文艺出版社1994年版，第70页。
⑤ 《老子·四十二章》。
⑥ 《老子·五十一章》。

145

与物质因素相结合,形成形体;最后,生命体通过其所处的环境"势"来完成其生命的形成,成就具有社会内涵的现实生命。生命是形而上(道)与形而下(物)的统一,是有形(物、势)与无形(道、德)的统一,是现实(物、势、德)与超越(道)的统一。老子通过"道"与万物的关系的论证,为人的存在寻找了形而上学的依据。这个依据在"道"生成万物时又表现为"德",而"德"是连接形而上之"道"与下而下之"形"的中间环节,与"道"相比,"德"有具体特质;但与"形"相比,"德"又是一种只有内质而无外形的存在。这种连接生命力与生命体的生命特质"德"使生命成为生命,"德"是生命存在的内在的、直接的现实根据。①关于人在产生后在宇宙中的位置,老子进一步指出:"故道大,天大,地大,人亦大。域中有四大,而人居其一焉。"这充分说明老子肯定了人在宇宙中的重要地位。

人是人性的载体,有人的存在才有人性问题。人是"道"运行的产物,道内在地确定了人的规定性,并通过"德"赋予在人的内部,"上德不德,是以有德;下德不失德,是以无德"②。上德即是道,而德在具体事物上表现为特殊的质的规定性,德在人身的体现就是性,因此,老子按照道 → 德 → 性的宇宙发生论为人性的存在立论。③ "老子由道与德以说明宇宙万物创生的过程;道与德是万物的根源,当然也是人的根源。因此,他对于道与德的规定,亦即是他对人性的规定。"④ 同时,老子还把人放在宇宙的大系统中加以考察,"人法地,地法天,天法道,道法自然"⑤。这里老子把人性追溯到最本源处,即肯定了人性存在的客观性,也说明了人性的来源,人性是按照道 → 天 → 地 → 人的顺序获得的。

---

① 李霞:《生死智慧——道家生命观研究》,人民出版社 2004 年版,第 85~87 页。
② 《老子·三十八章》。
③ 徐复观:《中国人性论史》,华东师范大学出版社 2005 年版,第 206~213 页。
④ 同上,第 206 页。
⑤ 《老子·二十五章》。

第五章 道性：社会治理的人性论

由于万物都从"道"获得生命，虽然万物在现实中表现各异，但在"道"的层面，万物又表现为一致性。通过对万物的观察，以万物为参照，可以折射出人性的许多特征。老子正是从自然物的属性观察中反思人性的特征，这成为自然人性来源的重要方面。老子从婴儿精力旺盛且不受害看到人的质朴（"专气致柔，能如婴儿乎？"①），从江海能纳百川看到人应谦下（"江海之所以能为百谷王者，以其善下之，故能为百谷王。"②），从草木荣柔而枯槁（"人之生也柔弱，其死也坚强。草木之生也柔弱，其死也枯槁。"③）中看到人应柔弱，从水利万物看到人应无私（"上善若水，水善利万物而不争。"④）。老子从这些自然物的属性中归纳出人性具有质朴、无私、柔弱、谦下等特征。

老子还通过对人性异化的批判，从反面论证人性来源于"道"而非人为的规定。在社会生活中，老子认为标志着统治秩序的礼的出现是造成社会秩序混乱的原因。"夫礼者，忠信之薄而乱之首。"⑤ 老子认为"礼"等社会规范不是人性的表现，而是强加在人性上的，是违反自然人性的，只能使社会混乱，其原因是"大道废，有仁义；智慧出，有大伪；六亲不和，有孝慈；国家昏乱，有忠臣"⑥。这些表明，社会规范不是人性本质，自然才是人性的本质，只有弃绝这些外加在人性上的规范，使自然人性回归到"道"，才能使社会秩序正常。

综观《老子》全书，我们找不到一个"性"字。"《老子》一书，没有一个性字。但性字的流行，乃在战国初期以后，所以《论语》中也只有两个性字。"⑦ 但是老子并没有撇开人性问题，"在现行《老子》一书中，……

---

① 《老子·十章》。
② 《老子·六十六章》。
③ 《老子·七十六章》。
④ 《老子·八章》。
⑤ 《老子·三十八章》。
⑥ 《老子·十章》。
⑦ 徐复观：《中国人性论史》，华东师范大学出版社 2005 年版，第 199 页。

有实质的人性论"①。老子是在宇宙论中,在天地万物都须效法的"道"中高度流露出他的人性观,正如徐复观指出:"道家的宇宙论,实是道家的人性论。因为他把人之所以为人的本质,安放在宇宙根源的处所,而要求与其一致。此一方向的人性论,由老子开其端……"②老子认为"人法地,地法天,天法道,道法自然"③,从老子的论述中可以看出,人的本性来源于地,地的本性来源于天,天的本性来源于道,道的本性是自然的,因而人的本性也必然是自然的。所谓自然人性是指人性在本质上是自然的,也就是说人性本然的存在状态是一种自在,不需要外在的存在依据,人性在不受外界干扰时会处于一种纯真、质朴的本质状态。老子论及人性问题时所说的"自然"并不是指自然界,而是有深刻的哲学内涵,是指人性有自身的特质和规律,有其内在的形而上的规定性,勿需外在的作为,人性作为具有自性的存在就能够在宇宙中自我存在,并且事物能够按照"道"赋予的规律完成在宇宙中的运化作用。

2. 自然:自然人性的特征

在人性特征上,自然人性的特征首先表现为自然性,自然在人性上包含两层内涵,一是人及人性是由禀赋"道"的特征而来,由于道内在规定了人性的本质,人性就可以自行存在而不需要外界作为;二是人性是按照"道"的规律运行的,道无为,人性也是清静无为的。因此,在本质上,自然人性是"道"赋予人性存在的一种真实状态;在价值上,自然人性以自然为价值的逻辑起点和归依,反对人为造化对人性的干扰。

其次,自然人性的特征表现为可恢复性,由于自然人性是"道"内在地赋予人的存在本质,这种存在不需要外在的规定性,而且反对外在的规

---

① 徐复观:《中国人性论史》,华东师范大学出版社2005年版,第199页。
② 同上,第198页。
③ 《老子·二十五章》。

第五章 道性：社会治理的人性论

定性对人性的干扰。可恢复性肯定了自然人性是人的主体性存在，并指出人在现实中之所以偏离自然人性是由于受外界干扰，把外在的规定性加在了自然人性上，只要去掉外在的规定性对自然人性的干扰就能保持人性最初的自然状态。老子指出："专气致柔，能如婴儿乎？"① 河上公注解该句为："专受精气使不乱，则形体能应之而柔顺，能如婴儿内无思虑，外无政事，则精神不去也。"② 婴儿是一种自然状态，是自然人性的体现，但人只要能"专气致柔"就能恢复到如婴儿般的自然状态。一方面，可恢复性指出了人性异化的原因，人性异化是因为人远离了自然本性，背离了自然价值，把外加在自然人性上的规定性当作人性的本质，特别是人的欲望和知识强加在人性上使人处于"迷"而不觉的状态。老子感叹地说："人之迷也，其日固久矣。"③ 另一方面，可恢复性指出了保持自然人性的路径和方法，保持自然人性的方法是要求作为主体的人能够体"道"、悟"道"。道是自然人性的内在依据，主体只有体"道"、悟"道"才能觉悟到自然人性的存在和人性的自然本质；保持自然人性的方法是要求作为主体的人能够在内心保持"愚人之心"、"如婴儿之未孩"的状态，在外在行为上要做到"无为"和"复归"（"复归于婴儿"、"复归于朴"、"复归于无极"）。

最后，自然人性的特征表现为真朴性。真朴性是自然人性在人类社会的外在表现，包括真和朴两个方面的内涵。真是指人与其自身的自然人性保持一致的状态，老子称之为"质真若渝"。"质真"，就是一切顺应自己的本性，不自夸、不压抑、不虚伪，把自身的自然本性尽情地展现出来，如同赤子一样质朴，如同婴儿一样纯真；"若渝"就是不执着，即依从生命的自然人性去发展，不是苦苦地去追求什么，而是知足知止、持柔守弱。"朴"本来是未加人工雕琢的木块，在老子哲学里表示完整无缺的自

---

① 《老子·十章》。
② 王卡点校：《老子道德经河上公章句》，中华书局2006年版，第34页。
③ 《老子·五十八章》。

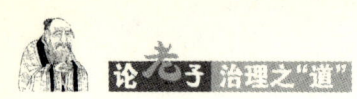

然的本体存在,在人性上"朴"则是指个体未经任何雕琢和加工的精神状态。"敦兮,其若朴"、"见素抱朴"、"复归于朴"、"化而欲作,吾将镇之以无名之朴"、"我无欲,而民自朴",这些"朴"都是指人未受外界干扰而保持与自然人性相统一的状态。

3. 自然人性的管理价值

自然人性加深了人类对人性的认识。儒家把"仁"作为人性的本质,把"礼"作为对人进行管理的外在规范,在规范的伦理层面认识和把握人性,"儒家由道德法则性之天,向下落实所形成的人性论"[①]。从对人性的研究范围与研究方法看,儒家是就社会与人自身论人性,而老子则不同。"老学的动机与目的,并不在于宇宙论的建立,而依然是由人生的要求,逐步向上推求,推求到作为宇宙根源的处所,以作为人生安顿之地。因此,道家的宇宙论,可以说是他的人生哲学的副产物。他不仅是要在宇宙根源的地方来发现人的根源;并且是要在宇宙根源的地方来决定人生与自己根源相对应的生活态度,以取得人生的安全立足点。所以道家的宇宙论,实即道家的人性论。"[②] 老子从人性的起源探求人性的本质,为人性的存在和人性的本质寻求了本体论依据,加深了人类对人性的认识。

老子的自然人性为自然管理实践提供了人性基础。人性是建构管理学的前提和基础,对人性认识不同,所建构的管理理论、所使用的管理方法都会不一样。如在现代管理学理论中,经济人与科学管理理论、管理模式相对应,社会人与行为管理理论、管理模式相对应。在先秦诸子学说中,对中国社会管理产生过一定影响的学说都是建立在一定的人性认识基础上,如儒家建立在"人性善"的基础上,法家建立在"人性恶"的人性认识基础上。老子认为人性是自然的,即人是自然人,并在此基础上建构了

[①] 徐复观:《中国人性论史》,华东师范大学出版社 2005 年版,第 198 页。
[②] 同上。

第五章 道性：社会治理的人性论

自然无为的管理理论。

自然人性为自然管理提供了对应的管理方法。人是管理的核心，而人性又是人的本质，管理必须针对人性才能做到合规律性与合目的性的统一，因此管理方法必须根据管理人性确定，而不能不顾及人性主观地确定管理方法。从这个意义上说，人性是管理方法的逻辑起点，如经济人被认为是理性的物质需求人，以此为起点就可以不考虑经济人的心理需求而只考虑物质需求，在管理方法上就可以将被管理者视为没有思想的机器，按照管理机器的方法对人进行管理，这种管理方法就是科学管理方法。同样，老子的自然人性认为人性是自然的，是人性自身规定如此而勿需外界规范，一切对人性的有意规范都是对人性的违背。在管理实践中，人性未受外界污染时，管理的方法是维护自然人性的本质，要求主体在体"道"、悟"道"的过程中实现人性的自觉；人性已被外界异化时，管理方法是恢复人的自然性，返璞归真，去除外界对人性的规范，使被管理者"复归于朴"、"各复归其根"。

自然人性为反对人性异化提供了依据。自然人性是人类存在的基础和本质，如果人类远离其自然本性，那就要丧失人类存在的基础和本质，出现人的异化现象，其表现是把强加在自然人性上的价值作为人类存在的基础和本质。老子认为，人的自然天真、淳朴纯真、无知无欲的真正本性由于仁、义、礼、智的出现，不仅没有使人性更完美，反而导致了人类淳朴美德的丧失和人类自然本性的丧失。反对异化的方法只有弃绝这些规范，使自然人性回归，才能恢复社会的自然秩序。"绝圣弃智，民利百倍；绝仁弃义，民复孝慈；绝巧弃利，盗贼无有；……见素抱朴，少私寡欲"[①]，故"是以大丈夫处其厚，不居其薄；处其实，不居其华"[②]。老子的自然人性论为人类反对文明的异化提供了理论依据和现实方法。

---

① 《老子·十九章》。
② 《老子·三十八章》。

二、基于自然人性的自我修养管理

自然是人性的本质,保持人性的自然状态不被异化是个体管理的最终目的。在管理实践中,由于人性的失落和社会管理的"有为",人性的自然本质常被异化。老子的自然管理运用一定的修养方法实现人性自觉和自然人性回归,让人性回归到本质性的自然状态,从而达到对个体进行管理的目的。

1. 自我修养管理的内涵、特征

有学者认为,修养是中国哲学的核心和特有本质,是中国哲学之所以成为中国哲学的标志。中国哲学的目标是追求成圣成贤,其道路是修养实践,方法是身心修养、体验体知。这种哲学重在人的内在省察,反观自我之心灵,注重身体与心灵的一体,以获得身心境界的提升;强调个体生命的亲历性和在场感,将知识的获得和生命的直接体验融合为一体,视求知为一个知识内在化的过程;同时,强调修养的实践性,不断地把这种内化的知识运用于生活实践之中,以知行合一的态度应对社会人事;而且,就个体生命而言,修养又是一个接受教化、融入群体的过程是见证人类精神、存续文明脉流的不息活动。①

同样,老子哲学不仅把修养作为其哲学的核心内容,而且把修养作为人类社会的基本管理方式,通过修养实现对社会个体尤其是社会管理者的管理。从老子的哲学体系看,老子提倡的修养管理是一种自我修养管理,所谓自我修养管理是针对自然人性而采用的一种对个体管理对象的特殊管

---

① 详见何锡蓉:《修养:中国哲学的道路》,《社会科学》2008年第1期。

第五章 道性：社会治理的人性论

理模式，从管理的角度看，自我修养管理以保持人的自然本质、防止人的异化为管理目标，以为道、复归、去欲等方法实现人性回归，以引导、激发被管理者的内在主动性为策略，让被管理者在内因的自觉作用下而不是外因的强制作用下回归人性的自然状态，达到对个体自我管理的目的。

自然人性是自我修养管理的前提。由于"道"内在地规定了万物存在的自然本质，而人通过"德"（"德者，得也"）获得了人之所以存在的自然人性，保持自然人性而不使其受到外在的异化就成了人的一种内在的本能需求。这种需求体现在自我管理上就是一种自觉性，即人应该而且能够自觉地保持"道"赋予人的自然人性，并主动通过各种修养方式回归到人存在的根源——道，做到"复命"，所谓复命即是指复归本性。福光永司说："老子此一思想，其特色所在，实是在认现象个物之根源有个本体之道的永恒不灭；即是说，一切个物就其自身而言，虽是有限不完全，但其存在之根源，却是稳踏着无限而完全的"道"，因与道有着连续的本末关系，故由自末归本的复归，而得脱出其自身之有限性与不完全性，——这便是复归思想之本质。"① 老子还指出，"复命曰常，知常曰明"，意思是说只要认识和把握人的本质规律的人（"明"），就会知道自觉回归于"道"，而这才符合万物与人的变化、发展规律。可见，人在内明之后的自觉回归行为是自我修养管理的首要特征。

其次，自我修养管理的方法是养与修。修养性是指自我修养管理在其具体管理内容上包含两个方面：其一是养，其二是修。所谓养是指人从"道"获得的自然本性清净圆满，需要人精心护持，以免被外界各种诱惑扰乱。老子指出："载营魄抱一，能无离乎？专气致柔，能如婴儿乎？"② 让魂与魄合一，让精气神合一，其意思就是指保养人存在的、与"道"合一的状态，也即保持人性处于自然的一种完善状态；所谓修是指人在现实

---

① 陈鼓应：《老子注译及评介》，中华书局2006年版，第126页。
② 《老子·十章》。

社会中，由于种种欲望和外界干扰，人与"道"相背离，人性逐渐远离自然的本质状态。人要从人性的实然状态回归到人性的本然状态则必须舍弃欲望，排除外界干扰。老子指出："修之于身，其德乃真。"河上公注解为"修道于身，爱气养神，益寿延年。其德如是，乃为真人"①，从管理的角度看，修就是要去掉自身的欲望，排除外界对人性的异化作用，使人性回归到自然状态。

自我修养管理最大特征表现为外力的非强制性。自我修养管理是一个由内而外的过程，被管理者通过自我修养，在内逐步在人性上回归到"道"的自然本质状态，在外则逐步合于人在社会、宇宙中的自然秩序。这个过程不是管理者强制完成的，而是被管理者自觉修养的结果。与此相反，管理者过多干涉会使被管理者人性受到干扰而产生与自我修养管理相悖的结果。"夫礼者，忠信之薄，而乱之首"②，老子指出了"礼"等社会管理方式对人性管理的负面作用，强调管理要让被管理者通过自我觉悟进行自我管理。

2. 自我修养管理的途径

如何通过自我修养管理实现人性向自然本质的回归，针对人的异化程度和异化阶段的不同，老子提出了分别应用修道、复归、去欲、反外在对人性的束缚等方法保持、恢复人的自然本性。

修道，老子称"为道"，是指人尚未被异化并主动回归形而上的自然本性。"道"是人生理想状态的形上表现，是老子为人生构建的安身立命之所，是人生之本体。老子说："道生一，一生二，二生三，三生万物。"③ "人法地，地法天，天法道，道法自然。"④ 人作为万物之普通一分

---

① 王卡点校：《老子道德经河上公章句》，中华书局 2006 年版，五十四章注。
② 《老子·三十八章》。
③ 《老子·四十二章》。
④ 《老子·二十五章》。

第五章 道性：社会治理的人性论

子，产生于"道"，"道"是人生之本原，是人生存、发展应该效法的最高原则。"道"的法则是"自然"，其涵义是自然而然即任一切事物包括人依其自性或规律而生存和发展。因此，人生的最高原则和理想境界乃是"自然"。"道"的运动规律是向相反的方向运动，是离开出发点又仿佛回到出发点，即所谓"反者道之动"①，"大曰逝，逝曰远，远曰反"②。人生的发展过程体现着这一规律，是一个远离"道"，又返回"道"的过程。老子认为，人禀"道"而生的原初状态，充分体现着"道"，随着人的社会化，人性逐渐异化，以至于将人之自然真性丧失殆尽，人沦为非人，从而进入了离"道"、悖"道"的状态，这是人生的实然状态。只有通过体"道"、守"道"，不断提高人生之境界，才能逐步摆脱异化，超越现实，最终返回与"道"合一的人生应然状态，实现人生理想的自然状态。在具体的为道方法上，老子指出："为道日损，损之又损，以至于无为。"③"损"是为道的基本方法，即通过不断减少人的欲望，逐渐回归到人存在的形上依据——道，恢复人的自然本性。

回归是指人处于异化与被异化的临界点上，人具有的内在的"道"本质会使人警觉到异化的危险而自觉返归于"道"，同时人的欲望和外界的诱惑也可能会使人在追求欲望满足时被异化。在人性有向两个极端方向发展的可能时，老子指出，依据"道"的原则，人应该回归到自身存在的应然状态，这种状态就是婴儿般的真朴状态，"复归于婴儿"，"复归于朴"，"复归于无极"。老子认为，回归到这种真朴状态是人的必然归宿："万物并作，吾以观复。夫物芸芸，各复归其根。归根曰静，是谓复命，复命曰常。"④ 人只有回归到真朴状态才是符合规律（"常"）的。

去欲是指人处于欲望控制和外物诱惑的状态，人已被异化，自我修养

---

① 《老子·四十章》。
② 《老子·二十五章》。
③ 《老子·四十八章》。
④ 《老子·十六章》。

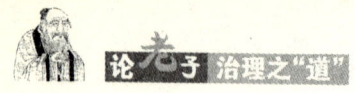

管理采用消除欲望的方法,让人从有欲到无欲,最终恢复到自身的自然状态而达到自我管理的目的。在具体方法上,首先在心理上要知止,所谓"知止",就是要人们在世俗利益面前,抵制物质的诱惑,控制对物质的占有欲望,认识到知足本身就是"足",就是"常足"。而不知足者,则永远无足。贪得本身就有可能引来祸患,老子指出:"祸莫大于不知足,咎莫大于贪得。故知足之足,常足矣。"① "知足不辱,知止不殆,可以长久。"② "知足者富。"③ 因此,"圣人去甚,去奢,去泰"④。其次是崇俭,俭,许慎《说文》解为"约也",段玉裁注为"为不敢放侈之意",即适度享用而不致于浪费。老子人生修养论上的"俭",在表层意义上,是在一切运作活动方面,包括财物使用、社会政治活动、劳心劳力等等,都应适度,用而不浪费。在深层意义上,则是主体精神向素朴的道回归的关键一步,是通过这种方式达到主体精神的自由。⑤ 老子十分重视"俭",他把"俭"看作是三大基本德性之一。他说:"我有三宝,持而保之。一曰慈,二曰俭,三曰不敢为天下先。慈,故能勇;俭,故能广。"⑥ 老子把崇俭作为去欲的重要方法;再次是弃智,老子认为人类的文明智慧只会增加人的欲望,"智慧出,有大伪"⑦。老子认识到,人类的智慧发展与人类的自然本性丧失有着必然的内在关系,管理中运用智慧更是使人越来越偏离自然本性,"古之善为道者,非以明民,将以愚之。民之难治,以其智多。故以智治国,国之贼,不以智治国,国之福"⑧。正确的管理是"绝圣弃

---

① 《老子·四十六章》。
② 《老子·四十四章》。
③ 《老子·三十三章》。
④ 《老子·二十九章》。
⑤ 龚群:《老子的人生修养过程论》,《上海师范大学学报》(社会科学版) 2001 年第 9 期。
⑥ 《老子·六十七章》。
⑦ 《老子·十八章》。
⑧ 《老子·六十五章》。

第五章　道性：社会治理的人性论

智，民利百倍。"①，又说："其政闷闷，其民淳淳；其政察察，其民缺缺。"② 老子指出，圣人之治，就是无知之治。他说："是以圣人之治，虚其心，实其腹，弱其志，强其骨，常使民无知无欲，使夫智者不敢为也，为无为，则无不治。"③ 去智，是要人返回到真朴的自然状态，以达到天下大治。老子又说："虚其心，实其腹。"④ 也就是断绝人们妄想之思虑，同时又满足人民的基本生活需求。陈鼓应先生说："所谓'无欲'并不是要解除自然的本能，而是消解贪欲的扩张。"⑤

反外在对人性的束缚，老子的自然人性思想认为，人性来源于"道"，其本身是自足的和完善的，是不需要外在任何形式对人性的规范，而自然人性本身在本能上是反对任何外在对人性的束缚。老子指出："夫礼者，忠信之薄，而乱之首。"老子反对外在的任何理性管理对人性的规范，人性是由内而外的自我修养过程而不是由外而内的规范过程。

3. 自我修养管理的境界

自我修养管理依据依据被管理对象偏离自然人性的程度，将人划分为三种：俗人、圣人、赤子，并针对三种人的不同境界进行管理。

所谓俗人是指已被异化而失去人应然的存在依据，即失去"道"的人。由于他们是现实生活中的绝大多数人，所以老子又称之为众人。从人生境界上看，俗人境界是老子对实然人生境界的概括。它是与"道"相悖、离"道"最远的境界，是人生境界的最低层次。俗人的人生境界，就其精神方面而言，表现为感性欲望膨胀，过分追求享乐，过分看重宠辱、祸患等。正如老子对俗人的描绘："众人熙熙，如享太牢，如春登台"⑥、

---

① 《老子·十九章》。
② 《老子·五十八章》。
③ 《老子·三章》。
④ 同上。
⑤ 陈鼓应：《老子注译及评介》，中华书局1984年版，第74页。
⑥ 《老子·二十章》。

"宠辱若惊,贵大患若身"①。就实践层面而言,首先表现为"为"、"争",违背规律,争权夺利,不仅设法"损不足而奉有余",而且不断发动战争,以致于出现"戎马生于郊"的现象。其次表现为逞强好胜、广敛钱财、生活奢侈、夸耀财富,即老子所批评的"心使气"②、"舍慈且勇,舍俭且广,舍后且先"③、"朝甚除,田甚芜,仓甚虚,服文彩,带利剑,厌饮食,财货有余,是谓盗夸"④ 等现象。这种人生境界显然已远远偏离"道","非道也哉"。守此境界,必然造成主、客体的二元对立,造成人与自然、人与人、身与心的矛盾尖锐化,使人与自然、人与人、身与心的和谐遭到严重破坏,其最终结果是失败,所谓"失者同于失"⑤。因此这一境界是人们必须否定和超越的境界。⑥ 就自我修养管理而言,俗人必须通过去欲、复归、修道等步骤逐步消除外界对人性的异化,并自觉向"道"靠拢,与"道"保持一致,恢复人性的自然本质。

圣人境界是接近于"道"而非同于"道"的境界。由于圣人仍纠缠于物我、主、客之矛盾而无法彻底超越,无法完全按照自己的自然真性而生存,无法完全真正实现人与自然、人与人、身与心的高度统一。圣人在主体的精神层面首先表现为"见素抱朴,少私寡欲"⑦,即保持自己淳朴自然的本性,减少私欲,不被物欲、占有欲所累。不断减少私欲,是"为道日损"的重要表现,"损之又损",最终将会达到无私的境界。无私在现实生活中的表现是"为人"、"与人"和"成其私",所谓"圣人不积,既以为人己愈有,既以与人己愈多"⑧、"非以其无私邪?故能成其私"⑨。在心

---

① 《老子·十三章》。
② 《老子·五十五章》。
③ 《老子·六十七章》。
④ 《老子·五十三章》。
⑤ 《老子·二十三章》。
⑥ 路红梅:《老子的人生境界论探微》,《殷都学刊》2007年第2期。
⑦ 《老子·十九章》。
⑧ 《老子·八十一章》。
⑨ 《老子·七章》。

第五章 道性：社会治理的人性论

灵上则表现为"静"，即心灵不为功名利禄等外在之物所困扰和牵累，超然物外，自由翱翔。所以老子一再强调"静躁君"①，"清静为天下正"②，"致虚极，守静笃"③。其次，在对待自我上，圣人自知、自爱，反对自见、自贵、自伐、自矜。老子认为，"自见者不明，自是者不彰，自伐者无功，自矜者不长"、"故有道者不处"④，圣人"不自见，故明；不自是，故彰；不自伐，故有功；不自矜，故长"⑤，自知、自爱而不自见、自贵、自伐、自矜，这是圣人自尊和他尊的统一，体现了圣人谦虚、平等的精神。再次，圣人慈爱、宽容、不敢为天下先。"慈"是老子持而保之的三宝之一，由于圣人"见素抱朴，少私寡欲"，所以对人、对物都怀有慈爱之心。他们不仅"常善救人"，而且"常善救物"。慈爱之心产生了宽容之心，他们不仅能够做到"执左契而不责于人"⑥，而且还能够做到"报怨以德"⑦。在主体实践层面，圣人表现为"无为"，老子特别强调圣人在实践中"处无为之事"、"为无为"、"不敢为"。由于圣人尚未完全与"道"同一，圣人既有受外界诱惑而堕落为俗人的可能，又有通过修养而与"道"完全同一的趋势，因此，自我修养管理要求圣人必须做到"知足"、"知止"。老子指出："知足不辱，知止不殆。"⑧ 从管理的角度看，知足可以防止向俗人堕落，同时，圣人还必须通过守柔、处弱、守静等体"道"、守"道"活动，进一步向"道"靠拢，以期与"道"保持同一。

赤子境界是指人与"道"混同为一的境界，是以圣人境界为基础的人生境界的最高层次。赤子即婴儿，是未孩之婴儿，指人生之自然原初状态。赤子与自然浑然一体，依自然本性而生活，处于自然的状态中，蕴藏

---

① 《老子·二十六章》。
② 《老子·四十五章》。
③ 《老子·十六章》。
④ 《老子·三十八章》。
⑤ 《老子·二十二章》。
⑥ 《老子·七十九章》。
⑦ 《老子·六十三章》。
⑧ 《老子·四十四章》。

着勃勃生机，具有"朴"的特性，与"道"相同一。但是老子所说的赤子并不是要实然的社会人倒退到人生的原初状态，而是指与人生原初状态相似，而又高于人生之原初状态的境界，是人生辩证发展的否定之否定阶段。具体地说，人生之自然原初状态是以主体尚未从自然界中分化出来，是"道"与人相合；而赤子境界则是主体化解、超越主客体的对立，主动与"道"融为一体。与"道"融为一体的赤子境界，以"道"的特性为特性。"道"的根本特性是"自然"，所以赤子境界的本质特征也就是"自然"。赤子境界的"自然"本质首先表现在赤子依人生之自然真性而生存，老子强调，赤子境界是如同婴儿般生存的境界。婴儿的显著特征是率自然真性而行，他（她）可以将一切外在因素置之度外，而"贵食母"，或"终日号"。因此赤子境界的重要特征也是率自然真性而行。其次是赤子依事物的规律而行，能够任由事物和民众依其自性而发展，与"自然"或"道"融为一体，实现了人与自然、人与人、身与心的和谐统一。老子指出："含德之厚，比于赤子。毒虫不蛰，猛兽不据，攫鸟不搏。"[①] 这种状态就是一种和谐的状态。最后赤子蕴藏着强大的生命力，赤子境界达到了与自然融为一体的高度，如同婴儿一般"骨弱筋柔而握固。未知牝牡之合而朘作，精之至也"[②]，因此赤子境界是蕴涵着强大生命力的境界。赤子境界是修养达到的最高理想境界，但这种境界并不是稳定不变的状态，因此，自我修养管理要求达到赤子境界的人必须不断个人修养以护持这种状态。

---

① 《老子·五十五章》。
② 同上。

第五章 道性：社会治理的人性论

三、基于自然人性的社会治理模式

老子在对人性的来源、本质和特征论述的基础上，提出了人性自然的人性假说，可以把老子所说的人定义为"自然人"。人是自然人，社会治理当然应该是符合自然人的人性规律，其基本思路是不干扰自然人性并恢复已被扭曲的自然人性。根据社会治理对自然人性的认识、利用和发掘的程度不同，老子把社会管理划分为三种模式：道治、礼治和法治。①

1. 道治

道是老子哲学的核心范畴，其内涵是宇宙本体、万物本原及事物的运行规律，道的本性是自然无为的，来源于道的人性也是自然的。因此，道在国家的治理法则上必然遵循"道法自然"的原则，表现形式是无为。形而上的道落实到社会治理上就是要求统治者能做到清静无为，以"道法"作为行为的最高准则，因为人性是自然的，无为则不会扰乱人性，人民就会顺其性而生活。当人民顺其性而生活时，就符合自身的道的自然本性，社会就会稳定，而天下就可以达到大治。这就是老子道治的基本思想。

道治的具体管理原则就是"无为而治"。"为无为，则无不治。"② 老子认为只要无为，就能做到"无不治"。这就是老子的"无为而治"的思想。在老子看来，"无为"并不是什么都不做，并不是"不为"，而是含有不妄为、不乱为、顺应客观态势、尊重自然规律的意思。"无为而无不为"，这里"无为"乃是一种立身处的态度和方法，"无不为"是指不妄为所产生的效果。万事万物均有其自身规律，只能顺应规律，顺应时代的潮

---

① 王希坤：《老子论社会治理的三重境界及其价值》，《船山学刊》2008 年第 1 期。
② 《老子·三章》。

161

流促其前进,不能违背规律,否则就是有为。就社会治理而言,就是尊重并按照人性的自然规律进行有效治理。这就要求统治者不要用繁苛的政令扰乱民心,做到"希言自然"①,"以无事取天下"②。老子认为治理国家要顺其自而不能妄为,"不知常,妄作,凶"③。"常"指事物运行的自然规律,按照自然的规律治理社会,就能治理好国家;但不知"常",以主观意志妄为就不会有好的管理效果,甚至是恶果。老子还认为,治理国家必须遵循国家的规律,"天下神器,不可为也,不可执也"④。有为的结果是"为者败之,执者失之"⑤,因此,统治者应去掉过多有为的言行,"是以圣人去甚,去奢,去泰"⑥。是否做到"无为"是统治者治理成功与否的标志,老子依据统治者无为的程度,把统治者划分为四类:"太上,不知有之;其次,亲而誉之;其次,畏之;其次,侮之。"⑦最好的统治者因为无为,百姓不知道他的存在;其次,统治者因为有为受到人民爱戴;再次,是人民害怕的统治者;最后,是人民仇恨的统治者。因此,统治者应该做到"悠兮其贵言。功成事遂,百姓皆谓我自然"⑧。

在如何做到无为上,老子针对统治者和人民分别提出了不同的管理措施。对于统治者,老子提出了"为道"的措施,"为学日益,为道日损"⑨。即做学问会一天天增长见识,而为道是一天天减少欲望,降低对人性的干扰。人只有为道,才能做到无为,"损之又损,以至于无为"。为道的内容包括,首先是把握事物的规律,"复命曰常,知常曰明"⑩。常即

---

① 《老子·二十三章》。
② 《老子·五章》。
③ 《老子·十六章》。
④ 《老子·二十九章》。
⑤ 同上。
⑥ 同上。
⑦ 《老子·十七章》。
⑧ 同上。
⑨ 《老子·四十八章》。
⑩ 《老子·十六章》。

第五章 道性：社会治理的人性论

是指事物的规律，只有把握规律，才能按规律进行管理；其次是降低感官享受，"是以圣人为腹不为目，故去彼取此"。就是要求统治者仅仅维持最低的生存需要，而不要无限地扩大自己的欲望；最后是去"智"，"故以智治国，国之贼；不以智治国，国之福"①。在对人民管理的具体措施上，老子主张施行"愚民"政策，老子的意思并不是要统治者愚弄人民，而是让人民回到天真、质朴的自然状态。具体方法是去"智"、去"欲"，"民之难治，以其智多"②。因为智多就扰乱了人性，"不尚贤，使民不争；不贵难得之货，使民不为盗；不见可欲，使民心不乱"③。无为而治对人民的要求是"使有什伯之器而不用，使民重死而不远徙…使民复结绳而记之"④，而最终人民会达到"甘其食，美其服，安其居，乐其俗"⑤的美好的世外桃源的生活。

道治被老子认为是社会治理的最佳模式，按照道法去治理社会，社会就能够达到"为无为，则无不治"的治理目的。

2. 礼治

所谓"礼"，是中国古代社会长期存在的，旨在维护宗法血缘关系和等级制度的一系列精神原则和言行规范的总称。⑥ "礼"最早出现于原始社会末期的舜、禹时代，意指人们祭祀的仪式和分别等级的礼节。《尚书·皋陶谟》中有"人叙有典"、"人秩有礼"、"人命有德"，即上天安排了君臣、父子、兄弟、夫妇、朋友之间的伦常次序，并规定了天子、诸侯、大夫、士、庶人这五种人应该遵守的礼节。到春秋战国时期，重民轻神思想兴起，奴隶制、王权、神权以及天命思想都受到严重冲击，"礼"

---

① 《老子·六十五章》。
② 同上。
③ 《老子·三章》。
④ 《老子·八十章》。
⑤ 同上。
⑥ 曾宪义：《中国法制史》，北京教育出版社2000年版，第41~46页。

成为社会主导思想。"礼"的涵义较此前得到了极大丰富,开始转变成为维护分封制、宗法制和世袭制的工具,起到调整政治权力、经济利益和婚姻家庭等各种关系的作用,也是西周典章制度的总汇。孔子在"礼崩乐坏"的春秋末期仍然主张"礼让为国",提出并建构了以"仁"为本源、以"经国"为目标、以"复礼"为愿景的"礼治"思想体系,作为儒家社会治理的理论基础。当时进步的贵族思想家自觉地把礼当作一种经国安邦的推之全民范围的政治制度,以图挽救贵族阶级行将没落的命运。礼在老子时代已发展为统治者治理社会的一种管理模式。

然而,老子认为,现实礼法是"失道"的表现,"故失道而后德,失德而后仁,失仁而后义,失义而后礼"①。从"道"的角度看,礼不是从"道"衍生出来的,礼从根本上缺乏"道"赋予的存在基础,礼的出现是社会发展不正常的表现,是不符合道的规律的,是社会失"道"的表现。作为理想的社会,人们应该按照自然状态生存和生活,违背自然的事如果不出现,如大道不废,就不会需要仁义,六亲和睦就不需要孝慈的举动。"大道废,有仁义;智慧出,有大伪;国家昏乱,有忠臣;六亲不和,有孝慈。"② 正因为社会失"道",失去"自然"状态,社会才需要礼法来治理。

礼不是产生于道,礼治必然违背道,礼作为社会治理方法就有一定的局限性。一方面,礼法束缚了人性,人性是自然的,由内而外的,而礼法却通过统一的外在行为规范对人加以限制。这种普遍的理性行为规范对于多样的自然人性是一种压抑,甚至摧残。在老子的时代,"礼"已演化为繁文缛节,拘锁人心。同时为争权者所盗用,成为剽窃名位的工具。所以老子抨击"礼"是"夫礼者,忠信之薄,而乱之首"③。因此,礼法不是对自然人性的有效引导和管理,而是对自然人性的干扰,不符合人性自然的规律。另一方面,从国家治理层面看,容易产生这样一种误导:即把礼

① 《老子·三十八章》。
② 《老子·十八章》。
③ 《老子·三十八章》。

第五章　道性：社会治理的人性论

法的内容看成生命的本质和意义，因而容易形成社会崇尚礼法而忽视生命本真、自然意义的倾向，这种倾向将导致人进一步在"礼法"的误导下迷失自我，而不知寻求生命的终极意义——道。

礼治束缚了人的天性，使人的生活不能达到"自然"的状态，对人性是一种压抑，不符合人性和道的规律。因此，老子认为礼治是不宜大力提倡的，以"礼"治国应该走向以"道"治国。正确的做法不是规范人的内心和行为，而是对人加以引导，恢复人的自然性。

3. 法治

法治是指当时统治阶级依据已制定的相关法律条文，通过处罚危害社会行为以实现社会治理的一种管理模式。在一个混乱的社会，律法的产生上是必然的，法治的作用是显然的。老子生活的时代，律法已经是社会管理的重要手段之一。但老子认为律法的产生恰好反映了一个社会"失道"已到相当严重的程度，"法令滋彰，而盗贼多有"[①]。这里老子并不是说法令是盗贼增多的原因，老子真正的意思是法令对于治理社会混乱、盗贼多有等现象并不是有效的，原因是"民不畏死，奈何以死惧之？若使民常畏死，而为奇者，吾得执而杀之，孰敢"[②]。可见，老子认为法令治理社会的效果是有限的，在不明察社会混乱的原因，不针对原因采取对策，只是应用法令治理社会，只会使社会更加混乱。

老子认为治理社会混乱行之有效的做法是按照"道"的规律来治理，首先是寻求社会混乱的原因。老子认为盗贼多有的原因不在盗贼自身，真正的原因，一方面是由于统治者的贪欲，"民之饥，以其上食税之多，是以饥"[③]；另一方面是统治者有为而治的管理，"民之难治，以其上之有

[①] 《老子·五十七章》。
[②] 《老子·七十四章》。
[③] 《老子·七十五章》。

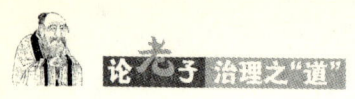

为，是以难治"①。从人性自然的角度看，统治者永无止境的贪欲及妄为扰乱了民心，使人民不能生活在自然状态，导致了社会的混乱。而统治者并不知道盗贼产生的真正原因，企图利用法令来制止社会混乱。

要治理好国家，并不在于法令制定的多少，以及法令是否得到贯彻，而在于统治者是否能按照"道"的规律进行管理。具体表现在统治上要做到无为：一方面，统治者要减少贪欲，让人民生活富足，"孰能有余以奉天下，唯有道者"②；另一方面，要尊重自然人性，按照人性自然的规律去管理。盗贼因为失去"自然人"的本性去偷盗，正确管理方法是恢复盗贼的"自然"属性，去恢复盗贼"道"的内在成份，而不是用最粗鲁、残酷的律法来威胁、制裁违法民众。

在老子看来，法治是统治者不了解人性规律、不能控制自身的欲望、不能按照道的规律进行治理而采取的"有为"的管理方法，对社会有百害而无一利，正确的做法是统治者降低自身的欲望，并加强教化、引导、恢复人民的自然属性，而不是用法律加以惩罚。

老子的社会治理思想是紧紧建立在对自然人性认识的基础上，根据自然人性论，社会的最佳治理模式应该是"道治"，道治更符合人性的自由和谐发展。老子对社会治理方法的划分可以用下图表示：

道治 → 自然 → 无为

礼治 → 礼 → 说教

法治 → 律 → 惩罚

老子认为由法治、礼治发展到道治是社会进步的表现，而由道治向礼治、法治发展是社会倒退的表现。作为人类的美好追求，人类治理应走向道治。

---

① 《老子·七十五章》。
② 《老子·七十七章》。

第六章 治道的比较：与儒家、法家、墨家管理哲学思想的比较

第六章 治道的比较：与儒家、法家、墨家管理哲学思想的比较

春秋战国时期，旧的社会、政治秩序已经无法维持，而新的国家、政治管理秩序急待建立。诸子根据自己的认识，结合当时社会现实的需要，分别提出了各自治理天下、管理国家的思想和策略，并为此进行了详尽的理论论证和激烈的学术争鸣。在此背景下，儒墨法等各家粉墨登场。由于各家理论都直指当时的社会治理问题，而各家所承袭和依据的哲学思想又不尽相同，这就决定了各家管理哲学既相互区别，又相互联系。因此，把老子的管理哲学与儒家、墨家、法家管理思想进行比较，能更清楚地认识和把握老子管理哲学的精神。

一、与儒家管理哲学思想的比较

与老子注重自然的价值和无规范的无为管理方式相比，由孔子开创的儒家，则非常重视仁义礼等社会性政治伦理规范的价值，强调以道德教化作为社会政治管理的基本手段。儒家和道家相对立的管理主张构成了中国

历史上两个基本的管理哲学思想,正如冯友兰所说:"中国思想的主要趋势道家和儒家的根源,它们是彼此不同的两极,但又是同一轴杆上的两极。""儒家强调人的社会责任,但是道家强调人的内部的自然自发的东西。……人们常说孔子重'名教',老、庄重'自然'。"① 司马谈在论及儒家思想在管理中的特点时认为:"列君臣父子之礼,序夫妇长幼之别,虽百家弗能易也。"② 可见,老子的管理哲学与孔子为代表的儒家管理哲学有许多不同的方面,具体表现为管理的形上基础、管理的方式和社会的管理目标等几个主要方面。

1. 管理的形上基础比较

先秦诸子在论及社会管理问题时,都是从哲学的角度出发,力图从形而上的高度把握人类社会的本质和人类社会的发展规律。主要内容包括社会的本质、社会的应然价值和人性的本质,并以此作为社会管理的依据。老子和儒家在对社会形而上的本质认识上有根本的不同,表现在以下几个方面。

自然之道与人伦之道:社会本质的不同。康德把形而上学划分为"自然形而上学"与"道德形而上学"。③ 康德的"道德形而上学"也即他的所谓"纯粹实践理性",指的就是先天或先验的道德伦理或人类社会的所谓"自律的理性"。"道"是先秦哲学中的形而上本体,孔子、老子都论及"道",但二者所说的"道"却大异旨趣。依据康德的形而上划分方法,老子注重宇宙形而上之"道",而孔子注重道德形而上之"道",正如陈鼓应指出:"孔子和老子一样地重视'道',但他们各自的'道'虽然符号形式相同,意义内容却有根本的差异。老子的'道'以形上学的意义为主,而

---

① 冯友兰:《中国哲学简史》,北京大学出版社 2003 年版,第 34 页。
② 《史记·太史公自序》,中华书局标点本,第 3290 页。
③ [德]康德:《道德形而上学原理》,苗力田译,上海人民出版社 2002 年版,第 2 页。

第六章 治道的比较：与儒家、法家、墨家管理哲学思想的比较

孔子的'道'属伦理、政治范围。"①

老子和孔子的形而上思想的差异首先体现在"天道观"上。天道观是有天命观演化而来，春秋之前，统治者为了说明统治的合法性，将天神话为最高的统治者，而人间的统治者则是天命的继承者和执行者。《盘庚》说："先王有服，恪谨天命。"这个天命表示上天授赐的政治权利，即命由天赐，故它具有不可更改的神圣性。春秋时期，人的理性获得发展，打破了神秘的天命思想，老子改造了有意志的天为无意志、无主宰的自然之天，变"天命"为"天道"，并以自然无为作为天道的核心思想；孔子则继承了西周"德"的思想，很少论及天道而直接论及人道，"罕言天道"②。

其次，二者的思想差异体现在天道与人道的关系上。老子应用"推天道以明人事"的方法提出"人法地，地法天，天法道，道法自然"的命题，建构了以自然为基础，涵盖天、地、人在内的"道论"，并以道作为社会治理的依据和本质，以天道的自然秩序作为社会的理想秩序，以天道的自然无为作为社会管理的应然方法。儒家直接论及人道，正如牟宗三先生所言："孔子在《论语》里，暂时撇开从天命天道说性这一老传统，而是别开生面，从主观方面开辟了仁、智、圣的生命领域；孔子未使他的思想成为耶教式的宗教，完全由于他对主体性仁、智、圣的重视。这是了解中国思想特质的最大窍门。"③ 儒家哲学的核心范畴是"仁"。《说文》曰："仁，亲也，从人从二。"这就说明，儒家是把人、人与人之间的关系作为自己理论的基本出发点的，这同样是儒家管理之道的出发点，表明儒家所关注的社会生活的焦点在于调整好人与人的关系，建立和谐的社会秩序。《礼记·中庸》曰："文武之政，布在方策。其人存，则其政举，其人亡，

---

① 陈鼓应：《老庄新论》，商务印书馆 2008 年版，第 46 页。
② 《论语·公冶长》。
③ 牟宗三：《中国哲学的特质》，上海古籍出版社 1997 年版，第 27 页。

169

则其政息。……故为政在人,取人以身,修道以仁。仁者人也,亲亲为大。"① 这就明确把人作为管理活动的载体,人的管理和实施管理的人是儒家管理之道的核心。"仁"或"人"的观念在儒家管理之道中的地位,与"自然"的观念在道家管理之道中的地位一样。儒家管理之道有一个始终不变的理想,即要把人教化成为具有爱的情感("仁者爱人"),明人伦,守秩序,并达到内在的道德理性自觉的人,这样的人即君子。君子的德性进一步提高和升华,就成为圣人。"圣人,人伦之至也。"② 社会、政治管理中管理者和被管理者的区分,是以道德理性的自觉程度为依据,君子与野人,治人者与治于人者,不过是从道德理性的自觉程度上所作的区分,而不是传统意义上的君子小人之分。孟子说:"无君子莫治野人,无野人莫养君子。"③ 又说:"天下有道,小德役大德,小贤役大贤。天下无道,小役大,弱役强。斯二者,天也。顺天者存,逆天者亡。"④ 而政治管理中居天子之位者,则应当是已达于"人伦之至"的圣人。

人性自然与人性可塑:对人性认识的不同。老子的人性论可说是一种自然人性论,这种人性论认为人的先天的自然本性是纯真的,相比之下,老子认为儒家的仁义礼智不过是大道沦丧,人性之"真"丧失以后才出现的非自然的东西;这些人性中非自然的东西必须复归于朴,复归于婴儿,也就是复归于大道。与老子不同,孔子认为"性相近也,习相远也"(《论语·阳货》)。对于孔子的这句话,张岱年先生有一段中肯的说明:"孔子所谓性,乃与习相对的。孔子不以善恶讲性,只认为人的天性都是相近的,所谓的相异,皆由于习。"⑤ 孔子作为儒家"人性"理论的首倡者,既奠定了以后儒家思想中对人性问题叙述和理解的基调,也奠定了中国传

---

① 《礼记·孟子·下》,见《十三经注疏》(上),中华书局影印本1991年版。
② 本文所引《礼记》,见《十三经注疏》(下),中华书局影印本1991年版。
③ 《孟子·滕文公上》。
④ 孟子·离娄上》。
⑤ 张岱年:《中国哲学大纲》,中国社会科学出版社1982年版,第183页。

第六章 治道的比较：与儒家、法家、墨家管理哲学思想的比较

统思想中有关这一问题的基本框架。孔子虽然没有明确指出人性善恶问题，但在《论语·阳货》中仍记载着孔子对人性的最基本见解，人性本来是相近的，只是由于后天环境和教育（"习"）的原因，才使得人性发生了差异和改变。由于孔子没有直接言明人性究竟如何，而此问题又直接关涉儒家管理思想的理论性基础，所以后来的孟子、荀子将人性问题从善恶两个方面做了极端性的发挥。孟子提出了著名的人性本善的学说，认为人的德性中的仁、义、礼、智"四端"是人本性中与生俱来的东西，是人之所以为人的，与禽兽相别的标志。"四端"虽然只是善的萌芽或种子，而且在数量上只是"几希"，但人只要在后天的生活实践中，从其大体（"心"）的直觉（"良知良能"）而不屈从于小体（"耳目感官之欲"）去行动，就能把此"四端"扩而充之而成就君子的理想人格，在此基础上作进一步努力就可能达于"人伦之至"的圣人。这样，合理的社会秩序的建立就有了保障。儒家现实主义派的荀子则提出了人性本恶的学说，认为人性乃是自然的本性，自然本性中本不包括仁义等道德属性；相反，人出于与生俱来的求生存的本能，生而有好利、疾恶、争夺之本性，这是尧、舜、禹等圣人与普通人都无一例外的本然状态。然而天下的圣人的存在又何以可能呢？荀子认为人性本恶，而人人可以为善，关键在于"涂之人也，皆有可以知仁义法正之质，皆有可以能仁义法正之具，然则其可以为禹明矣。今使涂之人，伏术为学，专心一致，思索孰察，加日县久，积善而不息，则通于神明，参于天地矣。故圣人者，人之所积而致矣"[①]。原来，在荀子那里，人有相当的聪明才智，是万物中之最灵者，"水火有气而无生，草木有生而无知，禽兽有知而无义，人有气有生有知亦且有义，故最为天下贵也"[②]。人自有自己优异于禽兽之处，再加上圣贤（即先知先觉的"先王"）以人们行为的外部规范"礼"加以调节，"先王……制礼义以分之，

[①]《荀子·性恶篇》，见张立文主编《儒学精华》（上），北京出版社1996年版。本文所引《荀子》据此本，下同。

[②]《荀子·王制篇》。

以养人之欲，给人之求，使欲必不穷乎物，物必不屈于欲"①，则君子人格的培养，社会秩序的建立即可达成。而圣人的理想人格，也不过是学习积累的产物，"涂之人百姓，积善而全尽，谓之圣人。……故圣人也者，人之所积也"②。比较荀孟二派，如果我们不拘于表面的人性善恶之别，可以看到，荀孟二人都持一种人性可塑论，人性可塑则教化可行。在荀子那里，人性本恶，但可通过后天的教化、学习和积累而致善。在孟子那里，人性之"四端"，可以通过后天的努力加以扩充放大而臻于至善，"苟能充之，足以保四海；苟不充之，不足以事父母"③；"人之所以异于禽兽者几希，庶民去之，君子存之"④。实际上荀孟二人都高扬了人的道德的主体性。可见，从儒家观点出发，管理活动就是治人，而治人之所以可能，关键在于人性可塑。

2. 管理方式的比较

由于对管理的哲学依据认识不同，老子和儒家在社会管理方式上也有极大的区别，在管理行为上，老子强调无为，儒家强调德治；在管理路径上，老子强调人性的复归，而儒家强调以管理者的个体修养为起点，通过修身、齐家、治国、平天下的路径逐步实现社会的管理。

无为与德治。老子的无为要求管理者以管理客体为主，尊重管理对象的客观规律，按照规律进行有效管理，管理者不要彰显自身的主观意志，更不能把主观意志强加给被管理者。儒家则主张"为政以德"，提倡发挥教育和德性在管理中的作用。孔子说："道之以政，齐之以刑，民免而无耻；道之以德，齐之以礼，有耻且格。"⑤ 又说："不教而杀谓之虐。"⑥ 还

---

① 《荀子·礼论篇》。
② 《荀子·效儒篇》。
③ 《孟子·公孙丑上》。
④ 《孟子·离娄下》。
⑤ 《论语·为政》，见《十三经注疏》（下），本文所引《论语》据此本，下同。
⑥ 《论语·尧曰》。

第六章 治道的比较：与儒家、法家、墨家管理哲学思想的比较

说："为政以德，譬若北辰，居其所而众星共之。"① 同样，孟子也贵王政（德政）而贱霸政。他说："以力假仁者霸，霸必有大国；以德行仁者王，王不待大——汤以七十里，文王以百里。以力服人者，非心服也，力不赡也；以德服人者，中心悦而诚服也，如七十子之服孔子也。"② 认为儒家用道德教化的方式管理百姓，感化百姓，要比一味地用惩罚会收到更好的管理效果，这是一种积极的稳妥的和长久的管理控制方式。为政以德的基本要求是管理者首先要做好表率，自己所提倡的自己首先要做到，才能使百姓有榜样可以效法。据《论语》记载："季康子问政于孔子，孔子对曰：'政者，正也。子率以正，孰敢不正？'""季康子问政于孔子曰：'如杀无道，以就有道，何如？'孔子对曰：'子为政，焉用杀？子欲善而民善矣。君子之德风，小人之德草，草上之风必偃。'"③ 可见，德政的首要的一点，是在上的管理者自己必首先成为道德上的楷模，这就给管理者提出了很高的道德上的要求，如同孔子所说："其身正，不令而行；其身不正，虽令不从。"④ 儒家强调为政以德，但并不一味排斥礼和法的管理控制功能，所谓"政宽则民慢，慢则纠之以猛；猛则民残，残则施之以宽。宽以济猛，猛以济宽，政是以和"⑤，将法治作为德政的必要补充。同样，"齐之以礼"也是必要的控制手段。孔子认为："安上治民，莫善于礼。"荀子也指出："水行者表深，使人无陷；治民者表乱，使人无失。礼者，其表也，先王以礼表天下之乱：今废礼者，是去表也，故民迷惑而陷祸患，此刑罚之所以繁也。"又说："人无礼则不生，事无礼则不成，国家无礼则不宁。《诗》曰：'礼仪卒度，笑语卒获'，此之谓也。"礼除了起到一定的外在行为控制之作用外，还有感化人心之善，使之达于内在的道德自觉的功能，

---

① 《论语·为政》。
② 《孟子·离娄下》。
③ 《论语·颜渊》。
④ 同上。
⑤ 同上。

这表现在丧祭之礼及乐（"乐"在广义上也属于"礼"）上，尤其如此。故冯友兰指出："礼之用除定分以节人之欲外，又为文以饰人之情。"

管理路径的比较：复归与"修齐治平"。老子认为人性本真、率朴，只是由于外界的干扰、后天的破坏，才使人性失去了先天的本性，管理的方法就是恢复人的先天本性，"复归于朴"、"复归于婴儿"。儒家从人性可塑出发，提出逐步完善人的德性，并指出了完善人的德性的管理路径。《礼记·大学》曰："大学之道，在明明德，在亲民，在止于至善。""古之欲明明德于天下者，先治其国；欲治其国者，先齐其家；欲齐其家者，先修其身；欲修其身者，先正其心；欲正其心者，先诚其意；欲诚其意者，先致其知；致知在格物。物格而后知至，知至而后意诚，意诚而后心正，心正而后身修，身修而后家齐，家齐而后国治，国治而后天下平。自天子以至于庶人，壹是皆以修身为本。其本乱而末治者否矣，其所厚者薄，而其所薄者厚，未之有也。"管理者要想众望所归，就要从自我修身这个"本"做起，违背了这一点而想平天下，只是舍本逐末的幻想而已。只有按照自我管理，到家庭管理，再到国家管理和社会管理的途径与顺序，层层递进，才能最终达到治国平天下的管理目标。荀子从人性恶出发，认为管理不能仅仅依靠道德教化，还需要对人进行规范，运用法的权威惩治恶的发生，这就是荀子提出的"隆礼重法"的管理思想。

虽然老子与儒家在管理人民的具体方式上有所不同，但在对管理对象即人民的重视上却保持了高度的一致。老子始终强调管理者在面对人民时要无为、谦下、处柔，要"以百姓心为心"，反对管理者过分奢侈。孔子则要求管理者实行"仁政"，孟子强调管理者实行"王道"而非"霸道"。儒家的政治管理之道还通过重视生产生活的民生问题达到重视人民的管理目的。孔子早就有过"富之"然后"教之"的思想；孟子更是强调"明君制民之产，必使仰足以事父母，俯足于蓄妻子，乐岁终身饱，凶年免于死亡"；"使民养生丧死无憾"为"王道之始"；荀子在其《富国》篇中同样强调"足国之道，节用裕民而善藏其余"的裕民之道。

第六章 治道的比较：与儒家、法家、墨家管理哲学思想的比较

3. 管理的理想国比较

管理最终要实现一定的管理目标，老子以自然主义为原则提出了人类社会理想的管理目标是"小国寡民"的自然国度，人与人之间保持着一定的自然秩序，人们生活在自然、朴实的状态，管理者采用无为的方式管理人民。与"小国寡民"的自然状态不同，儒家提出了"天下为公"的"大同"的政治理想。

儒家向往的"大同"社会，见于《礼记·礼运》的记载："大道之行也，天下为公，选贤与能，讲信修睦。故人不独亲其亲，不独子其子。使老有所终，壮有所用，幼有所长，矜寡孤独废疾者皆有所养，男有分，女有归。货恶其弃于地也，不必藏于己；力恶其不出于身也，不必为己。是故谋闭而不兴，盗窃乱贼而不作，故外户而不闭。是谓大同。"①

陆潞注曰："天下为公言，不以天下之大私其子孙，而与天下之贤圣公共之，如尧授舜，舜授禹，但有贤能可选，即授之矣。当时之人，所讲习者诚信，所修为者和睦，是以亲其亲以及人之亲，子其子以及人之子；使老者、壮者、幼者各得其所，困穷之民，无不有以养之；男则各有士农工商之职分，女则得归于良奥之家。货财、民生所资以为用者，若弃捐于地而不以时收贮则废坏而无用，所以恶其弃于地也。今但得有能收赊以资世用者足矣，不必其善利而私藏于己也。世间之事，未有不劳力而能成者，但人情多诈，共事则欲逸己而劳人，不肯尽力，此所以恶其不出于身也。今但得各竭其力，以共成天下之事足矣，不必其用力而独营己事也。风俗如此，是以奸邪之谋闭塞而不兴；盗窃乱贼之事，绝灭而不起。暮夜无虞，外户可以不闭，岂非公道大同之世乎！"②

由此可见，儒家"天下为公"的"大同"社会的管理目标，力图要建

---

① 《礼记·礼运》，见《十三经注疏》（下）。
② 陈澔注：《礼记集说·礼运第九》，见《四书五经》（下），北京古籍出版社1994年版。

立一个没有压迫，没有剥削，人人平等的社会。在这个社会里，大家共同劳动，共同生活，共同享有劳动成果。在人与人的关系上，民风淳朴，没有巧智欺诈，人们的行为天然符合道德规范而无需管理者进行道德约束。"天下为公"的大同社会是儒家关于社会管理的最高目标，在现实的社会管理中，儒家还提出了关于社会管理的现实目标——"小康"社会。

关于"小康"社会，《礼运》说道："今大道既隐，天下为家。各亲其亲，各子其子，货力为己，大人世。及以为礼，城郭沟池以为固，礼义以为纪，以正君臣，以笃父子，以睦兄弟，以和夫妇，以设制度，以立田里，以贤勇知，以功为己。故谋用是作，而兵由此起。禹、汤、文、武、成王、周公，由此其选也。此六君子者，未有不谨于礼者也，以著其义，以考其信，著有过，刑仁讲让，示民有常。如有不由此者，在执者去，众以为殃。是谓小康。"①

与"大同"社会相比，"小康"社会有两点不同于"大同"社会。其一是"小康"社会有了私有的"家"的概念，由于"小康"社会失去了"大同"社会的淳朴，"天下为家"，有了私有观念和私有财产，有了贵族世袭制，有了国家，也有了维护自身利益的争夺和战争；其二是"小康"社会的管理者应用礼治的管理方式。圣人用礼来规范人们的行为，用礼来维持社会秩序，调节人与人的现实关系，《礼运》专门论述行礼、守礼对建立社会政治秩序的重要性。如说："夫礼，先王以承天之道，以治人之情，故失之者死，得之者生。"②

老子的政治管理理想与儒家相比，表现出了自然秩序与人伦秩序、自然价值与人伦价值、个体自由与整体和谐等三个方面的不同。

首先，自然秩序与人伦秩序。老子"小国寡民"的社会理想强调的是人的自然生活状态、人与人之间没有外界强力干扰的自然状态。这是一个

---

① 《礼记·礼运》，见《十三经注疏》（下）。
② 同上。

第六章 治道的比较：与儒家、法家、墨家管理哲学思想的比较

人与人、人与自然和谐相处的理想状态，也是人、万物、自然界都保持自身本质的、处于一定自然秩序的理想状态。与老子倡导的自然社会秩序不同，儒家则强调人类社会的人伦秩序。《礼运》篇所描写的"大同"社会，所关注的主要是社会人伦的一面，"小康"社会主要靠礼来建立社会秩序以及维持人与人的关系，同样是把建立和谐的人伦道德关系作为中心，注重社会政治生活中的人文道德价值。

其次，自然价值与人伦价值。老子以"自然"之道为基础，以"无为"为原则，试图寻求人与自然之间相和谐、人与人之间公正平等以及保持个人生命价值的实现的治道，使包括人在内的宇宙万物都能按照自己的自然本性去生存和发展，从而实现其内在的价值。为此，老子反对礼义的价值。老子认为"礼"对于社会秩序和人与人关系的维持，并不是根本性的东西，仁义礼等人文价值性规范都是大道沦丧以后的产物。"大道废，有仁义。智慧出，有大伪。六亲不和有孝慈。国家昏乱有忠臣。"① 儒家思想家则认为，大道丧失以后，天下为家，各亲其亲，各子其子，维系正常的政治、社会秩序和人与人关系的主要是礼。儒家思想家在三代的"礼"文化传统中加进了新的仁爱思想，使之成为调节社会生活、巩固社会秩序的法宝，以加强和巩固上下、尊卑、贵贱的等级秩序。孔子说："一日克己复礼，天下归仁焉。"② 老子最求的是社会的自然价值，而儒家追求的是社会的人伦价值。

个体自由与整体和谐。老子从自然主义出发，强调人在宇宙中的自然秩序，反对社会的礼义等规范对人的异化，追求人的自然本质，把人与自然的和谐与一致也纳入政治治理的范畴，主张人的行为要效法自然，实质上是在管理上追求个体的自由。每一个体生命都能按其内在的自然本性去实现其价值，使包括人在内的万物各得生养，各得安宁，而不是以群体消

---

① 《道德经·十八章》。
② 《论语·颜渊》。

解了个体,不是把个体仅仅当作手段。儒家则不同,儒家的仁义礼把个人的生命存在化为君臣、父子、夫妇、兄弟、朋友的"五伦"关系,唯独没有了"自我",使人从来没有站在自己的立场说话的机会,个体生命的独特性和价值被各种人伦关系所消解。但儒家却在人为的规范中,以个体的主体消解为代价实现了整体的差序和谐。

二、与法家管理哲学思想的比较

与老子自然无为的管理思想相比,法家则是先秦诸子百家中极具现实主义管理思想的学派,在先秦时被称作法术之士,是因为他们提出了治理大国的一整套法术。法家基于现实实用主义创立的社会管理理论具有极强的实用性和可操作性,对当时的社会管理实践具有重要的现实指导意义。法家的管理思想满足了统治者追求现实功利的管理心态,许多法家人物被统治者起用,使得大多数的法家人物有机会将自己的治国理论与政治管理实践相结合,对各国的富国强兵起到了积极的推动作用。韩非是法家思想的集大成者,他的学说却在秦国得到了最彻底的实施,成为秦国统一天下的理论武器。其他的法家代表人物,如李悝、吴起、慎到、申不害、商鞅等,都是当时各诸侯国的当权人物,既是管理的活动家,又是管理的理论家。从理论上看,韩非吸收了法家之前的三派理论,包括慎到的重"势"学派理论,申不害的重"术"学派理论,商鞅的重"法"学派理论,同时韩非继承并改造了老子的管理哲学思想形成了自己的系统的法家思想。

1. 管理的形上基础比较

从管理的形上基础看,韩非为了寻求管理的合理性与合法性,有意识地援老入法,正如司马迁在《史记》中称"申子之学本于黄、老,而主刑

第六章 治道的比较：与儒家、法家、墨家管理哲学思想的比较

名",又言"韩非喜刑名法术之学,而其归本于黄、老"①。韩非对老子之"道"作了利于君主专制的形而下改造,同时对老子的人性自然命题作了曲解与引申,从人的趋利避害本性论证了君主专制的合理性与必要性。从而形成了老子管理哲学与法家管理哲学不同的形上基础。

本体之道与法术之理的不同。"道"是老子管理哲学的形上依据,其基本内涵是指世界的本体。韩非为了论证法术的合理性,对老子的"道"做了一番形而下的改造,扬弃了老子哲学中道的本体意义,而将道定义为"万理之所稽（稽,合也）",即道是对世间万物之理的抽象和总体把握。关于理与道的关系,他在《解老》篇中进一步阐述道：

凡理者,方圆、短长、粗靡、区脆之分也。故理定而后可以得道也。故定理有存亡,有死生,有盛衰。夫物一存一亡,乍死乍生,初盛而后衰者,不可谓常……而常者,无攸易,无定理……是以不可道也。圣人观其玄虚,用其周行,强字之曰"道",然后可论。②

就是说,先有方圆、短长、粗靡、区脆等静态的物理殊分以及存亡、死生、盛衰等运动变化,而道则是建立于万物之理的静动之"二"之上的"一"。既然理稽为道,那么这一过程就是"二而一",而非"一生二",这与老子正好相反。很显然,韩非子在对老子哲学的解释中,有意将其本体意义降至由具象归纳而成的规律层面,从而论证了法术的合理性。

道高于君与君高于道的不同。在老子的管理哲学中,道是最高的管理准则,圣人、侯王只能依据道的原则进行管理,即道始终是高于君主的。韩非则将作为自然规律的道引入并改造为政治领域的君臣之道,他说："道不同于万物,德不同于阴阳,衡不同于轻重,绳不同于出入,和不同于燥湿,君不同于群臣。凡此六者,道之出也。"③显然,韩非将自然规律的道过渡到人主之道,提出了"君道同体"论,并定义"道"为："道

---

① 《史记·老庄申韩列传第三》,《史记·卷六十三》。
② 《韩非子·解老》。
③ 《韩非子·扬权》。

者,万物之始,是非之纪也,是以明君守始以知万物之源,治纪以知善败之端。"① 韩非的君主之"道"实质上是一种君主之"术",《解老》云:"所谓'有国之母',母者,道也。道也者,生于所以有国之术,所以有国之术,故谓之'有国之母'。"② 这里的"术"广义上是指君主政治管理的理性原则,狭义上则是指法律以及如何利用法律驾御臣民的手段和权术。从道无所不在的性质而言,法可谓之道,因其广为流布于臣民之中;而由道之抽象、不可诉诸感官言之,君主御术亦可谓之道,韩非指出:"术者,藏之于胸中,以偶众端,而潜御群臣者也。"③ 因此,韩非子"君道同体"的"主道"论实质上是要维护君主的利益、体现君主的意志,这与老子的自然之道追求民众的利益是有着本质的不同的。

因顺自然无为之道与因循道法的不同。老子强调管理中要遵循自然规律(自然之道),采用无为的管理方式,韩非则认为管理者应该依法进行管理。韩非指出:"古之全大体者,望天地,观江海,因山谷。日月所照,四时所行,云布风动。不以智累心,不以私累己。"④ 韩非并不是仅仅停留在要管理者效法自然上,而是强调要做到"不以智累心,不以私累己",则必须因循法术,这是他与老子在对待自然上的重要区别。韩非指出:"寄治乱于法术,论是非于赏罚,属轻重于权衡……不引绳之外,不推绳之内;不急法之外,不缓法之内;守成理,因自然,祸福生乎道法,而不出乎爱恶","上不天则下不偏覆,心不地则物不毕载;太山不立好恶,故能成其高;江海不择小助,故能成其富。故大人寄形于天地而万物备,历心于山海而国家富"。⑤《扬权》篇又曰:"若地若天,孰疏孰亲?能像天地,是谓圣人。"⑥ 由此可见,韩非从天地山海等自然中得出的结论,并

---

① 《韩非子·主道》。
② 《韩非子·解老》。
③ 《韩非子·难三》。
④ 《韩非子·大体》。
⑤ 同上。
⑥ 《韩非子·扬权》。

第六章 治道的比较：与儒家、法家、墨家管理哲学思想的比较

非直接的无为政治原则，而是强调君主应摈弃人道的好恶，效法天地的无私，一切依据道法而为，才能达到天下大治。

人性自然与人性好利的区别。与老子强调人性的自然性、真朴性不同，韩非则强调人性的好利性。韩非认为人的本性是好利的，"利之所在民归之，名之所彰士死之"①，"义臣之情，非必能爱其君也，为重利之故也"②，"父母之于子女也，尤用计算之心相待也"③。韩非从人的生存现实出发，认为好利是基于人的本能需要，"以肠胃为根本，不食则不能活，是以不免于欲利之心"④。韩非还从观察实际生活中人的行为入手得出人与人之间，乃至父母与子女，丈夫与妻子之间都是一种赤裸裸的、以利为纽带的关系。韩非指出："人为婴儿也，父母养之简，子长而怨。子盛壮成人，其供养薄，父母怒而消之。"⑤"父母之与子也，产男则相贺，产女则杀之，此俱出于父母之怀柱，然男子相贺，女子杀之者，虑其后便，计其长利也。故父母之于子也，犹用计算之心以相待也。"⑥韩非论述人与人之间的关系指出："医善吮人之伤，含人之血，非骨肉之亲也，利所加也。故舆人成舆则欲人之富贵，匠人成棺则欲人之夭死也，非舆人仁而匠人贼也，人不贵则舆不售，人不死则棺不买，情非憎人也，利在人之死也。"⑦连亲情都是一种利害关系，君臣之间当然也是赤裸裸的买卖、利益关系，而非儒家所说的君臣之间是仁、义礼、忠、信的关系。韩非子指出："臣尽死力以与君市，君垂爵禄以与臣市。君臣之际，非父子之亲也，计数所出也。""君上之与民，有难则用其死，安平则用其力。"⑧韩非把利作为衡量、考察、估计一切的尺度和标准，把好利作为人性的本质。

---

① 《韩非子·外储说左上》。
② 《韩非子·二柄》。
③ 《韩非子·六反》。
④ 《韩非子·解老》。
⑤ 《韩非子·外储说左上》。
⑥ 《韩非子·六反》。
⑦ 《韩非子·备内》。
⑧ 《韩非子·难一》。

韩非子虽然认为人性是好利的,却不否认君子的存在:"真者,慎之固也……修身者,以此别君子小人。"① "赏罚明,则伯夷、盗跖不乱。"② 而且劝君主对君子和小人应采取不同的态度,"喜则誉小人,贤不肖俱赏;怒则毁君子,使伯夷与盗跖俱辱;故臣有叛主"。君子就是如伯夷一样有道德的人,重义轻利,而小人则是没有道德的人,轻义重利。同时,韩非子从现实观察中得出,现实生活中像君子一样作为的人其实是少之又少的,只不过如尧、舜、桀、孔子等几个圣人而已。如《难势》中说:"且夫尧、舜、桀、纣千世而一出。"《安危》篇中说:"治世,使人乐生于为是,爱身于为非,小人少而君子多。"又说:"仲尼,天下圣人也,修行明道以游海内,海内说其仁、美其义而为服役者七十人。盖贵仁者寡,能义者难也。故以天下之大,而为服役者七十人,而仁义者一人。"③ "且世之所谓贤者,贞信之行也……今贞信之士不盈于十。"④ 正是因为现实中君子相较于好利的小人几乎可以忽略,社会管理面对的对象主要是小人,而管理小人的最好方法是法治,这样韩非就以人的好利性论证了法治管理的合理性。韩非指出:"凡治天下,必因人情,人情有好恶,故赏罚可用。赏罚可用,则禁令可立,而治道具矣。"⑤ "夫至治之国也,善以止奸为务。是何也?其法通乎人情,关乎治理也。"⑥

老子从宇宙的自然演化,人的自然发展的应然状态得出人的本性是自然,与老子不同,韩非不是从抽象、空洞的善恶概念出发,而是从历史与现实中人的实际行为相互关系方面立论,他主张不要用人们习惯的道德观念去衡量人,而应该用"利"去解释人们的行为。在韩非看来,人好恶之情、追求权利之心是人之本性也,也是法治得以实施的人性根据。

---

① 《韩非子·解老》。
② 《韩非子·用人》。
③ 《韩非子·五蠹》。
④ 同上。
⑤ 《韩非子·八经》。
⑥ 《韩非子·制分》。

第六章 治道的比较:与儒家、法家、墨家管理哲学思想的比较

2. 管理方式的比较

对管理的形上基础认识的不同导致了老子与韩非子在管理上采用不同的管理方式,表现为老子的自然无为方式与韩非子的法治有为方式的不同,老子的复归方法与韩非子的君主治理方法。

自然无为与法治有为。老子强调管理要以自然为法,采用无为的方式进行管理。韩非子从法术之理和社会现实出发,认为管理者必须采用有为的法治管理方法。具体地说,就是系统应用"法"、"术"、"势"三个"帝王之具",实现帝王的有效管理。韩非实质上是吸收了商鞅的重"法"思想、申不害的重"术"思想和慎到的重"势"思想,形成了系统的法家管理思想。"能集此三派之大成,又以《老》学荀学为根据,而能自成一家之言者,则韩非是也。"① 对于管理中"术"和"法"的关系,韩非子指出:"问者曰:'申不害、公孙鞅,此二家之言,孰急于国?'应之曰:'是不可程也。人不食十日则死。大寒之隆,不衣亦死。谓之衣食孰急于人,则是不可一无也,皆养生之具也。今申不害言术,而公孙鞅为法。术者,因任而授官,循名而责实,操生杀之柄,课群臣之能者也。此人主之所执也。法者,宪令著于官府,刑罚必于民心,赏存乎慎法,而罚加乎奸令者也。此臣之所师也。君无术则弊于上;臣无法则乱于下。此不可一无,皆帝王之具也。"② 对于法的重要性,韩非子指出:"法令者,民之命也,为治之本也,所以备民也。为治而去法令,犹欲无饥而去食也,欲无寒而去衣也,欲东西行也,其不几亦明矣。"③ "势"是君王(管理者)实施法治管理的管理主体条件,也是法治管理的必要条件,韩非子指出:"飞龙乘云,腾蛇游雾。云罢雾霁,而龙蛇与蚯蚓同矣,则失其所乘也。贤人面汕

---

① 冯友兰:《中国哲学史》(上),第239页。
② 《韩非子·定法篇》。
③ 《商子·定分篇》,见《百子全书》(上)。

于不肖者,则权轻位卑也。不肖而能服于贤者,则权重位尊也。尧为匹夫,不能治三人。而桀为天子,能乱天下。吾以此知势位之足恃,而贤智之不足慕也。夫弩弱而矢高者,激于风也。身不肖而令行者,得助于众也。尧教于隶属,而民不听;至于南面而王天下,令则行,禁则止。由此观之,贤智未足以服众,而势位足以诎贤者也。"① 其意是君主须有威势,方能驾驭臣下,使其为自己效劳;君主须有威势,方能统治民众,令行禁止。由此可见,法家的"势"、"术"、"法"三派分别从不同的角度强调法律、法制,重"法"派强调"法"对管理的价值,重"术"派强调"法"的实施,重"势"派强调帝王制定和实施法治管理的绝对权威性。韩非融合了三派思想,在实践中系统应用三派的思想推动社会的管理。

复归与君主规制。老子认为人性是自然的,管理者只要做到清静无为,不扰乱百姓的自然人性,百姓就会回归自然状态而达到管理目的。韩非认为人性是好利的,管理者要利用人性好利的弱点,采用法治的规范的管理方法。韩非认为,法治管理的第一个必要步骤是立法,即君主依"势"建立建全成文法典。立法内容包括君主(道)制定一系列相对稳定的法律(法),确定国家和社会各项生活的基本准则,规定臣民百姓的言行界限,设置国家机构及其机构人员职位等。韩非提出:"上法而不上贤。"② "法者,编著之图籍,设之于官府,而布之于百姓者也。"③ 通过这些公开发布的成文法,告诉全国的百姓,什么应该做,什么不应该做。这样全国的百姓就有了行为的准则,君主也可籍此以监察百姓的行。关于立法对管理的重要性,韩非认为,有了法,就是仅有"中人"管理水平的君主也能成功地管理好国家。"释法术而任心治,尧不能正一国。去规矩而妄意度,奚仲不能成一轮。废尺寸而差短长、王尔不能半中。使中主守法术,拙匠守规矩尺寸,则万不失矣。君人者,能去贤巧之所不能,守中拙

---

① 《韩非子·难势篇》引,见《百子全书》(上)。
② 《韩非子·忠孝篇》。
③ 《韩非子·难三篇》。

第六章 治道的比较：与儒家、法家、墨家管理哲学思想的比较

之所万不失，则人力尽而功名立。"① 韩非还以现实为基础，认为儒家倡导的人治和德治只是不现实的空想，只有法治才是符合现实的。他说："夫圣人之治国，不恃人之为吾善也，而用其不得为非也。恃人之为吾善也，境内不什数；用人不得为非，一国可使齐。为治者用众而舍寡，故不务德而务法。"②

法治管理的第二步是君主以"术"用人，即选择合适的人为君主执法。在法家的法治管理中，认为君主不可能也没有必要亲自去监督百姓的所有行为，君主需要有一种御人之术，这就是法家创造出的"循名而责实"的御人之术。"循名而责实"与现代管理中的权、责一致有一定的相通之处，实际上就是将一定的官职授予一定的人，然后再按照他的职责的规定来监督检查他的职责的实际完成情况。君主需要做的事就是这些，不需要过问臣下用什么方法去完成职责。"实"是指实际担任某一官职的人；"名"是指这人的头衔，其头衔已经指明了担任该职务的人应当尽到的职责。"循名责实"的目的，就是使臣下的所作所为完全符合他的职责的规定，使"实"与"名"的规定相一致。韩非说："人主将欲禁奸，则审合刑名者，言与事也。为人臣者陈而言，君以其言授之事，专以其事责其功。功当其事，事当其言，则赏。功不当其事，事不当其言，则罚。故群臣其言大而功小者则罚；非罚小也，罚功不当名也。群臣其言小而功大者亦罚；非不说于大功也，以为不当名也。害甚于有大功，故罚。"③ 这实际上是一种类似于现代科层制管理的"以一御万"的管理控制之术。如果君主无法对所有的臣下"循名责实"，那么他还可以让别的人去替他"循名责实"，他本人再对这些"别的人"循名责实。"循名责实"是让所有的被管理者都处于被控制之中，而最终的控制者是君主。

法治管理的第三步君主依"势"以"法"、"术"考核臣民（参验）和

---

① 《韩非子·用人篇》。
② 《韩非子·显学篇》。
③ 《韩非子·二柄篇》。

赏罚臣民。验证臣民的言论主张与事务完成情况是否相符，考察核实君主直接任命的官员的做事效果与其职能是否相符。赏罚臣民就是根据考核结果重赏名实相符的，惩罚名实不符的。"赏"、"罚"二柄，是用以驱使臣下为自己做事的有效保障，也是"循名责实"之术之所以有效的保证。韩非说："势者，胜众之资也。""万乘之主，千乘之君，所以制天下而征诸侯者，以其威势也。威势者，人主之筋力也。"又说："明主之所导制其臣者，二柄而已矣。二柄者，刑德也。何谓刑德？杀戮之谓刑；庆赏之谓德。为人臣者，畏诛罚而利庆赏。故人主自用其刑德，则群臣畏其威而归其利矣。""二柄"的使用所以有效，是因为人莫不有畏诛罚而利庆赏、趋利避害的心理本能。韩非认为天下之人"皆挟自为心"，都是自私自利的和趋利避害的，"人情有好恶，故赏罚可用"。正因为人性的本能是自私自利的，故君主可以利用人们畏诛罚而利庆赏的本性来达到控制臣民的目的。

韩非以"法"、"术"、"势"为管理内容，以君主为管理主体，通过对管理对象的规训实现管理目的，而老子强调以管理对象为主体，运用无为的复归方式实现社会管理，这二者之间是有着根本不同的。

3. 管理的理想国比较

与老子提出"小国寡民"的管理理想国相似，韩非则提出了"至安之世"的管理理想国。韩非这样描写自己的理想国："故至安之世，法如朝露，纯朴不散，心无结怨，口无烦言。故车马不疲弊于远路，旌旗不乱于大泽，万民不失命于寇戎，雄骏不创寿于旗旆，豪杰不著名于图书，不录功于盘盂，记年之牒空虚。故曰：利莫长于简，福莫久于安。……古之牧天下者，不使匠石极巧以败太山之体，不使贲、育尽威以伤万民之性，因道全法，君子乐而大奸止。"① 显然，韩非构建了一个以法制为保障，人

---

① 《韩非子·大体》。

第六章 治道的比较：与儒家、法家、墨家管理哲学思想的比较

民各司其职，统治者以法律为准绳进行管理，不干扰百姓的正常生活，人民依自身本性过着安居乐业的生活。韩非的理想国与老子的理想国相比，二者有以下几点区别。

自然秩序与法治秩序的区别。老子的"小国寡民"强调的秩序是社会内部自生、自发的自然秩序。这种自然秩序是由社会内部各种要素通过自然方式发生作用形成的。韩非子的"至安之世"强调的是以君主为主体对社会进行规范的法治秩序，法治秩序是通过君主制定法律、实施法律于社会形成的。因此，自然秩序与法制秩序的区别实质就是社会自发的内部秩序与社会人为的外部秩序的区别。从管理理论上看，自然秩序更符合被管理者的需求，而法治秩序则更符合管理者的利益和需求；从管理实践上看，自然秩序是抽象而难于把握的，自然秩序的实现需要管理者、被管理者都是"自然人"，都能够消除自身欲望并主动回归自然秩序，法治秩序则是现实而可操作的。这就是为什么老子的理想国在历史上始终处于幻想状态，而法家的理想国却能在现实中落实的原因。

自然的无为与法治的无为。老子的理想国强调管理者要以自然无为的方式管理人民，而韩非的理想国也强调管理者无为，但韩非的无为重在强调管理者以法律为工具控制社会，运用"法"、"术"、"势"相结合的管理之术，形成法律控制的社会结构后，管理者就可以轻松管理社会，便可做到"无为而无不为"。韩非多处论及无为："明君无为于上，群臣竦惧乎下。明君之道，使智者尽其虑，而君因以断事。……有功则君有其贤，有过则君任其罪，故君不穷于名。是故不贤而为贤者师……"①《扬权》篇曰："权不欲见，素无为也。""夫物者有所宜，材者有所施，各处其宜，故上下无为。""虚静无为，道之情也。""动之溶之，无为而改之。"②《解老》篇曰："虚者之无为也，不以无为为有常。"③ 韩非还认为理想的管理

---

① 《韩非子·主道》。
② 《韩非子·扬权》。
③ 《韩非子·解老》。

者（君主）应当如"日月所照，四时所行，云布风动，不以智累心，不以私累己。寄治乱于法术，托是非于赏罚，属轻重于权衡"①。可见，韩非的无为实质是管理者根据自己的意愿，充分运用法治管理方法建构一个以法律为动力的自动化社会，其目标是实现管理者利益的最大化。

三、与墨家管理哲学思想的比较

墨家学派的管理思想集中记载在《墨子》一书中，该书系墨子（墨翟）及其弟子所著。在先秦时期，儒墨并称为显学，韩非子称"世之显学，儒墨也"②。《吕氏春秋》称："孔墨徒属弥众，弟子弥丰，充满天下。"③ 足见墨家在当时的影响。墨家学派代表的是当时处于社会底层的"贱民"即下层民众和手工业者的思想观点，他们所关注的社会问题的焦点在于"民之三患"即所谓"饥者不得食，寒者不得衣，劳者不得息"④。为了人民的利益，在社会管理上，墨子以社会生产经验为基础建立了管理的经验认识论，以人民利益为根本建立了管理的功利主义方法论，提出了治理社会、重建秩序的"尚贤"、"尚同"、"兼爱"、"非攻"、"节用"、"节葬"、"非乐"等十大主张。墨子的管理哲学与老子的管理哲学相比，在管理的形上基础、管理的具体方式以及管理的目标有许多相异之处。

1. 管理的形上思想比较

老子和墨家都明确提出了自己的形而上的哲学观，并以形而上的哲学

---

① 《韩非子·大体》。
② 《韩非子·显学篇》。
③ 《淮南子·尊师篇》。
④ 《墨子·非乐上》，见《百子全书》（上）。

第六章 治道的比较：与儒家、法家、墨家管理哲学思想的比较

思想分析、指导人类社会的管理问题，但两家关于管理的形上基础是有根本区别的，具体表现为自然天道与天志、明鬼的区别、自然人性与自利人性的区别。

自然天道与天志、明鬼的区别。老子的管理哲学以"道"为其形上基础，认为"天"是自然之天，是无意志、无意识的，"天地不仁，以万物为刍狗"，反对鬼神之说，"以道莅天下，其鬼不神"。墨子的管理哲学则是以天志为其形上基础，以明鬼为作为贯彻天志的手段。墨家的管理思想与墨家的来源有关，《汉书·艺文志》认为，"墨家者流，盖出于清庙之守"，"清庙之守"学统的崇祀尚鬼等学说是墨子故里思想的主要来源。墨子认为"天"是一个纯然的"人格神"，它有意欲、有感觉、有情操、有行为，能够主宰万物，被称为"天志"。

天志作为管理的形上基础表现为：一是天是管理的标准。墨子认为，天下管理不可以无法仪，然而父母、学者、国君都不是效法的对象，因为他们当中为仁者太少，"故父母、学、君三者，莫可以为治法"①。管理应效法"天"，"莫若法天"②。天志是管理王公大人及万民的标准，"我有天志，譬若轮人之有规，匠人之有矩。轮匠执其规矩，以度天下之方圆，曰：'中者是也，不中者非也'"③，"故子墨子之有天之意也，上将以度天下之王公大人为刑政也，下将以量天下之万民为文学、出言谈也"④。这就是说以天的意志作为衡量一切事物的标准。

二是在管理情感上，天兼爱天下百姓，好义而恶不义，赏善罚恶。墨子认为天兼爱天下百姓："天必欲人之相爱相利，而不欲人之相恶相贼也。"⑤ 从何得以证明？墨子解释说："且吾所以知天之爱民之厚者有矣，

---

① 《墨子·法仪》。
② 同上。
③ 《墨子·天志上》。
④ 《墨子·天志中》。
⑤ 《墨子·法仪》。

曰：磨为日月星辰，以昭道之；制为四时，春秋冬夏，以纪纲之；雷降雪霜雨露，以长遂五谷麻丝，使民得而财利之；列为山川溪谷；播赋百事，以临司民之善否；为王公诸伯，使之赏贤而罚暴；贼金木鸟兽，从事乎五谷麻丝，以为民衣食之财。""且吾所以知天爱民之厚者，不止此而足矣。曰：杀不辜者，天予不祥。不辜者谁也？曰：人也。予之不祥者谁也？曰：天也。若天不爱民之厚，天胡说人杀不辜而天予之不祥哉？此吾以知天之爱民之厚也。"① 天不仅为百姓提供生存的环境和物质条件，还会通过降灾难来惩罚滥杀无辜的人，这就是天爱万民的表现。墨子认为天好义而恶不义："天下有义则生，无义则死；有义则富，无义则贫；有义则治，无义则乱。然则天欲其生而恶其死，欲其富而恶其贫，欲其治而恶其乱，此我所以知天欲义而恶不义也。"② 墨子认为天意是兼爱的，"天之意，不欲大国之攻小国也，大家之乱小家也，强之暴寡，诈之谋愚，贵之傲贱，此天之所不欲也。止此而已，欲人之有力相营，有道相教，有财相分也。又欲上之强听治也，下之强从事也"。墨子认为，爱人利人，顺从天意，就会得到上天的赏赐；反之，憎人害人，违反天意，一定会受到上天的惩罚："天子为善，天能赏之；天子为暴，天能罚之。"③

三是在管理功能上，天无所不在，全知全能，审视万物。墨子认为："日焉而晏日焉而得罪，将恶避逃之？曰无所避逃之。夫天不可为林谷幽门无人，明必见之。"④ 墨子把天作为管理人类事物中能够审视一切、全知全能的宇宙最高主宰。

与老子"以道莅天下，其鬼不神"的否定鬼神存在的思想相比，墨子则强调"明鬼"，把鬼神作为"天"管理的使者，替"天"执行赏善罚恶的使命。墨子的明鬼思想主要包括：首先鬼神是天意执行者，能直接治理

---

① 《墨子·天志中》。
② 《墨子·天志上》。
③ 《墨子·天志下》。
④ 《墨子·天志上》。

第六章 治道的比较：与儒家、法家、墨家管理哲学思想的比较

天下混乱。墨子认为："皆以疑惑鬼神之有与无之别，不明乎鬼神之能赏贤而罚暴也。今若使天下之人，借若信鬼神之能赏贤而罚暴也，则夫天下岂乱哉！"① 墨子解释天下大乱的原因在于人们对鬼神的存在心存疑惑，对鬼神替天赏善罚恶的能力还不信服，假如天下人都相信鬼神确实存在，并具有赏罚的能力，天下混乱就可以消除了。其次，鬼神替天赏善罚暴的作用是无所不在的。墨子认为鬼神无处不在，"古之今之为鬼，非他也，有天鬼，亦有山水鬼神者，亦有人死而为鬼者"。"故鬼神之明，不可为幽涧广泽、山林深谷，鬼神之明必知之"。② 鬼神根据人们的行为进行理性的赏罚，"鬼神之罚，不可惮富贵众强、勇力强武、坚甲利兵，鬼神之罚必胜之"。

从墨子的这个管理思想体现上看，墨子是把"天志"、"鬼神"思想作为形上基础，在管理中作为一种有效推行自己管理思想的工具，而不是把天志、鬼神作为最终目的。墨子只是认为管理应该取法于天，爱利万民，尊天事鬼，这才是真正有效的管理。

绝巧弃利与贵义重利的价值观区别。老子在管理中反对应用智、利进行管理，重视事物的自然价值，认为"绝巧弃利，民利百倍；绝圣弃智，民复孝慈"③。与老子的管理价值观不同，墨子提出贵义重利的管理价值观。从墨子《贵义》篇可以看出，墨子所说的义是指权衡利益，分辨是非、曲直、善恶的标准。具体到社会管理上就是对人生、社会、国家有用有利有益。义的具体内涵包括以下几个方面：一是指"顺天""明鬼"即为义。墨子说："今天下之王公大人、士君子，中实将欲遵道利民，本察仁义之本，天之意不可不服也。顺天之意者，义之法也。"④ 又说"逮至昔三代圣王既没，天下失义，诸候力正。……是以天下乱。此其故何以然

---

① 《墨子·明鬼下》。
② 同上。
③ 《老子·十九章》。
④ 《墨子·天志中》。

也？则皆以疑惑鬼神之有与无之别，不明乎鬼神之能赏贤罚暴也"①。那么"天"、"鬼"的意思是什么呢？事实上就是墨子所认为的"尊道利民"、"能赏贤罚暴"。二是指善于管理国家，即"善政"即为义。"义者，善政也"，"天下有义则治，无义则乱。"② 三是指"圣王之道"、"国家百姓之利"即为义。如墨子所言："今天下之士君子，中请将欲为仁义，求为上士，上欲中圣王之道，下欲中国家百姓之利，故当若节丧之为政，而不可不察此者也。"③ 四是指管理中各尽其用，各尽其能。墨子以筑墙为例说明义的要务，"能筑者筑，能实壤者实壤，能欣者欣，然后墙成也。为义就是也，能谈辩者谈辩，能说书者说书，能从事者从事，然后义事成也"④。在对待义利的关系上，墨子是义利并重的，墨子认为，"义：利也"。⑤ 意思是义就是利；墨子还同时指出："义：志以天下为，而能利之，不必用。"⑥ 意思是说，义就是把有利于天下作为自己职分，才能够有利于天下，而不一定为世所用。墨子义利并重的管理思想与老子的绝仁弃义、绝巧弃利的管理思想形成鲜明的对比。

自然人性与非固定人性的区别。老子认为人性是自然的，以自然人性作为管理的人性基础。墨子对人性并没有简单地作出性善或性恶的划分，也没有对人性作深入、明确的哲学探讨，但从墨子对人的兼爱与别爱的论述中可以断定墨子认为人性是善恶共存的。在论述兼爱优于别爱时，他肯定人性是自私的，是恶的，社会祸乱灾难产生的根源就在于人人自爱而不爱人，亏人而自利。墨子指出："当察乱何自起，起不相爱。臣子之不孝君父，所谓乱也。子自爱，不爱父，故亏父而自利；弟自爱，不爱兄，故亏兄而自利；臣自爱，不爱君，故亏君而自利。此所谓乱也。虽父之不慈

---

① 《墨子·明鬼下》。
② 《墨子·天志中》。
③ 《墨子·节葬下》。
④ 《墨子·梗柱》。
⑤ 《墨子·经上》。
⑥ 《墨子·说经上》。

第六章 治道的比较：与儒家、法家、墨家管理哲学思想的比较

子，兄之不慈弟，君之不慈臣，此亦天下之所谓乱也。父自爱也不爱子，故亏子而自利；兄自爱也不爱弟，故亏弟而自利；君自爱也不爱臣，故亏臣而自利。是何也？皆起不相爱。虽至天下之为盗贼者亦然。……虽至大夫之相乱家，诸侯之相攻国者亦然。"① 在论述兼爱代替别爱时，他又肯定人不是自私的，强调"为彼犹为己"、对等互报，承认人有共同的而且是善良的道德本性。墨子指出："故兼者，圣王之道也，王公大人之所以安也。万民衣食之所以足也。故君子莫若审兼而务行之。为人君必惠，为人臣必忠，为人父必慈，为人子必孝，为人兄必友，为人弟必悌。故君子莫若欲为惠君、忠臣、慈父、孝子、友兄、悌弟，当若兼之不可不行也。此圣王之道，而万民之大利也。"② 墨子认为人性是自私和利他的复合体，必须采取"交相利"的方式满足人的自私心，单纯地强调"兼相爱"是空洞的、没有实际管理效果的。

2. 管理方式的比较

与老子的无为管理方式相比，墨子在功利主义思想的基础上建构了尚同、尚贤的管理方式，提出了"兴天下之利，除天下之弊"的管理目的。老子与墨家的管理方式的不同具体表现为无为与尚同的区别、反智与尚贤的区别。

无为与尚同。老子的无为是要求管理者在管理中以被管理者为主体，采用辅助的方式让被管理者在不受干扰的条件下按照自身的规律自然地成长。墨子的尚同则要求在管理中以管理者为主体，被管理者的思想和行为与管理者保持一致，并以此实现管理的目标。

尚同的主要内涵是主张全体社会成员要服从国君，做到"一同天下之义"。即要求社会成员的思想都要统一于其长官，下级思想要统一于上一

---

① 《墨子·兼爱上》。
② 《墨子·兼爱下》。

级，以此逐级统一思想和舆论，即所谓"上之所是必皆是之，所非必皆非之"①。墨子认为春秋时期天下混乱是没有实现"尚同"，以至于"一人一义，十人十义，百人百义，其人数兹众，其所谓义者亦兹众"②。其结果是"国众必乱"。因此治理天下只有"尚同"、实现整齐统一的管理，"唯以其能一同天下之义，是以天下治"③。

为了实现尚同的管理目标，墨子还设计了类似于现代官僚体系的组织结构，以保证尚同的实现。墨子说："天下之欲同一天下之义也，是故选择贤者，立为天子。天子以其知力为未足独治天下，是以选择其次，立为三公。三公……分国建诸侯。诸侯又……选择其次，立为卿之宰。卿之宰又……选择其次，立而为乡长家君。"④ 意思是，在天下有了生民之后，天才逐渐选择贤能之士立为天子的；天子因其单个人智力不能足于治天下，又设立了三公；依此类推，三公又建立了诸侯，诸侯又设立了卿之宰，卿之宰又设立了乡长家君。这样就形成了一个自上而下统一的官僚系统，其组织结构是以管理者为核心和主体，为"尚同"的实现提供了组织保障。

在具体实现"尚同"的途径上，墨子设计了以天子为"尚同"的最高目标、以各级管理者为"尚同"主体的运行机制。在管理操作上，以天子的政令为"尚同"的指示，天子可以对天下百姓发布政令："闻善而不善，皆以告其上。上之所是必皆是之，所非必皆非之。"⑤ 为了达到与政令同一的目的，圣王们专门设置了刑政和赏誉。由于普天下之人都希望得到上级赏誉，畏惧上级惩罚，所以，里长顺天子政，而一同其里之义，里治。里长既同其里之义，又率其里之万民以同乡长，以"乡长之所是必皆是

---

① 《墨子·尚同上》。
② 《墨子·尚同中》。
③ 同上。
④ 《墨子·尚同下》。
⑤ 《墨子·尚同中》。

第六章 治道的比较：与儒家、法家、墨家管理哲学思想的比较

之；乡长之所非必皆非之"①，对百姓发布政令。同理，乡长以诸侯国国君、诸侯国国君以天子之所是所非对百姓发布政令。正是因为乡长能一同乡之义，所以乡治；国君能一同国之义，所以国治；天子能一同天下之义，所以天下治。天子又上同于天。这是墨子认识到自百姓、里长、乡长、诸侯国君、天子均尚同于天，天下运转就会顺畅无阻，天下大治，所以，他顺理成章地推出"唯能以尚同为政者也"②。

反智与尚贤的区别。老子反对贤人的管理模式，"不尚贤，使民不争"③。老子认为扰乱人心，干扰了社会的自然状态，且贤人政治有被人利用而形成虚假的社会伦理，使社会更加背离自然之道。针对春秋时期在人才任用上还是延续西周以来"任人唯亲"的传统，即"内姓选于亲，外姓选于旧"④。墨子提出了尚贤的对待人才的管理方式，其目的是想让包括平民百姓之中的"贤良之士"都能参预国家和社会的管理，以达到天下大治。墨子的"尚贤"管理思想对于"尚贤"的理论依据、"尚贤"的重要性、"尚贤"的意义、"尚贤"的对象、"尚贤"的方法和措施，都作了十分明确的规定。

墨子认为，尚贤是天鬼意志的表现，"古圣王以审以尚贤使能为政，而取法于天。虽天亦不辩贫富、贵贱、远迩、亲疏，贤者举而尚之，不肖者抑而废之"⑤。古时圣王因为尚贤，天鬼奖赏他们，立他们为天子，作为人民的父母，万民服从，国家大治。

对于"尚贤"的必要性，墨子认为影响一个国家强弱或兴衰、社会稳定或混乱的根本在于一个国家拥有贤良之士的数量以及是否做到尚贤使能。因此"尚贤使能"是为政之本，国家管理在用人上要做到任人唯贤，

---

① 《墨子·尚同上》。
② 《墨子·尚同中》。
③ 《道德经·三章》。
④ 《左传·宣公十二年》。
⑤ 《墨子·尚贤中》。

反对任人唯亲。墨子充分认识到"国有贤良之士众,则国家之治厚;贤良之士寡,则国家之治薄"①,所以他主张王公大人们的主要任务,就在于招集众贤,"故大人之务,将在于众贤而已"②。

墨子还提出了衡量贤才的标准。他认为"凡所使治国家、官府、邑里,此皆国之贤者也"③。劝他说:"况又有贤良之士,厚乎德行,辩乎言谈,博乎道术者乎!此固国家之珍,而社稷之佐也。"④ 在墨子看来,贤良之士"厚乎德行"就是崇尚道德的"仁人","辩乎言谈"就是有学识能善辩的"智者","博乎道术"就是拥有一技之长能够胜任某方面工作的"巧匠"。他们都是国家的"珍宝"、社稷的"栋梁",意即贤良之士就是德行忠厚、道术渊博的德才兼备之人。这种标准是墨子在人才问题上所主张的理想标准。

关于选贤用能的原则和措施,墨子提出了法先王的原则,以"义"为准则来处理"贤"与"不贤"的待遇问题,否则就会"不义不富,不义不贵,不义不亲,不义不近"⑤。为了调动贤才的积极性,墨子还强调给贤才以适当的爵禄和权力,即"爵位不高则民不敬也;蓄禄不厚则民不信也;政令不断则民不畏也"⑥。他认为古时圣王采用"高予之爵,重予之禄,任之以事,断予之令"⑦,实际上不是在赏赐大臣,而是希望大臣们能够为他做事,使他们"得贤人而使之,般爵以贵之,裂地以封之,终身不厌"⑧。墨子还强调根据贤才的需求给予不同的政治和物质待遇,"有力者疾以助人,有财者勉以分人,有道者劝以教人",才能使"饥者得食,

---

① 《墨子·尚贤上》。
② 同上。
③ 《墨子·尚贤中》。
④ 《墨子·尚贤上》。
⑤ 同上。
⑥ 同上。
⑦ 《墨子·尚贤中》。
⑧ 同上。

第六章 治道的比较：与儒家、法家、墨家管理哲学思想的比较

寒者得衣，乱者得治"①。

3. 管理的理想国比较

与老子的"小国寡民"的理想国相比，墨子建构了以"兼爱"为核心内容的理想国，墨子这样描述他的理想国：

"视人之国，若视其国；视人之家，若视其家；视人之身，若视其身。是故诸侯相爱，则不野战；家主相爱，则不相篡；人与人相爱，则不相贼；君臣相爱，则惠忠；父子相爱，则慈孝；兄弟相爱，则和调。天下之人皆相爱，强不执弱，众不劫寡，富不侮贫，贵不傲贱，诈不欺愚，凡天下祸篡怨恨，可使毋起者，以相爱生也，是以仁者誉之。"②

墨子的理想国，较多地反映了小生产劳动者的理想和追求，"这是一个无掠夺、无剥削、无压迫的劳动者们相互帮助、友爱、互利的乐园空想"，人们像爱自己一样地爱所有人。与老子的理想国相比，二者有以下几点区别。

自然秩序与平等秩序的区别。老子的社会秩序是一种自生、自发的自然秩序，这种秩序是宇宙、社会、人等各种要素自然作用的结果，而不是认为建构的结果。墨子强调的社会秩序是一种以"兼爱"为核心的平等秩序，墨子说："故兼者，圣王之道也，王公大人之所以安也，万民衣食之所以足也。故君子莫若审兼而务行之。为人君必惠，为人臣必忠，为人父必慈，为人子必孝，为人兄必友，为人弟必悌。故君子莫若欲为惠君、忠臣、慈父、孝子、友兄、悌弟，当若兼之不可不行也。此圣王之道，而万民之大利也。"③ 墨子提倡兼爱，要人们丢掉利己之心、消除人我界限，像爱自己一样一丝不差地爱他人，像爱自己的家、国一样去爱他人的家、

---

① 《墨子·尚贤下》。
② 《墨子·兼爱中》。
③ 《墨子·兼爱下》。

国，以达到人与人相亲相爱。这是一种无差别的爱，这种爱建立了人与人之间的平等秩序。

社会发展的管理动力不同。老子认为社会发展是"道"自然运行的结果，是社会各种要素在不受外界干扰的前提下自然作用的结果。墨子则认为社会的发展是人与人之间实现"兼爱"的结果，从天子到普通民众都能做到"兼爱"，社会就会获得发展，"兼爱"既是社会发展的理想，又是社会发展的动力。

理想国实现的条件不同。老子理想国的实现需要深得自然之道并按照自然之道管理的圣人为前提，而墨子理想国的实现则需要具有"兼爱"精神的管理者以"尚同"、"尚贤"的管理方式管理国家，并使人民都成为"兼者"（像爱自己一样爱他人的人）。

第七章 道的实践:老子管理之"道"的历史影响

第七章 道的实践:老子管理之"道"的历史影响

　　从表面看,老子的治理之"道"似乎是仅仅针对春秋战国的现实治理实践提出的治理策略。然而事实上,老子以其史官的阅历和渊博知识,把人类社会的治理放入人类历史发展的时间维度和人类与宇宙万物相互联系的空间维度中加以考虑,创造性地提出了许多人类社会治理的永恒问题,并从哲学的角度和高度给出了人类社会治理应然状态的终极性答案。因此,老子治理之"道"对人类社会的影响极其深远。正如陈鼓应指出,儒家文化据于中国传统文化的表层结构,道家文化据于中国文化的深层结构。[①] 可见道家文化对中国的影响。具体而言,老子治理之"道"在治理理论和治理实践上都对中国的社会治理历史产生了深远的影响。在治理理论上,老子治理之"道"产生了三个方面的影响:一是影响了庄子、黄老道家、玄学、重玄学等道家治理思想;二是影响了道教的治理思想;三是对法家治理思想的形成产生了重要影响。在治理实践上,老子治理之道对汉代的"文景之治"、唐宋等历朝治理实践都有重要影响。老子的治理之道不仅影响了中国的治理理论和治理实践,对西方的治理理论也产生了深

[①] 陈鼓应:《老庄新论》,商务印书馆2008年版,第196页。

远的影响,有学者认为,西方的经济自由思想是受了老子"道法自然"思想的影响。① 20世纪60年代之后,西方工业文明带给人们的负面效应凸显,西方的管理思想由机械论向系统论转化,大量的西方管理学家力图寻求中国古代的管理智慧以矫正西方管理之偏,以学习型组织等为代表的西方管理理论重新认识并发展了老子治理之"道"在现代的价值和意义。

一、对中国历代管理理论的影响

1. 对道家管理思想的影响

老子管理哲学对中国历史上管理理论的影响首先表现为对道家管理思想的影响。作为在历史上与儒家并行、对中国古代管理实践起着重要指导作用的道家管理思想,在不同时期因社会管理实践不同而产生了庄子学派、秦汉的黄老道家、魏晋玄学、隋唐的重玄学、宋元明时期的内丹心性学等,这些学派的管理思想都是在继承和发展老子管理哲学的基础上,依据现实的管理实践而建立的管理思想。

庄子是道家学派的集大成者,然"(庄子)其学无所不窥探,然其要本归于老子之言"②。司马迁的这段记载表明庄子之学本于老子之学。在管理的形上基础上,庄子继承了老子道的思想,但又有发展。他说:"夫道,有情有信,无为无形;可传而不可受,可得而不可见;自本自根,未有天地,自古以固存;神鬼神帝,生天生地;在太极之先而不为高,在六极之下而不为深,先天地生而不为久,长于上古而不为老。"③ 就是说,

---

① 参见四川大学匡安荣博士论文:《道法自然与经济自由——一项比较研究》,2002年。
② 《史记·老庄申韩列传》。
③ 《庄子·大宗师》。

第七章 道的实践：老子管理之"道"的历史影响

"道"是天地万物的本源，它有生发万物的特点，道自为本根，也是天地万物之本根。在《知北游》中他说："夫昭昭生于冥冥，有伦生于无形，精神生于道。"这句话的意思是可见之物生于不可见之道，有形之物生于无形之道，人类精神活动也起源于最根本的道，这正反映了庄子以道为宇宙之本根的基本思想，并且强调了道对万物的决定作用。在《天道》篇中他又说："夫道，于大不终，于小不遗，故万物备。"道是广大涵容的，它存在于万物之中，无论大小。同时，在《天道》篇中庄子还表达出，作为创生性的本体之道所具有的特点、属性，"天道运而无所积，故万物成；帝道运而无所积，故天下归；圣道运而无所积，故海内服"。指出，"道"所表现出的属性是"明于天，通于圣，六通四辟于帝王之德者，其自为也，昧然无不静者矣。……静则无为，无为也则任事者责矣。无为则俞俞，俞俞者忧患不能处，年寿长矣。夫虚静恬淡寂漠无为者，万物之本也"。可见，庄子继承了老子关于道的虚静、自然、无为的本质属性，并把道作为宇宙、社会、人生的规律，也就是管理的形上基础。

在管理人性上，庄子继承了老子的自然人性论。庄子指出："性者，生之质也。性之动，谓之为；为之伪，谓之失。"① 成玄英《疏》云："质，本也。自然之性者，是享生之本也。"关于"为"，郭象《注》云："以性自动，故称为耳；此乃真为，非有为也。""为"是指本能行动，不是被意识支配的行为，而"伪"，成玄英《疏》云："感物而动，性之欲也。矫性为情，分外有为，谓之丧道也。"② 所以，"伪"指人的主观能动性，在《庚桑楚》中"伪"是对"性"的破坏，因此称之为"失"。可见在庄子那里，人的主观能动性是与人之的自然本性相对立的，而人的本性是天然、自然的本质本能，这种本质是不应被主观意识所支配和改变的。在《山木》篇中也有类似的话语："有人，天也；有天，亦天也。人之不

---

① 《庄子·庚桑楚》。
② 同上。

能有天，性也。"郭象《注》云："凡所谓天，皆明不为而自然。言自然则自然矣，人安能故有此自然哉？自然耳，故曰性。"①"自然"即事物的自然状态，是本性、先天的、本然的，即庄子所谓"马，蹄可以践霜雪，毛可以御风寒，龁草饮水，翘足而陆，此马之真性也"②，"真性"即自然本然之天性；《秋水》篇中"牛马四足，是谓天；落马首，穿牛鼻，是谓人"中"天"也是指事物的本然之性。由此可以发现，在庄子看来，人的主观不能支配和改变的自然本质和本能便是"性"，而"落马首"是"有为"，"有为"就是"残生伤性"③，是对自然之性的违背，是对马之真性的破坏。因此，庄子的人性自然论就是认为人应以自己的常性、本性，自然而然地生活，不受外界一切因素束缚、困扰。

在管理方法上，庄子继承了老子无为的管理方法和复归的管理方法。庄子指出："天地虽大，其化均也；万物虽多，其治一也；人卒虽众，其主君也。君原于德而成于天，故曰，玄古之君王天下，无为也，天德而已矣。"④庄子认为君主应当是无为而治。因为在庄子看来天下万事万物都是随"道"而生，依"道"而化。无为既是自然的特性，也是人类的根本。庄子还指出："天地有大美而不言，四时有明法而不议，万物有成理而不说。圣人者，原天地之美而达万物之理，是故至人无为，大圣不作，观于天地之谓也。"⑤复归管理方法是庄子针对自然人性论提出的管理方法，是对老子"复归于婴儿"的管理方法的继承。庄子指出："绝圣弃知，大盗乃止；摘玉毁珠，小盗不起，焚符破玺，而民朴鄙；掊斗折衡，而民不争……彼人含其明，则天下不铄矣；人含其聪，则天下不累矣；人含其知，则天下不惑矣；人含其德，则天下不僻矣。"⑥

---

① 《庄子·山木注》。
② 《庄子·马蹄》。
③ 《庄子·骈拇》。
④ 《庄子·天地》。
⑤ 《庄子·知北游》。
⑥ 《庄子·胠箧》。

第七章 道的实践：老子管理之"道"的历史影响

在管理的理想国上，庄子把老子的"小国寡民"改造为"建德之国"和"至德之世"，庄子对其理想国描述如下：

"南越有邑焉，名为建德之国。其民愚而朴，少私而寡欲；知作而不藏，与而不求其报；不知义之所适，不知礼之所将；猖狂行为，乃蹈乎大方；其升可乐，其死可葬。"①

"至德之世，其行填填，其视颠颠。当是时也，山无蹊隧，泽无舟梁，万物群生，连属其乡，禽兽成群，草木遂长。是故禽兽可系羁而游，鸟鹊之巢可攀而窥。夫至德之世，同与禽兽居，族与万物并，恶乎知君子小人哉！"②

"至德之世，不尚贤，不使能；上如标枝，民如野鹿；端正而不知以为义，相爱而不知道以为仁，实而不知以为忠，当而不知道以为信蠢动而相使，不以为赐，是故行而无迹，事而无传。"③

庄子的"建德之国"和"至德之世"旨在追求没有政治制度和仁义道德的约束，没有人与人的相互欺骗和伤害，从而实现一种没有任何负累的自由生活。正如崔大华先生认为庄子的"至德之世"暗含有三个明显的目标："无政治的和道德的规范的约束（自由），无人与人的相互倾轧（平等），无沉重的生活负累（快乐）。"④ 庄子追求的是个人的自由，而老子追求的是国家、人民的整体幸福。从管理的目标看，老子重在救世，而庄子重在救人，"庄子由老子的救世转向救人，他所关注的主要问题是如何在乱世中安顿生命，就是作为主体的个人如何摆脱种种束缚，获得完全的精神自由和开放独立的人格"⑤，这是庄子对老子管理思想的发展。

黄老道家是战国中期从道家分化出来的一个道家学派，继承并发展了

---

① 《庄子·山木》。
② 《庄子·马蹄》。
③ 《庄子·天地》。
④ 崔大华：《庄学研究》，人民出版社1992年版，第250页。
⑤ 王新婷：《庄子人生哲学辨正》，《哲学动态》2007年第7期。

老子"天道自然"、"无为而治"、"因应时势"和辩证法等思想,援法入道,又重视道德教化,吸收儒家文化传统中的礼、乐管理方法,把老子对管理的形而上学思考落实到现实管理的具体方案,使老子的管理之道转化为现实的管理之术。在近三百年的发展中,黄老道家形成了许多理论性著作,如《黄帝四经》、《管子》、《吕氏春秋》、《淮南子》等,形成了系统的治国管理理论。

在管理的形上基础上,黄老道家继承并发展了老子的道的思想,把"道"作为宇宙万物的本原和终极存在:"夫道者,覆天载地,廓四方,析八极,高不可际,深不可测,包裹天地,禀授无形。原流泉悖,冲而徐盈;混混滑滑,浊而徐清。故植之而塞于天地,横之而弥于四海,施之无穷而无所朝夕。舒之幎于六合,卷之不盈于一握。约而能张,幽而能明,弱而能强,柔而能刚。横四维而含阴阳,纮宇宙而章三光。甚淖而𤄷,甚纤而微。山以之高,渊以之深,兽以之走,鸟以之飞,日月以之明,星历以之行,麟以之游,凤以之翔。"①黄老道家在继承老子道的思想基础上,把"道"作为管理的形上基础:"道者,物之所导也;德者,性之所扶也;仁者,积恩之见证也;义者,比于人心而合于众适者也。故道灭而德用,德衰而仁义生。故上世体道而不德,中世守德而弗坏也,末世绳绳乎唯恐失仁义。"②意思是,法度以仁义为本,仁义以道德为本,与仁义礼法相比,"道"才是管理最终极的根源,仁义礼法都必须符合"道"的"自然"、"无为"的精神。

在管理的人性假设上,黄老道家继承并发展了老子的自然人性论思想。以《淮南子》为例,《原道训》指出:"所谓天者,纯粹朴素,质直皓白,未始有与杂糅者也。所谓人者,偶差智故,曲巧伪诈,所以俛仰于世人而与俗交者也。故牛歧蹄而戴角,马被髦而全足者,天也。络马之口,

---

① 《淮南子·原道训》。
② 《淮南子·缪称训》。

第七章 道的实践：老子管理之"道"的历史影响

穿牛之鼻者，人也。循天者，与道游者也；随人者，与俗交者也。"① 可见，黄老道家强调人得之于"道"的纯粹朴素的本真状态，把这种本真的自然状态作为人性的本质，并据此提出"全性保真"的思想："全性保真，不亏其身"②，"循性保真，无变于己"③，"尊天而保真"④。这些思想是对老子自然人性思想的明确化和具体化。

在管理的方法上，黄老道家继承并发展了老子的无为管理方法和复归的管理方法。老子的无为重在要求管理者按照惯例客体的规律进行管理，是对管理者管理方法论上的要求。黄老道家在继承老子无为思想的本质前提下，"将儒家的'仁政'，墨家的'兼爱'和法家的'法治'熔为一炉，提出'刑德相养'的两手策略，并将它纳入'无为论'中"⑤。《黄老帛书》指出："天德皇皇，非刑不行。缪缪天刑，非德必顷。刑德相养，逆顺若成。"⑥意思是在管理中刑和德必须同时应用，才能达到管理目的。《淮南子》则指出："法者，天下之度量，人主之准绳也。"⑦法律是君主掌握的用以规范天下所有人行为的准则，是是非对错的统一标准，有了这个统一的标准，君主才能有效地主宰臣民。所以说："法律度量者，人主之所以执下，释之而不用，是犹无辔衔而驰也，群臣百姓反弄其上。"⑧ 同时《淮南子》认为法治必须辅以仁义，"且法之生也，以辅仁义。今重法而弃仁义，是贵其冠履而忘其头足也。故仁义者，为厚基者也"；"圣王之设政施教也，必察其终始，其悬法立仪，必原其本末"⑨。其意是指法度以仁义为本。黄老道家把法治和德治作为实现无为的主要手段，这是对老子管

---

① 《淮南子·原道训》。
② 《淮南子·览冥训》。
③ 《淮南子·汜论训》。
④ 《淮南子·要略》。
⑤ 刘云柏：《中国古代管理思想史》，陕西人民出版社1997年版，第332页。
⑥ 《十六经·姓争》。
⑦ 《淮南子·主术训》。
⑧ 同上。
⑨ 《淮南子·览冥训》。

理思想的主要发展。黄老道家在自然人性的基础上，继承和发展了老子"复归于朴"的管理思想，提出了"抱素返真"的管理方法。《淑真训》指出："是故圣人之学也，欲以返性于初，而游心于虚也；达人之学也，欲以通性于辽廓，而觉于寂寞也。"① "返性于初"就是要返归人性之"真"，返回人性之"本"。《淮南子》认为"抱素返真"对于管理主体——君主具有特别重要的意义，君主节欲反性是实现管理目标的前提。《齐俗训》说："夫纵欲而失性，动未尝正也，以治身则危，以治国则乱，以入军则破。是故不闻道者无以反性。"② 《诊言训》也说："节欲之本，在于反性；反性之本，在于去载；去载则虚，虚则平，平者道之素也，虚者道之舍也。能有天下者，必不失其国；能有其国者，必不丧其家；能治其家者，必不遗其身；能修身者，必不忘其心；能原其心者，必不亏其性；能全其性者，必不惑于道。"③ 其意都是强调复归管理方法的意义。

关于管理的理想目标，黄老道家则是通过重新阐发老子的"小国寡民"来表明管理的理想目标的："昔尧治天下也……水处者渔，林处者采，谷处者牧，陵处者川。地宜其事，事宜其械，械宜其材。皋泽织网，陵坂耕川，如是则民得以所有易所无，以所工易所拙，以所长易所短。是以叛离者寡，听从者众……是以邻国相望，鸡犬之声相闻，而足迹不接于诸侯之境，车轨不结于千单之外，皆安其居也。"④ 老子把"小国寡民"作为社会发展开始阶段，而黄老学派更加发展了老子"自然"的精神。它不仅不废弃"现代"文明，而且还努力的创造包括商业、机械制造在内的"现代"文明。

魏晋玄学在继承老子"玄之又玄"的思想基础上，王弼提出了"贵无论"："天下之物，皆以有为生。有之所始，以无为本。将欲全有，必反于

---

① 《淮南子·淑真训》。
② 《淮南子·齐俗训》。
③ 《淮南子·诊言训》。
④ 《文子·自然》。

第七章 道的实践：老子管理之"道"的历史影响

无也。"①"万物随虽贵，以无为用，不能舍无以为体也，舍无以为体，则失其为大矣。"② 意思是，"无"的作用比"有"更为根本，万物必须依赖"无"才能发挥作用。从"以无为本"的思想出发，王弼提出了"崇本息末"、"崇本举末"的命题，并将这一命题应用到治国原理上："夫以道治国，崇本以息末；以正治国，立辟以攻末。本不立而末浅，民无所及，故必至于以奇用兵也。"③"以道治国"即遵循"无"这一根本规律，以之作为治国之本，则必然顺应自然，顺应规律，因时而动，因势而立，也即实行无为而治；而"以正治国"，则容易执着于具体的政治制度和法律制度，墨守成规，实行有为政治。④ 其结果将是"法令滋章，而盗贼多有"。郭象则在继承老庄思想的基础上，提出了"万物独化于玄冥"的命题，深化了玄学"有"、"无"关系论："夫庄、老之所以屡称无者，何哉？明生物者无物而物自生耳。自生耳，非为生也，又何有为于已生乎？"⑤ 郭象由其独化论导出了"因天下之自为而任"、"各当其分，各当其能"等管理原则。根据这些管理原则，人人都能通过自身修炼而达到管理的目的，而不需要外在的管理："人皆自修而不治天下，则天下治矣。"⑥ 因此，管理者应该顺应民性进行管理，"夫欲为人之国者，不因众之自为而以己为之者，此为徒求三王主物之利而不见己为之患也。然则三王之所以利，其为之哉？因天下之自为而任耳"⑦。管理者应当努力创造"物任其性，事称其能，各当其分"的环境，而被管理者则应当安守其位，不作非分之想，这样就可实现有效的管理。

隋唐时期的重玄学代表人物成玄英和李荣，通过注疏《道德经》和

---

① 《王弼老子注·四十章》。
② 《王弼老子注·三十八章》。
③ 《王弼老子注·五十七章》。
④ 胡孚琛、吕锡琛：《道学通论》，社会科学文献出版社2004年版，第183页。
⑤ 《郭象庄子注·在宥注》。
⑥ 同上。
⑦ 同上。

《庄子》，阐发了老子的"重玄之道"，并据此提出了管理理论。成玄英继承并发展了老子的"道"的思想，"道以虚通为义，常以湛寂得名……常道者不可以名言辩，不可以心虑知，妙绝夷希，理穷恍惚。"，"至道深玄，不可涯量，非无非有，不断不常"[①]。李荣认为，"至真之道"是"虚极之理"，它"无形无象"、"超于言象"、"绝于有无"、"不生不灭"、"不常不断"、"不盛不衰"。[②] 重玄学超越了魏晋玄学的"贵无"、"崇有"的偏执，吸收佛学的中道原则，把"道"置于"有"、"无"之上，深化了老子之"道"。重玄学依据对"道"的重新阐释，运用"玄之又玄，遣之又遣"的思维方式，提出了治国的管理思想。成玄英在继承老子无为而治思想的基础上，提出了"物各自治而天下理"的管理思想。老子的无为重在强调管理者应遵循被管理者的规律，对被管理者只强调"自富"、"自化"，而成玄英"突出了被管理者主体的尊重，对民众自我管理能力的肯定"[③]。杜光庭在继承老子无为思想的基础上，提出了"理国不滞于有作"的管理思想："夫理国之无为者，不滞于有作，则三时不夺，万姓不劳，垂拱握图，超然宴处矣。……忘言者正身化下，言令不烦，淡尔无营，兆人自化。如此则符于无为之道也。"[④]

宋元明清时期的内丹心性学从管理的角度看主要是一种自我管理，核心是对生命个体的管理，实质是对生命心理和生理的管理，理论基础是老子关于生命哲学的思想。如金丹派南宗，将老子清静无为的思想与道教修炼实践相结合，并吸收禅宗明心见性思想和理学正心诚意思想，形成了系统的内丹修炼方法和理论。金丹派南宗的代表人物张伯端继承了老子"道"的生化思想："道自虚无生一气，又从一气产阴阳，阴阳再合成三体，三体重生万物昌。"在内丹修炼方法上，张伯端运用了老子归根复命

---

① 《道德经义疏·第一章》。
② 李荣：《道德真经注》。
③ 胡孚琛、吕锡琛：《道学通论》，社会科学文献出版社2004年版，第210~211页。
④ 杜光庭：《道德真经广圣义》卷四十三。

第七章 道的实践：老子管理之"道"的历史影响

的思想，说明内丹修炼要归根复本，复归于道，"万物芸芸各反根，返根复命即常存"①。

2. 对道教管理思想的影响

道教从其产生时，就表现出对老子思想的信仰。道教的创始人张道陵、张衡、张鲁等一方面神话老子，奉老子为道教信仰之神；另一方面，通过注解《道德经》形成的《老子想尔注》继承和发展老子的管理思想。在道教的发展历史上，历代道教都在继承和发展老子思想的基础上，从信仰的角度阐发老子的理身治国思想。道教在管理上以重视生命为根本，把生命的原理运用到管理理论与实践中，实现身国管理的统一。"道教生命哲学是内圣外王结合的产物，它不仅仅以内圣之道解决人的生死问题，而且发而为外王之用，以其独有的政治伦常学说济世救人，这就是道教生命伦理学和生命政治学。"②"道教自来就有治身治国、身国同治的传统，这一传统我们称之为道教的生命政治学。"③

在管理的哲学基础上，道教继承了老子的"道"的思想。在道教的思想里，道是无所不在的，是天地万物的开始，是世界的本原，有了道才产生宇宙万物。"道者天下万物之本"④，意思是道是万物的根本。《太平经》亦指出："夫道何等也？万物之元首，不可得名者。元极之中，无道不能变化。元气行道，以生万物，天地大小，无不由道而生者也。"⑤ 这里继承了老子道生万物的思想。道经还继承了老子关于"道"养育万物的思想："大道无形，生育天地；大道无情，运行日月；大道无名，长养万

---

① 张伯端：《悟真篇》。
② 李刚：《论道教生命哲学》，载陈鼓应主编：《道家文化研究》第九辑，第33页。
③ 李大华、李刚、何建明：《隋唐道家与道教》（上），广东人民出版社2003年版，第162页。
④ 《老子想尔注》。
⑤ 《太平经》卷十八至三十四。

物。"① 老子把道作为管理的哲学基础，道教同样把道作为管理的哲学基础，认为国家管理要遵循"道"的规律，依据"道"进行管理。

道教继承了老子道家的人性为真的思想传统，把人的察道而生的自然天性视为"真性"，或曰"正性"，并用"静"、"清静"来描绘这种"正性"。成玄英《道德经义疏》指出："一切众生，皆察自然正性。"② 李荣《道德经注》说："物之性也本乎自然，欲者以染爱累真，……圣人顺自然之本性，辅万物以保真，不敢行于有为，导之以归虚静也。"③ 道教把这种完满的人性称为"道性"，道教认为道性是人的先天之性，先天之性由于"气"的作用转化为气质之性。孔令宏指出，人是由气生化出来的，性是凝聚于人形体中的"质"。无形体之前，性是完满的、善的；有形体之后，性是有所欠缺的、恶的。这是南北朝之后道教的一般认识。吴荡说："形气为性之府，形气败则性无所存。"《道体论》认为，鱼是水变的，但鱼有生死，水却无生死。也就是说，察水而生的东西并不保留水的性质。谭峭的《化书·神道》说得更明确："水至清，而结冰不清。神至明，而结形不明。"形是气的凝聚，从这里再一步，就是"形而后有气质之性"。这终于由北宋初张伯端提出来了。④ 陈景元对人性观点的解释较能代表道教的人性观，陈景元指出："夫圣人察气纯粹，天性高明，内怀真知，万事自悟，虽能通知而不以知自矜，是德之上也；中下之士，受气昏浊，属性刚强，内多机智，而事夸大，实不知道而强辩饰说以为知之，是德之病也。"⑤ 陈景元的观点，对现实中复杂的人性表现及其气质根源作出了比较彻透的理解和说明。总之，道教一方面继承和坚持了老子道家的人性为

---

① 参见《太上老君说常清静妙经》。
② 成玄英：《道德经义疏》第 64 章，见蒙文通：《道书辑校十种》，巴蜀书社 2001 年版，第 508 页。
③ 李荣：《道德经注》第 64 章，见蒙文通：《道书辑校十种》，巴蜀书社 2001 年版，第 648 页。
④ 孔令宏：《宋明道教思想研究》，宗教文化出版社 2002 年版，第 108 页。
⑤ 陈景元：《道德真经藏室纂微篇》卷三，《道藏》第 13 册，第 719 页。

第七章 道的实践：老子管理之"道"的历史影响

清静纯真的思想，另一方面又发展出天地之性与气质之性二分的学说，对现实人性的复杂性给予了解释和说明。人的先天之性是清静的、纯真的或纯善的，这反映了人性的一般和普遍性状态，是一种理想化的状态。然而后天之性（气质之性）则是具体的、复杂的。先天之性和后天之性同时存在，使人性表现出本性清净而气质驳杂的特点。

在管理方法上，道教继承并发展了老子的无为方法和复归的管理方法。无为是老子管理哲学的核心管理方法，道教在继承这一方法的同时，又对其进行了深入化具体化改造。《文始真经》指出："关尹子曰：圣人之治天下，不我贤愚，故因人之贤而贤之，因人之愚而愚之；不我是非，故因人之是而是之，因人之非而非之。……所以尧舜禹汤之治天下，天下皆曰自然。"① 意思是，圣人在治理天下时因任自然无为之道，排除了私志、嗜欲的干扰，不以自我为标准，故能因循人的贤愚是非，完全顺应事物的自然本性，就能无为而治天下。《通玄真经》同样强调"因"的作用和价值："故天下之事不可为也，因其自然而推之；万物之变不可救也，秉其要而归之。是以圣人内修其本，而不外饰其末，厉其精神，堰其知见，故漠然无为而无不为也，无治而无不治也。所谓无为者，不先物为也；无治者，不易自然也；无不治者，因物之相然也。"② 道教不仅继承了老子的无为管理方法，还继承和发展老子的复归管理方法。道教认为人性存在着两面性：一方面，人的先天本性是纯真自然的，这就决定了管理者只要保持清静，不干扰人的这种本性，被管理者就能保持自身的本性而达管理的目的。杜光庭指出："理国执无为之道，民复朴而还淳；理身执无为之行则神全而气正。气正者延年，神全者升玄。理国理身之要也。"③ 另一方面，道教认为现实人性又表现为贪婪多欲，在管理上必须把现实人性中贪婪多欲的一面转化为纯净自然的一面，在人性转化的方法上，道教发展了

---

① 参见陈显微：《文始真经言外旨》卷三《三极篇》第1章，《道藏》第14册，第702页。
② 参见徐灵府：《通玄真经注》卷一《道原》，《道藏》第16册，第675页。
③ 杜光庭：《道德真经广圣义》卷十四，《道藏》第14册，第380页。

老子的复归管理思想，把儒家的道德教化和法家的法治应用到人性的复归上。陈景元指出："夫道德仁义礼，五者之体不可致洁，故混而为一。一既分矣，五事彰而迹状著，故随世而施设也。""若乃尊道德仁义而兼用礼教者，是礼之上也，则何往而不治哉？"① 这里强调了礼治的功用以及仁义礼为复归管理方法的观点。陈景元还明确主张"仁义礼智皆道之用，用则谓之可道"②；"君子以无为自然为心，道德仁义为用"③。葛洪则强调法治在人性复归中的作用："多仁则法不立，威寡则下侵上．夫法不立，则庶事泪矣；下侵上，则逆节萌矣。"④ 礼治和法治在管理上的应用是道教对老子复归管理方法的发展。

在管理的理想目标上，道教传承了老子"小国寡民"思想，把老子理想中人们生活的自然、和谐状态发展为"致太平"的理想。《道德真经广圣义》解《道德真经》第八十章曰："国小则易理，民寡则易宁；虽设官司，亦无宰执；君臣循分，外无贪益之求；人庶怀淳，俱臻易简之道。若大国能循斯法，自然天下无为矣。""易理之境，易宁之民，怀淳素之风，各全其性命，无贪求之志，肯慕于播迁乎？所谓安其居，乐其俗，人至老死不相往来，斯大道云至矣。""制木为舟，以济于水；研轮为舆，以通于陆，盖适远之用也。国小地狭，既无乘泛之劳；遂性端居，岂有盘游之事？故无所所乘之矣。""以道德 之主，牧淳朴之人，无水劳迁徙之劳，无甲兵攻取之事，则结绳之理犹谓其繁……故云复结绳尔。"道教经典《太平经》一书中"太平"一词在全书中出现近三百次，"致太平"一语在全书中出现达三十余次，足见《太平经》把"致太平"作为道教追求的政治管理的终极理想和目标。《太平经》这样解释"太平"："太者大也，乃言其积大行如天"，"平者乃言其治太平均，凡事悉理，无复奸私也"，"太

---

① 陈景元：《道德真经藏室纂微篇》卷五，《道藏》第13册，第690～691页。
② 陈景元：《道德真经藏室纂微篇》卷一，《道藏》第13册，第656页。
③ 陈景元：《道德真经藏室纂微篇》卷五，《道藏》第13册，第684页。
④ 《抱朴子外篇·用刑》。

第七章 道的实践：老子管理之"道"的历史影响

者大也，平者正也"①。太平世界是和谐、公正、安宁的世界，"三光为其不失行度，四时五行为其不错"②，"君导天气而下通，臣导地气而上通，民导中气而上通"，"立平立乐，灾异除，不失铢分也"③，"凡事皆能得其宜，帝王优游，盗贼无有，百姓无怨，颂声不绝"④。这就是《太平经》所向往的封建理想王国和设想的公平、大乐、无灾的太平世道。在这个太平世道里，阴阳和顺，公平无私、物富民安。不仅如此，《太平经》中屡次论及通过正确的管理实现"太平"的思想，"吾欲使帝王立致太平"⑤；"乃能使帝王安枕而治，大乐而致太平"⑥；"因为帝王良辅，相与合策共理致太平"⑦；"治身安国致太平，乃当深得其诀，御此者道也"⑧；"内以致寿，外以致理，非用筋力，自然而太平矣"⑨，等等。《老子河上公章句》也表达了"致太平"的政治理想："万民归往而不伤害，则国家安宁而致太平矣。"⑩ "中士闻道，治身以长存，治国以太平。"⑪ "故太平之世，有无贵贱，（皆有）仁心，有刺之物，还反其本，有毒之虫，不伤于人。"⑫ 《周易参同契》乃道教丹鼎派著述，也言及"太平"。该书《赞序》曰："若君臣差殊，上下无准，序以为政，不至太平。"⑬ 同书卷中又言："或以招祸，或以致福，或兴太平，或造兵革。四者之来，由乎胸臆。"⑭ 道教"致太平"的管理目标，把人生和社会置于宏大的宇宙整体之中，从天

---

① 王明：《太平经合校》，中华书局1979年版，第416页。
② 同上，第152页。
③ 同上，第192页。
④ 同上，第730页。
⑤ 同上，第18页。
⑥ 同上，第128页。
⑦ 同上，第217页。
⑧ 同上，第730页。
⑨ 同上，第739页。
⑩ 王卡点校：《老子道德经河上公章句》第35章注。
⑪ 同上，第41章注。
⑫ 同上，第55章注。
⑬ 《周易参同契》赞序，《道藏》第20册，第130页。
⑭ 同上，第125页。

道自然的视野来加以思考和定位，摆脱了狭隘的人类中心主义的制约，能以更加冷静而客观的理性精神来处理和解决人类社会与自然界、个人与社会以及人的身与心的关系问题。具体地说，"致太平"就是要实现三个具体的管理目标：一是人与宇宙万物的和谐协同发展；二是人类社会中人与人的公平、平等；三是个体生命存在的身、心和谐健康。①

3. 对法家管理思想的影响

老子管理哲学对法家的影响主要体现在对韩非子思想的影响，韩非在继承老子的管理哲学的基础上，发展了老子的管理哲学，把老子的管理哲学改造成君主进行管理的法术，正如司马迁在《史记》中称"韩非喜刑名法术之学，而其归本于黄、老"②。吕思勉先生指出："《史记》以老子与韩非同传，则法家与道家关系极密也。"③ 韩非作《解老》、《喻老》，是最早的老子注，其中的"君道无为，臣道有为"的观点很明显是来源于老子思想。法家自申不害、商鞅时就本于老学，道韩非时则比较自觉地依附于老子，用老子的哲学理论讲其治国之道规范化。④

在管理的形上基础上，韩非在继承老子之"道"的基础上，变老子的自然之"道"为万物之理和君臣之道。韩非在《解老》篇中进一步阐述道："凡理者，方圆、短长、粗靡、区脆之分也。故理定而后可以得道也。故定理有存亡，有死生，有盛衰。夫物一存一亡，乍死乍生，初盛而后衰者，不可谓常……而常者，无枚易，无定理……是以不可道也。圣人观其玄虚，用其周行，强字之曰"道"，然后可论。"⑤ 这样，老子的"道"就转变为"理"，同时，韩非则将作为自然规律的道引入并改造为政治领域

---

① 吕有云：《论道教"致太平"的政治理想及其思想特征》，《广西大学学报》（哲学社会科学版）2007 年第 2 期。
② 《史记·老庄申韩列传第三》，《史记·卷六十三》。
③ 吕思勉：《先秦学术概论》，中国大百科全书出版社 1985 年版，第 90 页。
④ 张智彦：《老子与中国文化》，贵州人民出版社 1996 年版，第 184 页。
⑤ 《韩非子·解老》。

第七章 道的实践：老子管理之"道"的历史影响

的君臣之道，他说："道不同于万物，德不同于阴阳，衡不同于轻重，绳不同于出入，和不同于燥湿，君不同于群臣。凡此六者，道之出也。"①显然，韩非将自然规律的道过渡到人主之道，提出了"君道同体"论，并定义"道"为："道者，万物之始，是非之纪也，是以明君守始以知万物之源，治纪以知善败之端。"②韩非改造老子之"道"的目的是要为"法治"管理寻求形而上学的理论基础。

在管理人性上，韩非子继承老子人性在理想状态为"真"的思想："真者，慎之固也……修身者，以此别君子小人。"③但韩非又从现实出发，认为人的本性是好利的："以肠胃为根本，不食则不能活，是以不免于欲利之心。"④"利之所在民归之，名之所彰士死之。"⑤韩非以人性好利为法治管理存在的依据。

在管理方法上，韩非亦提倡无为，但韩非的无为与老子遵循管理客体的自然规律，采取适当的行为不同，韩非强调君主在制定出管理的法律之后，依据法律进行管理，法律由工具变为实质性的管理主体，君主就可以在无须过多行为的前提下实现管理的目的。

在管理的理想国上，韩非继承了老子"小国寡民"的管理理想国思想，提出了"至安之世"的管理理想国："故至安之世，法如朝露，纯朴不散，心无结怨，口无烦言。故车马不疲弊于远路，旌旗不乱于大泽，万民不失命于寇戎，雄骏不创寿于旗帜，豪杰不著名于图书，不录功于盘盂，记年之牒空虚。故曰：利莫长于简，福莫久于安。……古之牧天下者，不使匠石极巧以败太山之体，不使贲、育尽威以伤万民之性，因道全法，君子乐而大奸止。"⑥韩非构建了一个以法制为保障，人民各司其职，

---

① 《韩非子·扬权》。
② 《韩非子·主道》。
③ 《韩非子·解老》。
④ 同上。
⑤ 《韩非子·外储说左上》。
⑥ 《韩非子·大体》。

统治者以法律为准绳进行管理,不干扰百姓的正常生活,人民依自身本性过着安居乐业的生活。

二、对中国历史治理实践的影响

老子的治理之道不仅深刻影响了中国历代的管理理论,而且深刻影响了中国历代的管理实践。正如南怀瑾先生一再强调所说:"细读中国几千年的历史,会发现一个秘密。每一个朝代,在其鼎盛的时候,在政事的治理上,都有一个共同的秘诀,简言之就是'内用黄老、外示儒术'。……内在真正实际的领导思想,是黄(黄帝)、老(老子)之学,即是中国传统文化中的道家思想。而在外面所标榜的,即在宣传教育上所表示的,则是孔孟的思想、儒家的文化。"① 丁原明先生也指出了老子管理哲学的影响和价值:"特别是在大乱之中登上政治宝座的几位开国皇帝,他们在整饬百废待兴的王朝统治时,总是想起和利用'黄老'的'无为而治'。这些开国皇帝所以重操'黄老'的'无为',并非是为了'政治返祖',而是因为黄老'无为而治'中所内含的节俭无欲、除烦去苛、刑德相养等,能为封建国家机器的运转提供一种有效的润滑剂,能为统治者缓和各种社会矛盾、安定民心和粉饰朝政提供一种权宜之计。"② 从历史上看,从汉初的文景之治、唐初的贞观之治、开元之治,到宋、明时期的管理等都受到了老子管理哲学的影响。

1. 对汉初文景之治的影响

经过春秋战国的连年混战、秦朝的迅速灭亡,汉朝初建时,天下已成

---

① 南怀瑾:《老子他说》,《南怀瑾选集》第二卷,复旦大学出版社 2003 年版,第 6 页。
② 丁原明:《黄老学论纲》,山东大学出版社 2005 年版,第 327 页。

第七章 道的实践：老子管理之"道"的历史影响

疲惫之势。针对当时国家的发展态势，汉高祖刘邦在陆贾等名臣的辅佐下，反思历史，总结秦朝迅速灭亡的教训，认识到天下可以"居马上而得之"，但不能"马上治之"①，确定了"逆取而以顺守之，文武并用"②的治国方略，"无为而治"是"逆取顺守"治国方略的核心。文景之治取得的管理成效是与汉初君臣坚持应用老子"无为而治"的管理哲学紧密相关的，"'无为而治'是汉初政治生活的主流。汉初由于坚持无为而治，很快恢复了战争创伤，繁荣了社会经济，稳固了新政权"③。

为了贯彻"无为而治"的治国方略，汉初的最高统治者文帝、景帝、窦太后都能谨遵老子清静、无为的教导，实行少私寡欲，轻徭薄赋，宽刑简政。汉文帝在政治管理上实施宽刑简政之策，除烦去苛，在高祖、惠帝、吕后约法省禁，废除了一系列严酷刑法的基础上，进一步宽刑简政，在他即位的第一年，废除了"收孥诸相坐律令"；即位第二年下令废除"诽谤妖言之罪"；即位第十三年，应少女缇萦之请，"除肉刑"。为了减轻人民的负担，文帝对用兵之事也非常谨慎。"南越王尉佗自立为武帝，然上召贵尉佗兄弟，以德报之，佗遂去帝称臣。与匈奴和亲，匈奴背约入盗，然令边备守，不发兵深入，恶烦苦百姓。"④ 文帝在位期间还多次减省徭役、赋税，一般都实行三十税一的赋税政策。遇有灾荒之年，则行减赋降税，以利民生。在文帝的带动下，窦太后亦"好老子言，不说儒术"⑤。文帝在个人生活上以老子"少私寡欲"为准则，生活简朴，从不追求侈奢豪华，"即位二十三年，宫室苑囿狗马服御无所增益，有不便，辄弛以利民。尝欲作露台，召匠计之，直百金。上曰：'百金，中民十家之产，吾奉先帝宫室，常恐羞之，何以台为'？上常衣綈衣，所幸慎夫人，

---

① 《史记·郦生陆贾列传第三十七》，《史记》卷九十七。
② 《史记·郦生陆贾列传》。
③ 黄钊主编：《道家思想史纲》，湖南师范大学出版社1991年版，第200～201页。
④ 《史记·孝文本纪》。
⑤ 《史记·儒林列传》。

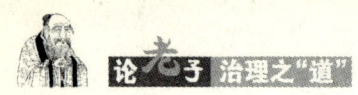

令衣不得曳地,炜帐不得文绣,以示敦朴,为天下先。治霸陵,皆以瓦器,不得以金银铜锡为饰,不治坟,欲为省,毋烦民"①。而文帝和窦太后的崇尚黄老,又给景帝以直接的影响,因而景帝也"不得不读《老子》,尊其术"②,在管理实践上,景帝继续贯彻无为而治的管理原则。

汉朝的名臣陆贾、萧何、曹参、陈平等则把"无为而治"的治国方略贯彻到具体的治国事务中,其中曹参对老子无为管理思想贯彻得最为彻底。国相萧何去世以后,"参代何为汉相国,举事无所变更,一遵萧何约束"③,史称"萧规曹随"。据《史记·曹相国世家》记载,他入主中央政府以后,"择郡国吏木拙于文辞,重厚长者","吏之言文刻深,欲务声名者,辄斥去之";他本人则是'旧夜饮醇酒':"卿大夫已下吏及宾客见参不事事,来者皆欲有言。至者,参辄饮以醇酒,间之,欲有所言,复饮之,醉而后去,终不得开说,以为常";"参见人之有细过,专掩匿覆盖之,府中无事"。曹参以自己清静无为的实际行为影响群臣。惠帝曾怀疑曹参:"君为相,日饮,无所请事,何以忧天下乎?"曹参回答说:"陛下自察圣武孰与高帝?"惠帝回答说:"朕乃安敢望先帝乎!"曹参又问:"陛下观臣能孰与萧何贤?"惠帝回答:"君似不及也。"曹参由是得出他的治国思想:"陛下言之是也。且高帝与萧何定天下,法令已明,今陛下垂拱,参等守职,遵而勿失,不亦可乎?"④惠帝自此便非常理解并支持曹参无为而治的管理模式。曹参所实施的无为而治得到了百姓的拥护,百姓歌颂他说:"萧何为法,靓若画一;曹参代之,守而勿失。载其清静,民以宁一。"⑤ 对百姓的称颂,司马迁认为:"然百姓力秦之酷后,参与休息无为,故天下俱称其美矣。"⑥ 陈平自曹参之后继任国相,《史记》记载,

---

① 《史记·孝文本纪》。
② 《汉书·外戚传》。
③ 《史记·曹相国世家》。
④ 同上。
⑤ 同上。
⑥ 同上。

第七章 道的实践：老子管理之"道"的历史影响

"陈丞相平少时，本好黄帝、老子之术。"① 任丞相后，陈平把黄老清静无为的治道作为治国的基本国策。一次，孝文帝问陈平，天下一年断案多少、钱谷收入支出如何，陈平回答说："陛下即问决狱，责廷尉；问钱谷，责治粟内史。"孝文帝又问陈平："苟各有主者，而君所主者何也？"陈平回答说："主臣。陛下不知其驽下，使待罪宰相。宰相者，上佐天子理阴阳，顺四时，下育万物之宜，外镇扶四夷诸侯，内亲附百姓，使卿大夫各得任其职焉。"② 这段或表明，陈平认为丞相就是要管理好自己，顺应万物规律，做到无为无不为。

由于汉初君臣始终以老子清静无为的管理哲学作为治国方略，收到了良好的治理效果。《汉书》这样描述"文景盛世"："非遇水旱，则民人给家足，都鄙廪庾尽满，而府库余财。京师之钱累百巨万，贯朽而不可校。太仓之粟陈陈相因，充溢露积于外，腐败不可食作。"③ 文景之治使得老子管理哲学第一次在封建政治管理的实践中展示其不可估量的地位和价值，但也同时实证了老子管理哲学适用的最佳条件和时机：社会大乱。正如黄钊指出："正是这一点，对以后的中国封建社会政权建设，产生了极大的思想影响。后来，每一个新的封建王朝的建立，差不多都吸取了汉初'黄老之治'的思想成果，予民休养生息，治理战争创伤，缓和社会矛盾，使社会由动乱转化为安定，从而巩固新政权。"④

2. 对唐朝贞观之治、开元之治的影响

推翻隋朝暴政建立起来的李唐王朝，面临着与西汉初建时相似的社会管理境况：社会生产力遭到极大破坏，国力十分衰弱，急需恢复和发展生产，新政权也需要稳固。李世民一方面总结隋朝灭亡的历史教训，指出：

---

① 《史记·陈丞相世家第二十六》，《史记》卷五十六。
② 同上。
③ 《汉书·食货志》。
④ 黄钊主编：《道家思想史纲》，湖南师范大学出版社1991年版，第203页。

"往昔初平京师,宫中美女珍玩,无院不满。隋炀帝意犹不足,征求不已,兼东征西讨,穷兵黩武,百姓不堪,遂致亡灭。此皆朕所目见,故夙夜孜孜,惟欲清静,使天下无事。遂得徭役不兴,年谷丰稔,百姓安乐。夫治国犹如栽树,本根不摇,则枝叶茂荣。君能清静,百姓何得不安乐乎?"① 在总结教训的基础上,李世民认识到:"凡事皆须务本。国以人为本,人以食为本,凡营衣食,以不失时为本。夫不失时者,在人君简静乃可致耳。若兵戈屡动,土木不息,而欲不夺农时,其可得乎?"② 李世民的得力大臣魏征认为"无为而治,德之上也"③。监察御史高季辅也认为君主"敦朴素,革浇浮,……杜其利欲之心,载以清静之化。自然家肥国富,气和物阜"④。这样唐初贞观君臣仿效西汉文景君臣把老子的清静无为作为治国安邦的的基本原则。正如黄钊指出:"'贞观之治'明显因袭了汉初'黄老之治'的指导原则。"⑤ 为了贯彻清静无为的管理原则,贞观君臣在管理实践中实施了以老子管理哲学为依据的政策。

(一) 宽刑简政。有鉴于隋王朝令繁刑苛而导致灭亡的教训,李世民实施了宽刑简政方针。简政主要包括两方面的内容:一是不轻易变制;二是精简法律条文⑥。李世民教导臣下说:"死者不可再生,用法务在宽简。"⑦ "法令不可数变,数变则烦,官长不能尽记,又前后差违,吏得以为奸。自今变法,宜皆详慎而行之。"⑧ "国家法令,惟须简约,不可一罪作数种条。格式既多,官人不能尽记,更生奸诈,若欲出罪即引轻条,若欲入罪即引重条。数变法者,实不益道理,宜令审细,勿使互文。"⑨ 为

---

① 《贞观政要·政体第二》,上海古籍出版社 1978 年版,第 22 页。
② 《贞观政要·务农第三十》,上海古籍出版社 1978 年版,第 237 页。
③ 《贞观政要·君道第一》,上海古籍出版社 1978 年版,第 6 页。
④ 《旧唐书·高季辅传》,中华书局标点本,第 2701 页。
⑤ 黄钊主编:《道家思想史纲》,湖南师范大学出版社 1991 年版,第 360 页。
⑥ 吕锡琛:《道家道教与中国古代政治》,湖南人民出版社 2002 年版,第 308 页。
⑦ 《贞观政要·刑法第三十一》,上海古籍出版社 1978 年版,第 238 页。
⑧ 《资治通鉴》卷一百九十四《唐纪十》贞观十年,第 13 册第 6124 页。
⑨ 见《旧唐书》卷五十,《刑法志》。

第七章 道的实践：老子管理之"道"的历史影响

了使官吏办案能公正公平，不造成冤案错案，李世民要求："古者断狱，必讯于三槐、九棘之官，令三公、九卿即其职也。自今以后，大辟罪皆令中书、门下四品以上及尚书九卿议之。如此，庶免冤滥。"① 在李世民主持制定的《唐律》中，仅死刑条目就比古代条目减去了一半，并废弃了断指等酷刑。由于坚持了宽刑减法的原则，从贞观元年到贞观四年，"断死刑，天下二十九人，几致刑措"②。这些措施体现了老子"治大国，若烹小鲜"③的治理思想。

（二）轻徭薄赋。老子认为人民生活窘迫的原因是："法令滋章，而盗贼多有"④，"民之饥者，以其上食税之多也，是以饥"⑤。李世民吸收了老子的这些思想，认为："民之所以为盗者，由赋繁役重，官吏贪求，饥寒切身，故不暇顾廉耻尔。朕当去奢省费，轻徭薄役，选用廉吏，使民衣食有余，则自不为盗，安用重法邪？"⑥ 人民为盗是由于衣食无着，才只好铤而走险，根本的原因还是在于官吏贪求，赋繁役重。如果只是绳以重法，是治标而不治本。为此，李世民否定了"重法以禁之"的止盗主张，采取轻徭薄赋，切实减轻人民的负担，以此消除为盗现象。贞观初年，为了减省开支，安抚百姓，李世民将幽闭深宫中的宫女三千人遣送回家，使各自寻求配偶，认为后宫多聚宫人，"此皆竭人财力，朕所不取。且洒扫之余，更何所用？今将出之，任求伉俪，非独以省费，兼以息人，亦各得遂其情性"⑦。李世民还下令免除关内及蒲、芮、虞、秦、陕、鼎六州两年租调，其他地区也予免除一年的租调。李世民还把轻徭作为与民修养生息的主要手段，他说："自朕有天下以来，存心抚养，无有所科差，人人

---

① 《贞观政要·刑法第三十一》，上海古籍出版社1978年版，第239页。
② 同上。
③ 《老子·六十章》。
④ 《老子·五十七章》。
⑤ 《老子·七十五章》。
⑥ 《资治通鉴》卷一百九十二《唐纪八》武德九年，第13册，第6025～6026页。
⑦ 《贞观政要·仁恻第二十》，上海古籍出版社1978年版，第193页。

皆得营生，守其资财，即朕所赐。向使朕科唤不已，虽数资赏赐，亦不如不得。"① 轻徭使人民有足够的时间发展生产，百姓生活保持相对稳定，减轻了人民的负担，便于人民休养生息。

（三）慎动兵革。李世民即位后，谨遵老子"不以兵强于天下"② 的治理思想，注意偃武修文，罕动干戈。贞观元年，岭南诸州官员上书奏称蛮族首领冯盎等起兵反唐，要求举兵讨伐。李世民接受魏征的建议，"怀之以德"，"遂得岭表无事，不劳而定，胜于十万之师"③。贞观四年，朝中有人主张对唐王朝"表疏不顺"的"林邑蛮国"实施讨伐，李世民没有采纳，并引《老子》之言回答上书者说："兵者，凶器，不得已而用之。""自古以来穷兵极武，未有不亡者也。"④ 李世民在用兵上还谨遵老子"不得已而用之"⑤ 的思想，提出"夫兵甲者，国家凶器也。土地虽广，好战而民凋；中国虽安，忘战而民殆。凋非保全之术，殆非拟寇之方，不可以全除，不可以常用"⑥。李世民以用兵的方式击溃突厥，消除边患。⑦ 由于李世民慎动兵革，给了百姓的休养生息的大好机会，收到了极好的国家治理效果，不到二十年的时间里，"天下大宁，绝域君长，皆来朝贡，九夷重译，相望于道"⑧。

（四）抑情损欲，谦退去智。李世民以老子的崇俭节欲思想严格要求自己，他曾对臣下说："夫欲盛则费广，费广则赋重。赋重则民愁，民愁则国危，国危则君丧矣。""朕常以此思之，故不敢纵欲也。"⑨ 他还说："夫安人宁国，惟在于君，君无为则人乐，君多欲则民苦，朕所以抑情损

---

① 《贞观政要·政体》。
② 《老子·三十章》。
③ 《贞观政要·征伐第三十五》，上海古籍出版社1978年版，第260页。
④ 同上，第261页。
⑤ 《老子·三十一章》。
⑥ 《贞观政要·征伐》。
⑦ 见通鉴纪事本末卷二八，《太宗平突厥》。
⑧ 《贞观政要·诚信第十七》，上海古籍出版社1978年版，第183页。
⑨ 《资治通鉴》卷一九二，武德九年。

第七章 道的实践：老子管理之"道"的历史影响

欲，克己自励耳。"① 贞观元年，李世民计划修造一座宫殿，材料齐备，"远想秦皇之事，遂不复作也。古人云：'不作无益害有益'，'不见可欲，使民心不乱'。固知见可欲，其心必乱矣。至如雕镂器物，殊玉服玩，若态其骄奢，则危亡之期可立待也"。为此他要求臣下，"自王公以下，第宅、车服、婚嫁、丧葬，准品秩不合服用者，宜一切禁断"②。贞观二年，臣下因李世民患有"气疾"不宜久居低下潮湿之处而建议他重修一阁以居之，但他追思汉文帝不造露台之事而婉拒了这一好意。他说："朕有气疾，岂宜下湿？若遂来请，糜费良多。昔汉文帝将起露台，而借十家之产，朕德不逮于汉帝，而所费过之，岂谓断父母之道也？"③ 贞观十六年，李世民本想造一宫殿，所需材料皆已备齐，但他读了《刘聪传》了解到这位十六国时期后汉国君的事情以后，"远想聪事，斯作遂止"④。李世民还倡导薄葬，并于贞观十一年下令"其王公以下，爰及黎庶，自今以后，送葬之具有不依令式者，仰州府县官明加检察，随状科罪。在京五品已上及勋戚家，仍录奏闻"⑤。在他的带领下，朝中官吏尚俭抑奢之风盛行，"由是二十年间，风俗简朴，衣无锦绣，财帛富饶，无饥寒之弊"⑥。李世民还提倡老子"不以智治国"⑦ 的思想，防止自专自是，力求做到谦退去智。为此，李世民求谏纳谏，并督促臣下直言上谏，他说："自今诏敕行有未便者，皆应执奏，毋得阿从，不尽己意。"⑧ 在李世民的积极倡导下，形成了贞观年间的诤谏之风，为国家治理提供了集体智慧。

贞观君臣运用老子清静无为的治理之道，产生了积极的社会效应：人民得以休养生息，生产发展了，社会稳定了，国力强盛了，开创了"贞观

---

① 《贞观政要·务农第三十》，上海古籍出版社1978年版，第237页。
② 《贞观政要·俭约第十八》，上海古籍出版社1978年版，第185页。
③ 同上，第186页。
④ 同上，第187页。
⑤ 同上，第188页。
⑥ 同上，第185页。
⑦ 《老子·六十五章》。
⑧ 《资治通鉴》卷一九二，贞观四年。

盛世"的政治局面。史书这样描述贞观之治:"商旅野次,无复盗贼,图圄常空,马牛布野,外户不闭.又频致丰稔,米斗三四钱,行旅自京师至于岭表,自山东至于沧海,皆不资粮,取给于路。入山东村落,行客经过者,必厚加供待,或发时有赠遗。此皆古昔未有也。"① 这些记载充分反映了当时天下大治的盛世局面。

唐朝经武、韦之乱,社会发展受到一定程度的破坏,只有应用老子的清静无为的治乱哲学才能改变社会现状。唐玄宗即位后,鉴于武则天时苛政滥刑、穷奢极欲的历史教训,以清静无为之旨治国,采取减轻赋税、刑罚,与民休息,倡导节俭等政策。唐玄宗继承了贞观之治的基本精神,以老子的治国思想作为治国的基本方略。

唐玄宗极其尊崇老子,他几次追封对老子的尊称,由"老君"而"玄元皇帝",天宝元年(742年)成为"太上玄元皇帝",天宝二年(743年)正月,"追尊玄元皇帝为大圣祖玄元皇帝",且在同年三月又追尊"玄元皇帝父周上御史大夫敬曰先天太上皇,后又追封为"大圣祖高上大道金阙玄元天皇大帝"②。开元二十三年,亲自为《道德经》作注、疏、牌证,令崇玄馆缮写,分送诸道探访使,令管内诸郡转写,颁行全国。唐玄宗极力提倡研究道家学术,设置崇玄学,以老、庄、文、列四子经典为考试内容,选拔人才,要求考生从《老》、《庄》等书中研究出一套治国策略,为现实政治管理服务。玄宗把《道德经》作为治国方略的书,他说:"而其要在乎理身理国。理国则绝矜尚华薄,以无为不言为教。……理身则少私寡欲,以虚心实腹为务。"③ 在《御注》中,他明确地指出:"圣教垂代,本为生灵,虽远举天地之清宁,而会归只在于侯王。"《御疏》卷一释经文"是以圣人之治"时言:"圣人治国,理身以为教本。夫理国者,复何为乎?但理身尔。故虚心实腹,绝欲忘知,于为无为,则无不理矣。"这说

---

① 《贞观政要·政体第二》,上海古籍出版社1978年版,第24页。
② 《旧唐书》卷9。
③ 《道德真经疏释题词》。

第七章 道的实践：老子管理之"道"的历史影响

明唐玄宗注释道德经的主导思想，是把老子的管理哲学作为社会治理的基本思想。

唐玄宗把老子的治道应用到治理国家的实践中。开元前期，他鉴于武则天时苛政滥刑、穷奢极欲的历史教训，以清静无为之旨治国，采取减轻赋税、刑罚，与民休息，倡导节俭等政策，这与贞观之治有异曲同工之妙。

宽刑罚。玄宗曾颁布《恤刑制》，严格控制死刑。还"许徒以下囚保任营农"①。《新唐书·玄宗本纪》记载，开元年间赦囚、降罪达三十余次，仅开元三年一年中就有五次之多。开元十八年"天下奏死罪止二十四人"②，一则反映当时社会的安定，二则说明当时刑罚之宽。在当时囚徒绝大部分都是劳动人民的情况下，放宽刑罚对人民是有好处的，也有利于增加劳动力，发展生产。

轻徭役，开元初期，玄宗还注意减轻徭役，节用民力，提倡俭朴。开元元年，玄宗制诰改景云年间"百姓二十五入军，五十五免"为"二十五入军，五十免"③，减轻了对劳动人民来说最苦重的军役。开元十年，玄宗采纳张说建议，放免镇兵"二十余万"归农，人数为当时边镇戍兵的三分之一④。不仅增加了发展生产的劳动力，而且节约公私费用，减轻了人民负担。倡节俭。同时，开元初，玄宗尚能"停不急之务"，不大兴土木，以节用民力和保证农业生产的发展。如开元元年五月，正在修建的大明宫尚未竣工，玄宗下敕"以农务方勤，罢之以待闲月"⑤。开元二年，玄宗下令将金银器玩、乘舆服御交有司销毁，"以供军国之用"，"珠玉锦绣，焚放于殿前，后妃以下，皆毋得服珠玉锦绣"，罢两京织锦坊。⑥ 并下诏

---

① 《新唐书》卷五·玄宗本纪。
② 《资治通鉴》卷二百一十三。
③ 《资治通鉴》卷二百一十。
④ 《资治通鉴》卷二百一十二。
⑤ 《资治通鉴》卷二百一十。
⑥ 同上。

出宫女、戒厚葬、禁奢糜。玄宗提倡节俭，对增加社会财富，发展生产起到了的积极作用。

在唐玄宗清静无为的管理思想和管理行为行为的影响下，当时的丞相姚崇、宋璟等，都能以不生事扰民为管理宗旨，以无为、无欲为管理的知道思想。姚崇临死前，告诫其子侄"知止足之分"，并表示羡慕彭祖、老聃，赞同道家"以玄牝为宗，初无趋竞之教"①。正如唐人柳芳《食货论》所说："姚崇、宋璟、苏颋等，皆以骨鲠大臣，镇以清静，朝有著定，下无觊觎。四夷来寇，驱之而已；百姓富饶，税之而已。"②"清静"充分说明了唐玄宗的丞相对老子清静无为管理思想的贯彻和应用。

由于唐玄宗采用清静无为的管理策略，顺应了社会发展和人民的需要，开元年间社会经济继续发展，人口大增。史书记载：开元时期"海内富实，米斗之价钱十三，青、齐间斗才三钱。绢一匹，钱二百。道路列肆，具酒食以待行人，店有骚驴，行千里不持尺兵。天下岁人之物，租钱二百余万络，粟千九百八十余万解，庸调绢七百四十万匹，绵百八十余万屯，布千三十五万余端。"③出现了历史上的所谓"开元之治"。但在后期，由于唐玄宗违背老子清静无为的管理原则，以骄奢淫逸取代少私寡欲，以有为取代无为，以战争取代休养生息，造成了"安史之乱"，对社会的发展造成了极大的破坏。这恰好从一个方面说明了老子管理哲学在中国历史上的管理价值和意义。

3. 对宋太祖、太宗治国的影响

当宋太祖发动陈桥兵变、黄袍加身时，宋太祖所面临的形势同汉唐初建时一样，由于长期的战乱和政权的迭变，社会经济衰退，社会秩序混

---

① 《旧唐书》卷96。
② 《全唐文》卷372。
③ 《新唐书》卷五一，《食货志》。

第七章 道的实践：老子管理之"道"的历史影响

乱，人民生活贫困而饱受痛苦和灾难。

面对这种社会管理现状，宋太祖赵匡胤和宋太宗赵光义一方面利用方术和道教神学来粉饰他们的夺位，另一方面把老子的清静无为的管理原则作为治国的基本策略。开宝三年，赵匡胤召见道士王昭素，请教治世养生之术。王昭素答曰"治世莫若爱民，养生莫若寡欲"①。赵匡胤对老子此语颇有感悟，将此语书于屏风间，以此时时提醒自己，老子清静无为的治国原则是基本的治国之道。

在治国上，赵匡胤注意减省刑罚，关爱人命。据司马光《涑水纪闻》记载，赵匡胤派曹秦王和潘郑王两人用兵江南，出征前，赵匡胤很不放心，专门嘱咐二王："江南本无罪，但朕欲大一统，容他不得，卿等至彼，慎勿杀人。"曹、潘在攻打契勘时，久攻不下，急忙派人汇报赵匡胤"兵动无功，不杀无以立威"。赵匡胤看了曹、潘二人要求"杀人"的申请，立即回信："朕宁不得江南，不可辄杀人也。"他"晚好读书，尝读《二典》，叹曰：'尧、舜之罪四凶，止从投窜，何近代法纲之密乎！'谓宰相曰：'五代诸侯跋扈，有枉法杀人者，朝廷置而不问。人命至重，姑息藩镇，当若是耶？自今诸州决大辟，录案闻奏，付刑部覆视之。'遂著为令"②。

生活上，赵匡胤推崇并躬行老子的尚俭抑奢的原则，史载："帝性孝友节俭，质任自然，不事矫饰。"③ 又说他"宫中苇帘，缘用青布；常服之衣，浣濯至再"。赵匡胤不仅自己以身作则践行节俭，还教育家人及部属要节俭。他在平定后蜀之后，"见孟宝装溺器，而碎之，曰：汝以七宝饰之，当以何器储食？所为如是，不亡何待！"④ 可见赵匡胤对施行朴素节俭的态度和决心。赵匡胤在即位十三年后召集皇家亲属，专门告诫说：

---

① 《续资治通鉴》卷六《宋纪六》开宝三年，第1册，第139页。
② 《宋史·太祖本纪》。
③ 《二十五史》，《宋史·本纪第一》。
④ 《宋史·太祖本纪》。

"朕持俭素,外绝游观之乐,内却声色之娱,真实之言,固无虚饰。夫帝子亲王,先须克己厉情,听言纳诲。每著一衣,则悯蚕妇,每餐一食,则念耕夫。至于听断之间,勿先恣其喜怒。朕每亲临庶政,岂敢惮于焦劳!"① 史载:"永庆公主曾衣贴绣铺翠襦入宫中。上见之,谓主曰:'汝当以此与我,自今勿复为此饰。'主笑曰:'此所用翠羽几何?'上曰:'不然,主家服此,宫闱戚里必相效。京城翠羽价高,小民逐利,展转贩易,伤生寝广,实汝之由。汝生长富贵,当念惜福,岂可造此恶业之端?'主惭谢。"② 宋太祖以身作则、提倡节俭的做法,改变了五代时期奢靡的社会风气,形成了宋初节俭风尚,引导了社会的发展方向,推动了社会的发展。

由于采用黄老管理之道,赵匡胤在国家管理上取得了重要成效,史家称:"建隆以来,释藩镇兵权,绳赃吏重法,以塞浊乱之源。州郡司牧,下至令录、幕职,躬自引对,务农兴学,慎罚薄敛,与世休息,迄于丕平。治定功成,制礼作乐……考论声明文物之治,道德仁义之风,宋于汉唐,盖无让焉。"③

宋太宗赵匡义即位以后,在管理思想和管理实践上效法赵匡胤的做法,推行老子清静无为的管理之道。赵匡义极为推崇老子《道德经》,认为:"伯阳五千言,读之甚有所益,治身治国之道,并在其内,至云:'善者吾亦善之,不善者吾亦善之',此云善恶无不包容,治身治国者其术如是,若每事不能容纳,则何以治天下哉?"④ 他曾谈到读《道德经》的感受:"朕每读至'兵者,不祥之器,君人不得已而用之',未尝不三复以为规戒。王者每以武功克受,终须用文德致治。"⑤ 史书上明确记载说,太

---

① 《宋朝事实类苑》。
② 《续资治通鉴长编》13卷,太祖开宝五年七月。
③ 《宋史·太祖本纪》。
④ 《宋朝事实类苑》卷二《祖宗圣训》,上册,上海古籍出版社1981年版,第21页。
⑤ 同上,第20页。

第七章 道的实践：老子管理之"道"的历史影响

宗晚年产生了严重的厌战情绪，多次引用老子的话："夫佳兵者，不祥之器。"思想观念完全转移到奉行清静无为的黄老之道上来。

太宗曾叙述他的治国之道说："清静致治，黄老之深计也。大凡务自有为以至于无为，无为之道，朕当力行之。"① 太宗还自称为"至仁宏道神功圣德文武睿烈大明广孝皇帝"，以示对老子及道家思想的推崇。

赵匡义节欲崇俭，克制个人爱好。他说："人君当淡然无欲，勿使嗜好形见于外，则奸佞无自入。"②《宋史·太宗本纪》称他"以慈俭为宝，服澣濯之衣，毁奇巧之器，却女乐之献，悟畋游之非。绝远物，抑符瑞，阁农事，考治功。讲学以求多闻，一不罪狂悖以劝谏士，哀矜恻怛，勤以自励"③。赵匡义本人精于书法，在音乐、弈棋方面也颇有造诣，但他能自觉克制自己的这些个人嗜好，不因这些个人爱好而耽误国事，把主要时间和精力放在有益于治道的方面来。④ 在管理人民时，能做到爱民。当端拱二年大旱，蝗害肆疟时，他忧心如焚，深深自责。据《宋史》记载，他"以岁蝗旱祷雨弗应，手诏宰相吕蒙正等：'朕将自焚，以答天谴。'翌日而雨，蝗尽死"⑤。宋太宗能够宽容下属缺点，有一次，他闻知"汴水辇运卒有私贸市者"，就认为对此事的处理当效法汉初时曹参不扰狱市，使之兼容善恶的宽容做法，不必过于严究。宋太宗还保护直言进谏的大臣。宋太宗经常强调爱民的方针，对内外臣僚的确有一种导向作用，对端正官吏作风、培育良好的社会风气也产生了一定的效果。

由于坚持黄老治道，宋太宗自认为自己管理国家成效显著，在同侍臣的一段交谈中，把自己的一生做了一番回顾和总结："自晋、汉以来，朝廷削弱，主暗臣强，纪纲大坏，仅成邦国，朕承丧乱之后，君临大宝，即

---

① 李焘：《续资治通鉴长编》卷34。
② 《续资治通鉴》卷十四《宋纪十四》端拱元年，第1册第336页。
③ 《宋史·太宗本纪》，中华书局标点本，第101页。
④ 参见《宋朝事实类苑》卷二《祖宗圣训》，上册，上海古籍出版社1981年版，第20~22页。
⑤ 《宋史·太宗本纪》，中华书局标点本，第87页。

位之始,览前工令典,睹五代敝政,以其习俗既久,乃革故鼎新,别作朝廷法度,于是远近腾口,咸以为非,至十二、三大臣,皆旧德耆年,亦不能无异,朕执心坚固,靡兴动摇,昼夜孜孜,勤行不息,于今二十载矣,卿等以朕今日为治如何也?最未能上比三皇,至于寰海宴请,法令明著,四表尊朝化,百司绝奸幸,固亦无惭于前代矣。"① 这是宋太宗对自己做的自我总结,也是他的真实写照。虽然有所过于自负,但也说明了太宗在国家治理上的自信和勇气。

总之,由于宋太祖、宋太宗坚持清静无为的治国之道,使得这个从五代十国混乱状态下承继过来的封建王朝,一切都走上了正规,恢复和确立了社会的正常秩序,奠定了宋王朝发展的根基,为中国历史的发展做出了贡献。

4. 对明太祖朱元璋治国的影响

朱元璋夺取天下后,学习和总结历代的统治经验,对老子的治国之道尤为重视,进行了认真的研究,亲自御注《道德真经》,把黄老的无为而治的原则贯彻在他的的政治管理实践中。

在研习《道德经》的过程中,朱元璋认识到"斯经乃万物之至根,王者之上师,臣民之极宝,非金丹之术也"②。基于这样的认识,朱元璋在在洪武七年(1374)注解《道德经》时都是从治国的角度阐释《道德经》。朱元璋表示:"悉朕之丹衷,尽其智虑",为它作注是"意利后人,是特注耳"③。让后人也像他一样,正确对待老子思想中的政治管理内涵。对老子的"无为"思想,朱元璋有自己独到的理解。在注解《道德经》第54章时说:"为无为,事无事,谓当可为之事,先利时而为之已尽,免至后

---

① 《续资治通鉴长编》卷38。
② 《大明太祖高皇帝御注道德真经》序,《道藏》第11册,第689页。
③ 同上。

第七章 道的实践：老子管理之"道"的历史影响

多繁，为而不安也；又无事之时，常恐有非理之事及于身，故先若有事而备之，乃德安于无事也。"① 朱元璋认为"无为"不是"无知"，而是"动以时而必举善"，是要"利济万物"，为此必须做到"先利时而为之"，"先若有事而备之"，最终才能达到"安于无事"。可见，朱元璋认为"无为"就是善于把握管理的时机，在应该作为时必须有所作为。结合治国实践，朱元璋在注解"爱民治国，能无为乎"一章时指出："君子之持身行事，国王治国以陈纲纪，岂无知而无为？在动以时而必举善，以心言之则世间美恶无不周知，在乎去其恶而存其善者。君子可以利人，国王可以利济万物，即爱民治国者也。"② 显然，朱元璋认为利济万物是无为的主要功能，落实到治国实践上，就是把"安民"作为立国之根本。他说："若治天下者，务使百姓安，不知君德之何如，即古野老云帝力于我何有哉。……圣人利济万物不自矜也，长养万物而不专自用也，功成而不居，乃成而不自主也，令有所属。"③ 由此可见，朱元璋完全是从治国的角度理解《道德经》的。

朱元璋把老子清静无为的管理思想应用到治国实践中。他执政以后，废除元朝统治者的苛政，宽刑减法。朱元璋告诫按察司佥事周祯说："凡事当存大体，苛察以为明，苛刻以为能，下必有不堪之患，非吾所望于风宪也。"④ 朱元璋的这些思想正是对老子"法令滋章，盗贼多有"、"其政察察，其民缺缺"等思想的运用和发挥。在这些思想的指导下，朱元璋特别强调慎刑。他说："用刑不当，则无辜受害，故刑不可不慎也。夫置人于捶楚之下何求不得？古人用刑，本求生人，非求杀人，故钦恤为用刑之本。"⑤ 在强调慎刑的同时，朱元璋提出了轻刑、宽刑的主张和建议。他

---

① 《大明太祖高皇帝御注道德真经》卷下第54章，《道藏》第11册，第710～711页。
② 《大明太祖高皇帝御注道德真经》卷上第9章，《道藏》第11册，第692页。
③ 《大明太祖高皇帝御注道德真经》卷上第2章，《道藏》第11册，第690页。
④ （明）余继登：《典故纪闻》，卷一。
⑤ （清）谷应泰：《明史纪事本末》，卷十四，"开国规模"。

下谕中书:"法有连坐之条,吾以为狱当平恕,非大逆不道则罪止其身。先王罪不及孥,罚勿及嗣,忠厚之至也。自今民有犯者,勿连坐。"①

朱元璋认识到居高位者奢侈无度,擅动民力,摇役并起,就会搅乱人民的正常生活,进而影响国家整体的安定,他说:"丧乱之源,由于骄逸。大抵居高位者易骄,处逸乐者易侈,骄则善言不入而过不闻,侈则善道不立而行不顾,如此者未有不亡。"②所以,君主应该以身作则,率先节俭,他说:"居上能俭,可以导俗;居上而侈,必至厉民。独不见茅茨卑宫,尧、舜以崇圣德;阿宫、西苑,秦、隋以失人心。"③明确提出要因物之性、顺民之情而治和加强自身修养,并进而发展到不搞繁琐仪式、反对讲空话等具体的行政规章上。在个人生活上,朱元璋对生活起居,生活享受从不肯穷奢极欲。④即位之初,负责朱元璋的车舆服御等物的官员上奏说,这类物品应饰以黄金,朱元璋却特意命令以铜为之,并且认为他这样做,可以影响臣下大兴节俭之风。至正二十六年(1366年),朱元璋曾多次把宫殿图纸中雕琢华丽考究的部分全部去掉⑤,并命人将可资借鉴的历史故事及宋儒的《大学衍义》写在新宫殿墙上,并对人说:"前代宫室,多施绘画,予用此备朝夕观览,岂不愈于月一青乎!"⑥他还规定朝会时不用女乐,宫廷里不随便添建宫室。⑦甚至禁止臣下笺笔颂美,连表章也不许用四六骈偶文体。⑧这些作法都是朱元璋践行老子及道家的节俭思想的表现。

朱元璋不仅自己奉行清静无为的管理思想,而且要求下属也要奉行清静无为的管理思想,不允许随意扰民。"在朱元璋的时代,所有官僚除非

---

① 《明太祖实录》,卷二十五。
② 《明太祖实录》,卷二十九。
③ 《明太祖实录》,卷一百零六。
④ (明)王文禄:《龙兴慈记》。
⑤ 《明太祖实录》,卷二十一。
⑥ 《明太祖实录》,卷二十五。
⑦ 《明太祖实录》,卷三十四。
⑧ 《明太祖实录》,卷八十五。

第七章 道的实践：老子管理之"道"的历史影响

特准，否则不许下乡，如有擅自下乡的，可以以'扰民'论罪，判处死刑"①，"他的农村政策，主要仍是地方自治，尽量的避免干涉，所以其精神为简单节俭"②。这样政府对民众生活的干预就减少到最低限度，百姓生活中的一些需要调解或裁决的事务，则由每个村庄的德高望重的父老按当地的"乡约"来加以评判，只有特别重大的事件才交由政府衙门来处理。通过这种管理模式，乡村就实现了自治。此外，朱元璋还限制官员的数量，控制官员的薪酬，"他的文官组织充其量也不过8000人，薪给之低，即依中国的标准看来，也算特殊……多数的吏员系奉召服务，一般不给酬，如果他们有薪给的话，最多亦不过维持家室的食米而已"③。朱元璋的这些管理措施使得老子的管理思想在国家治理中得以真正落实。

由于朱元璋及其下属采用清静无为的治国策略，广大人民得到了休养生息，国家也获得了明显的发展。到洪武末年，全国耕地面积已突破400万顷，比元朝末年增加了一倍以上。政府的田赋收入也大大增加，洪武二十六年（1393年），全国征入的米、麦、豆、谷达3270多万石，比元代每年征入的田赋额增加了近两倍。除此之外，全国各地的仓储也十分丰裕，"米粟自输京师数百万石外，府县仓廪蓄积甚丰，至红腐不可食"④。这些都充分显示着明初无为之政的巨大功效。

历代帝王应用老子治理之道进行管理取得的成效，说明了老子治理之道在管理实践上的价值和意义。"它对安邦治国、稳定社会、减轻人民的负担，以及涵养帝王的谦退之德、协调统治集团内部的矛盾等，仍不失为一剂有效药方；对王朝的拨乱反正，促进社会经济的恢复和发展，仍具有积极意义。"⑤

---

① 黄仁宇：《中国大历史》，三联书店2002年版，第192页。
② 同上，第191页。
③ 同上。
④ 《明史·食货志·赋役》，中华书局标点本，第1895页。
⑤ 丁原明：《黄老学论纲》，山东大学出版社2005年版，第331页。

三、对西方管理思想的影响

老子的管理思想不仅影响了中国的管理理论和管理实践,而且对西方的管理理论和管理实践也产生了深远的影响。早在1350年之前,老子的《道德经》就被唐代高僧玄奘和道士成玄英等译成梵文。大约在康乾时期,罗马天主教神甫被捷将《道德经》译成拉丁文,这可能是《道德经》的第一个外文译本。1823年,法国莱莫萨将《道德经》译成法文。1872年前后,德国施特劳斯将《道德经》译成德文,英国汉学家李雅格将《道德经》译成英文,1893年,俄国托尔斯泰将《道德经》译成俄文。① 随着西方人对老子思想的接受,老子思想的影响逐步从哲学的思辨层面进入到社会实践的管理层面。有学者认为,西方的经济自由思想是受了老子"道法自然"的思想影响。② 西方的许多政要和管理学家都对老子的管理思想进行研究,并把老子的管理思想应用到管理实践中。正如尼采指出,《老子》"象一个永不枯竭的井泉,满载宝藏,放下汲桶,唾手可得"③。

1. 对西方政治实践的影响

美国总统里根在他发表的1987年国情咨文中引用了《道德经》中"治大国若烹小鲜"④的句子,以表达他在治国中采用的自由放任思想。⑤

美国的艾博契特在其所著的《二十二种新管理工具》的序言中,谈到管理的过去和未来时,引用了老子的话:"善用人者为之下。是谓不争之

---

① 杨先举:《老子管理学》,中国人民大学出版社2005年版,第11页。
② 匡安荣:《经济之道:道法自然与经济自由》,上海人民出版社2007年版。
③ 田云刚、章元洁:《老子人本思想研究》,中国社会科学出版社2005年版,第12页。
④ 《道德经·六十章》。
⑤ 《光明日报》,1988年5月8日。

第七章 道的实践：老子管理之"道"的历史影响

德，是谓用人之力。"① 艾博契特非常欣赏老子待人谦和的观点，并认为老子的管理思想代表着具有卓越见识的管理者长久为之努力的目标，但至今仍未有人能够趋近这种"道"的境界。从某种意义上说，管理者的历史就是试图实践这种基本理念的历史。②

美国的张绪通博士写过《道学的管理要旨》，把老子的管理哲学概括为"水式的管理"，其要点在于：第一，水式管理的最高原则和指导思想是"道法自然"；第二，水式管理的最佳模式是"我无事而民自富"；第三"弱用之术"是水式管理的策略和方法。③ 张绪通博士总结出的老子管理思想不仅影响了美国的理论界，对美国的政界也有极大影响。里根总统就非常欣赏《道学的管理要旨》一书，并把"无为而治"作为自己治国的方略之一。

2. 约翰·赫德《领导之道》对老子管理思想的继承和发展

约翰·赫德是美国的管理学家，他把《道德经》翻译为《领导之道》，把《道德经》定性为"关于事物怎样发生或运转的书"，把"道"定义为事物怎样发生的自然法则，并从中引申出一种生活方式——即怎样生活在与自然法则的自觉和谐之中，和一种领导方法——即怎样按照自然法则去管理和教育别人。④ 约翰·赫德从管理学的角度，把老子的管理思想看成是一种领导哲学，对老子的管理思想既有继承又有自己的发展。

在领导的哲学基础上，赫德把老子的"道"定义为"自然法则"，并以此作为领导的哲学基础。赫德指出："道意味着'怎样'：事物怎样发

---

① 《道德经·六十八章》。
② 杨先举：《老子管理学》，中国人民大学出版社 2005 年版，第 18 页。
③ 张绪通：《道学的管理要旨》，四川大学出版社 1992 年版，第 30~32 页。
④ ［美］约翰·赫德著，伍雨钱、乔界文译，刘辉扬校：《一个美国人眼中的"道"》，上海文化出版社 1992 年版，中文本前言。

生,事物怎样发展。道是作为一切事物发展的基础的根本法则。"① 赫德还一再强调道不是事物本身:"道不是一个事物。道是一种法则或规律。道意味着'怎么样'。"② "道"是普遍存在和发挥作用的,"不论你是否喜欢,万物都受这个法则支配。这个法则就好像是万物的蓝图。所有的能力,都是从与这个法则的有意识的或无意识的合作中得来的。这个唯一的法则,在一切地方,在任何时候都是明显的"③。赫德不仅强调了"道"的普遍性,而且把"道"作为一切领导工作的哲学基础:"道的伟大在于它的普遍性。它涵盖一切。聪明的领导者遵循这个法则而且不做自私的事情。"④ 赫德把"道"作为领导的哲学基础,这与老子把"道"作为管理的哲学基础保持了一致。

在管理者的个体修养上,老子认为管理者应该无私、清静,与"道"合一。赫德在阐发了老子的这一思想时指出:"你能尝试着变得开放而容易接受,宁静而没有欲望赫德,并且淡然无为吗?"⑤ 赫德还认为老子的无私就是"开明的领导是服务而不是谋私利。领导者终于变得更成熟,往往是由于将众人的福利置于仅仅是个人的利益之上"⑥。领导者要学会放弃利己主义,"要变得深刻,那就要放弃你的利己主义。放弃你成为完美、富有、令人信赖或仰慕的努力。这种努力只会限制你,它们破坏你的整体性"⑦。领导者要做到无偏见,"学会用涵养功夫去领导。学会不以支配者的身份去领导。学会不沽名钓誉而是对别人有所帮助。学会领导而不用

---

① [美]约翰·赫德著,伍雨钱、乔界文译,刘辉扬校:《一个美国人眼中的"道"》,上海文化出版社 1992 年版,第 3 页。
② 同上,第 9 页。
③ 同上,第 43 页。
④ 同上,第 69 页。
⑤ 同上,第 13 页。
⑥ 同上,第 15 页。
⑦ 同上,第 33 页。

第七章 道的实践：老子管理之"道"的历史影响

强制"①。领导者还要学会与"道"合一，"我的心知道，无论怎样我与其余每一事物乃是一体。宇宙万物是遵循一个唯一法则的单一整体"②。

赫德把老子的"无为而治"管理方式应用到领导工作上，认为好的领导者应当是一名助产士："想象一下：你是一名助产士；你正在帮助另外某个人诞生。好好干，不要表现或急躁。你与其相事情应该怎样发生，不如为正在发生的事提供便利。如果你必须实行领导，就这样领导：母亲得到了帮助，她依然并且更加自由和负责。"③ 领导者要做到顺应而不是干涉，"我们所谓的领导，主要指的就是懂得如何去顺从，聪明的领导者居于幕后，并便利了别人的进程。领导者所做的最伟大的事情大都被忽略了。因为领导者既不推动，也不策划操纵"④。领导者要避免扮演法官和陪审员的角色，"聪明的领导者懂得，每个行动都有其自然的后果，任务是把这些自然的后果显现出来，而不是去攻击那些行为本身。如果领导者试图取代自然的地位，而且像法官和审判员一样行事，你能期望得到的最好的结果，也不过是对非常微妙的自然进程的一种拙劣的模仿罢了"⑤。赫德认为任其自然的领导方式能取得领导工作的成功，"当我听任我按我的本性自然发展时，我变成了我可能成为的人。当我听任我所有的东西自然发展时，我得到了我所需要的东西"⑥。赫德还认为老子的柔弱管理思想是领导者应该把握的，"聪明的领导者知道，易变形的东西可以克服阻力，柔弱的东西可以软化坚强的防御"⑦。

总之，约翰·赫德把老子的管理思想阐发为一种领导思想，既有对老子思想的直接继承，又有自己对老子思想的个人理解。

---

① ［美］约翰·赫德著，伍雨钱、乔界文译，刘辉扬校：《一个美国人眼中的"道"》，上海文化出版社 1992 年版，第 21 页。
② 同上，第 33 页。
③ 同上，第 35 页。
④ 同上，第 133 页。
⑤ 同上，第 149 页。
⑥ 同上，第 45 页。
⑦ 同上，第 157 页。

3. 彼得·圣吉对老子思想的继承和发展

彼得·圣吉是美国麻省理工学院的管理学教授,他在继承他的老师弗罗斯特(Jay W. Forrester)教授学习型组织(Learning Organization)理论的基础上,提出了以"五项修炼"来具体创建学习型组织。1990年,彼得·圣吉出版了《第五项修炼——学习型组织的艺术与实务》一书。该书在反思西方机械文明的管理模式之后,认为西方的管理文化在工业革命之后陷入了困境,原因是"在西方传统文化中,我们倾向于看见的则是一件件事物所组成的世界;我们深信简单的因果关系,不停地寻求能够解释一切的答案"①。这种分析式的管理思维在管理中把握了细节却忽视了整体,从而使西方的管理"只见树木,不见森林"。要解决西方这种管理发展的困境,唯一出路是向中国传统文化学习,因为中国传统文化是注重整体性思考的。学习型组织的建构目的就是要向中国传统文化学习,改变分析的思维方式,学习并实践系统思考。彼得·圣吉认为:"你们的传统文化中,仍然保留了那些以生命一体的观点来了解的、万事万物运行的法则,以及对于奥妙的宇宙万有的本源所体悟出极高明、精微而深广的古老智慧结晶。"② 基于这些认识,在《第五项修炼》中,彼得·圣吉不仅直接引用了大量的中国文化原典来表达学习型组织的原理,而且还多次表明学习型组织的核心思想就是中国传统文化思想。正如杨硕英指出:"对于中国的读者来说,《第五项修炼》一书中系统思考精华所在的系统基模是很亲切的,因为它们像是中国古圣贤智慧的结晶,而且对于本、末、先、后和轻、重、缓、急更容易掌握运用;圣吉一直致力于将东西方古老智慧的结晶和最新的管理科学融合。他对老子的领导传统文化尤为推崇;而其

---

① [美]彼得·圣吉:《第五项修炼——学习型组织的艺术与实务》,郭进隆译,三联书店1998年版,第3页。
② 同上。

第七章 道的实践：老子管理之"道"的历史影响

所提出的五项修炼，有许多与儒、道、释三家思想又非常相近。"①

彼得·圣吉在《第五项修炼》中多次直接引用老子《道德经》原典，通过阐发老子的管理哲学来说明学习型组织的原理。学习型组织最基本的特征是"无为而为的有机管理"。彼得·圣吉还用"啤酒游戏"所产生的严重后果的基本对策——"没有策略的策略"来说明这个特征。这些思想是与老子无为而治的思想象一致的。在论及领导的设计师角色时，彼得·圣吉充分应用了老子的领导智慧："今天，虽然领导者的设计师角色被人忽视，然而几千年前的哲人便对领导者的角色给予精辟的诠释。老子说，……（太上，下知有之；……功成、事遂，百姓皆曰："我自然。"）。"②彼得·圣吉进一步阐发了老子的领导思想，指出："设计师的贡献很少受到肯定。设计是一项幕后功能，不容易看到。今天出现的结果，是过去长期工作的结果；而今天的工作带来的利益，要到长远的未来才能显现出来。一心想要掌控大局或博取声名，或单纯想要'为居行动的中心'的人，这种默默的设计工作，对他们没有什么吸引力。然而这也并不是说幕后设计型的领导工作没有回报。他的回报来自于使他人有力量和能力做好工作，以及身处一个能够让大家创造真正想要的结果的组织所带来深深的满足感。事实上，他们发现这些回报所具有的意义，比传统的领导者得到的权力和称颂更为深远。"③ 此外，彼得·圣吉引用《列子》中疑邻偷斧的故事说明管理中的心智模式原理。

除了直接引用老子的《道德经》原典外，从管理哲学的层面看，学习型组织与老子管理思想具有相互通约性，这种通约性说明了老子管理思想对西方的影响。具体地说，两种管理思想的通约性表现在以下几个方面。

管理思维的通约性。老子以"道"作为对世界的基本认识，而"道"

---

① ［美］彼得·圣吉：《第五项修炼——学习型组织的艺术与实务》，郭进隆译，三联书店1998年版，第9页。
② 同上，第393～394页。
③ 同上。

具有整体性、统一性、动态性、复杂性,在管理思维上就不能局部地、静态地看问题,而应该以辩证的方式看待管理问题。相应地,彼得·圣吉则认为用"系统的观点"思考问题是第五项修炼的微妙法则,他指出:"本章我们将介绍这些和许多常理相违悖,但却和某些古老的智慧相契合的法则。"彼得·圣吉所说的"古老的法则"应该包含就有老子以"道"为核心的辩证法思想。事实上,系统思考的许多具体方式与老子的思维方式是完全一致的,如"成长上限"的思维方式要求管理者改变线性的思考方式,将问题置于更大的环境中从正反多方面加以考察,这些与老子"知止不殆"的非线性思维方式是一致的。彼得·圣吉强调以自我超越、改善心智模式的修炼方式获得准确的管理认知,这与老子强调"静观"、"玄览"的认知方式,要求管理者的认识能随着外界的变化而变化,不固守己见是一致的。

管理方式的通约性。无为而治是老子的基本的管理方式,彼得·圣吉也把无为而治作为学习型组织管理的基本方式,但老子更强调无为而治的思辨性,而彼得·圣吉更强调无为而治的技术性和条件性。学习型组织实现无为而治的条件是:首先管理者学会通过学习来控制,其次组织要学会交叉运用各项修炼使组织始终保持身心强健,最后组织要把实现无为而治作为组织愿景的一部分。在技术上,通过运用"自我超越"、"心智模式"、"共同愿景"、"团队学习"、"系统思考"等五项项修炼,提升被管理者的素质和自治能力,改变组织的结构为以"地方为主"的扁平式结构,将组织的决策权尽可能的下移到离"最高层"最远的地方,给被管理者创造自由实现的机会。领导者通过学习的方式影响、指导员工,为员工成长、组织发展提供服务,而不是用人为设计的硬性制度或者规则强制性的让员工受训,约束员工。这样,领导者也不要事无巨细,事必躬亲,过多的干涉组织成员的具体做法。这也就是老子智慧中的"有所为有所不为"。

管理主体修炼的通约性。老子的管理哲学重视人的价值,重视人、培

第七章 道的实践：老子管理之"道"的历史影响

养人、发展人是老子管理哲学的重要内容。与老子的人本管理思想相一致，彼得·圣吉在论述学习型组织的真谛时，认为"真正的学习，涉及人之所以为人此一意义的核心。透过学习，我们重新改造自我。透过学习，我们能够做到从未能做到的事情，重新认识这个世界及我们跟它的关系，以及扩展创造未来的能量。事实上你我心底都深深地渴望这种真正的学习。这就是学习型组织的真谛……才能让大家在组织内由工作中活出生命的意义"[①]。在学习型组织管理理论中，扁平化的组织结构、地方主义的管理理念、互动式的人际关系以及五项修炼等基本原理和方法，处处都体现了对于人的尊重、关爱和理解，管理是人性的、人道的、人情的，人始终占据着至高无上的位置。"自我超越"的实质是"要以人为起点"，个人是组织生命的源泉，作为管理者不但要关心组织中人的基本生理需求，还要"提供员工自尊与自我实现这类较高层次的需求"，应该将"持续强化个人的成长作为组织真正的理念"。这样，组织成员能够在这种良性的循环中实现自我超越。同时，组织要积极不断地进行学习，这里的学习强调的是思维方式和心智模式的转变，运用深度会谈，减少习惯性防卫等方式，让大家在团队中有种归宿感，视彼此为朋友。这样，学习型组织的全体成员就能够全身心投入，不断实现自我在新的生命层次上的建构。这些思想与老子的"为道"、"积德"、"玄同"等人本管理思想是一致的。

继《第五项修炼》之后，奥图·夏默等在2004年又出版了《修炼的轨迹》[②]一书。在该书中，他进一步表达了利用中国传统文化深化学习型组织研究的思想，"在我们寻求如何为这个领域开拓新知时，有幸遇到中华文化界修为涵养极高的大师们，并承蒙他们指点。与南怀瑾大师的会谈

---

① ［美］彼得·圣吉：《第五项修炼—学习型组织的艺术与实务》，郭进隆译，上海三联书店1998年版，第14页。

② ［美］奥图·夏默（C·Otto Scharmar）等：《修炼的轨迹》，汪芸译，台湾天下远见出版股份有限公司2006年版。

尤为关键。……我们期待有更深度的跨文化对谈,继续与你们共同学习"①。该书还进一步阐释了如何运用老子创立的道家思想加强个人和组织的修炼。

---

① 南怀瑾讲述:《南怀瑾与彼得·圣吉》,上海人民出版社2007年版,第3页。

结语：对老子治理之道的反思

老子建构了完备的治理之"道"理论体系，开启了以"道"论治的历史先河，与儒家以"仁"论治、法家以"法"论治相比，以"道"论治具有更大的原创性、超越性、批判性和智慧性。但囿于时代的局限，老子治理之道仍然有许多值得反思和再批判的地方。

一、从"道法自然"到"无为而治"：老子治理之道的内在逻辑

为寻求人类社会治理的合理性、合法性、终极性，老子从宇宙论出发，把世界高度抽象为"道"。在老子的思想里，道既是世界的本体，又是世界运行的规律，以及社会、人生的准则。道的最大特点是自然，即道自身的存在是自然的，是一种终极性存在，没有任何东西创造了"道"。而"道"却依据自然法则创造了万物，道虽然创生了万物，却并不主宰万物，而是让万物依据自身的本质、规律自生自灭。道的这些特点概括起来就是"道法自然"的原则。

建构对世界本质认识的"道"并不是老子的终极目的。从世界本原的

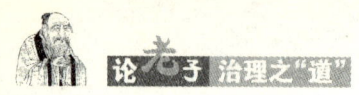

哲学之"道"观照人类社会的治理问题,才是老子建构哲学之道的真正目的。

以道法自然的原则观照人类社会的治理问题,则社会治理的应然行为是无为,所谓无为并不是不为,而是排除主观意志的妄为、有为,依据规律进行有效的管理。无为而治的价值理想是"小国寡民"的理想国,这是一个管理者实施无为的管理,人民生活在自由、自在、自然状态的理想国度。

由此可见,从道法自然到无为而治是老子治理之道的内在逻辑理路。通过这个逻辑,老子不仅为人类社会治理寻求了有效的依据,也为社会治理过程中消除统治者的过分作为,以形成自由运行的良好社会机制提供了理论依据。

二、从神本管理到人本管理:老子治理之道的历史价值

从人类历史发展看,老子治理之道的历史价值就在于老子把人类治理从宗教神学转向人间。老子之前,社会治理的合法性、合理性来源于有意志的天意,管理者依据天意管理国家。老子否定了有意志的天,代之以自然之"道",把人从神的束缚下解放出来,把社会管理从神的意志转向人的意志,尤其是被管理者的意志,为人本管理创造了前提。在此基础上,老子以"道"观照人及人类社会治理,提出了人本管理思想。

老子肯定了人与天地万物的平等性,老子指出:"故道大,天大,地大,人亦大。域中有四大,而人居其一焉。"人与万物平等,人不再卑微地面对有意志的天,对人是一种解放。老子还认为统治者的合法性来源于统治者是否依照被管理者的意志进行管理,"圣人无常心,以百姓心为心"。老子还反对统治者的有为,倡导统治者采用无为的管理方式。这些

结语：对老子治理之道的反思

都是老子人本管理思想的重要内容。

老子开创了中国古代人本主义（原始人道主义）管理的先河。管理因人而存在，为人性的完美而抗争、发展。老子管理之所以能产生是因为奴隶制文化的非人道性质。老子追求的人性发展是人性和人道的最高状态，是立足于人类整体意义上的发展观。他与西方的人道主义是不一致的，在个性自由发展的同时，并不否认他人的自由发展，这与西方利己主义的人道主义是不相同的。老子说："圣人不积，即以为人，已愈有，即以与人，已愈多"，"天之道，利而不害；圣人之道，为而不争"。应该说老子是中国历史上人本主义（原始人道主义）管理的创始人，老子治理之"道"也实现了由神本管理到人本管理的转折。

三、从内圣外王到唯物史观：老子治理之道的当代旨趣

老子建构了完整的治理之"道"，在如何实现治理之"道"上，老子又设立了圣人，依靠圣人来实现治理之"道"。老子心目中的圣人是以自然之"道"治理国家，自身保持清静、无为的人。正如老子指出："修之于身，其德乃真；修之于家，其德乃余；修之于乡，其德乃长；修之于邦，其德乃丰；修之于天下，其德乃普。"

老子的这种治理思想是一种内圣外王的思想，庄子则明确表达为"内圣外王"。《庄子·天下篇》说："古之人其备乎？配神明，醇天地，育万物，和天下，泽及百姓。明于本数，系于末度，六通四辟，小大精粗，其运行无乎不在。""圣有所生，王有所成，皆原于一。""古之人"即"圣人"，"配神明，醇天地"以存内圣之德，"育万物，和天下，泽及百姓"以成外王之功；明于"本末"、"小大"、"精粗"，"皆原于一"，即所谓"内圣外王之道"。

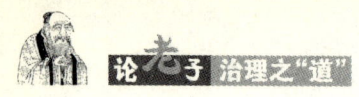

　　内圣外王思想的实质是"圣贤"创世历史观，认为获得大本大源的圣人是历史的创造者，希望管理者能够成为圣人而采取正确的方式治理国家，这是把国家的治理理想寄托在统治者的个人自觉上。显然，老子内圣外王的治理思想未触及到社会的制度建构，未认识到人民（被管理者）在社会发展中的作用与价值。这是由于历史的局限，老子不可能在那个时代认识到这些，这也是老子治理之"道"的历史局限。但是我们不可能也不应该苛求老子提出超越他的时代的治理思想，依据中国哲学"照着说"、"接着说"的说法，在当代我们对老子治理之"道"应当"接着说"、"接着说"的方法是对老子的治理之道的历史局限进行当代改造。

　　克服这个历史局限的有效方法是利用马克思的唯物史观改造老子的治理之道。唯物史观认为，人民是创造历史的动力，是社会发展的决定因素，要认识和利用人民的力量改造社会，发展民主的治理模式，这是老子治理之"道"在当代发展的必然路径。

参考文献

一、中国哲学的与老子相关书籍

1. 陈鼓应：《老子注译及评介》，中华书局出版 1984 年版。
2. 陈鼓应：《庄子今注今译》（上、中、下三本），中华书局出版 2006 年版。
3. 陈鼓应：《老庄新论》，上海古籍出版社 1992 年版。
4. 王卡（点校）：《老子道德经河上公章句》，中华书局出版 2006 年版。
5. 王弼：《道德真经注》，网上下载。
6. 《黄帝四经》，网上下载。
7. 冯友兰：《中国哲学简史》，北京大学出版社 1996 年版。
8. 詹剑锋：《老子其人其书及其道论》，湖北人民出版社 1982 年版。
9. 钱穆：《国学概论》，商务印书馆 2006 年版。
10. 熊铁基：《中国老学史》，福建人民出版社 1995 年版。
11. 吕思勉：《先秦学术概论》，东方出版中心 1985 年版。
12. 傅云龙：《中国哲学史上的人性问题》，求实出版社 1982 年版。
13. 徐复观：《中国人性论史》，华东师范大学出版社 2005 年版。
14. 张立文主编：《道》，中国人民大学出版社出版 1989 年版。

15. 张立文主编：《性》，中国人民大学出版社出版 1996 年版。
16. 李霞：《生死智慧—道家生命观研究》，人民出版社 2004 年版。
17. 高明：《帛书老子校注》，中华书局 1998 年版。
18. 尹振环：《帛书老子释析》，贵州人民出版社 1995 年版。
19. 许抗生：《帛书老子注译与研究》，浙江人民出版社 1982 年版。
20. 张觉：《韩非子全译》，贵州人民出版社 1992 年版。
21. 颜世安：《庄子评传》，南京大学出版社 1999 年版。
22. 胡孚琛、吕锡琛：《道学通论》，社会科学文献出版社 1999 年版。
23. 卿希泰：《中国道教思想史纲》，四川人民出版社 1985 年版。
24. 卿希泰：《中国道教史》，四川人民出版社 1988 年版。
25. 任继愈主编：《中国道教史》，上海人民出版社 1990 年版。
26. 田云刚、张元洁：《老子人本思想研究》，中国社会科学出版社 2005 年版。
27. 董恩林：《唐代〈老子〉诠释文献研究》，齐鲁书社 2003 年版。
28. 黄钊：《道家思想史纲》，湖南师范大学出版社 1991 年版。
29. 王明：《道家与传统文化研究》，中国社会科学出版社 1995 年版
30. 何建明：《道家思想的历史转折》，华中师范大学出版社 1997 年版
31. （汉）司马迁：《史记》，中华书局 1959 年版。
32. 《韩非子》校注组：《韩非子校注》，江苏人民出版社 1982 年版。
33. 《中国古代管理思想》编写组：《中国古代管理思想》，企业管理出版社 1986 年版。
34. 中国古代管理思想研究会编：《中国传统管理思想的新探索》，企业管理出版社 1988 年版。
35. 蒋一苇：《古代管理思想与中国式管理》，经济管理出版社 1989 年版。
36. 叶世昌：《中国古代经济管理思想》，复旦大学出版社 1990 年版。
37. 虞祖尧：《管理思想探源》，新华出版社 1990 年版。
38. 樊国华：《先秦诸子与管理哲学》，新华出版社 1991 年版。

39. 陈友冰：《中国古代管理概论》，安徽人民出版社 1991 年版。
40. 张锦明：《〈老子〉智慧与经营管理》，学林出版社 1991 年版。
41. 苑广增：《中国古代管理思想荟萃》，科学技术文献出版社 1992 年版。
42. 肖民重：《中国古代管理哲学概论》，安徽教育出版社 1992 年版。
43. 张绪通：《道学的管理要旨》，四川大学出版社 1992 年版。
44. 周桂钿：《中国传统管理思想的现代价值》，中国人民大学出版社 1993 年版。
45. 杨先举：《老子管理学》，中国人民大学出版社 2005 年版。
46. 杨承辉：《中国古代经营管理思想研究》，南开大学出版社 1996 年版。
47. 潘乃樾：《老子与现代管理》，中国经济出版社 1996 年版。
48. 南怀瑾：《老子他说》，复旦大学出版社 1996 年版。
49. 陈世陔：《中国古代思想与现代经营管理》，东北财经大学出版社 1997 年版。
50. 单宝：《中国管理思想史》，立信会计出版社 1997 年版。
51. 潘威廉：《组织行为学》，广西人民出版社 1997 年版。
52. 熊礼汇：《老子与现代管理》，学林出版社 1999 年版。
53. 刘泽华、葛荃：《中国古代政治思想史》，南开大学出版社 2001 年版。
54. 张金岭：《无为之道—道家管理》，四川大学出版社 2002 年版。
55. 萧万明：《古代管理智慧与现代经营艺术》，复旦大学出版社 2003 年版。
56. 侯外庐等：《中国思想通史》（第一卷），人民出版社 2004 年版。
57. 葛兆光：《中国思想史》，复旦大学出版社 2004 年版。
58. 田云刚、张元洁：《老子人本思想研究》，中国社会科学出版社 2005 年版。
59. 陈玮：《管理真经：儒、法、道家的管理哲学》，中国言实出版社 2006 年版。
60. 复旦大学哲学系中国哲学教研室编：《中国古代哲学史》（上、下），上海古籍出版社 2006 年版。

61. 曹军：《道家的战略管理》，中国广播电视出版社 2007 年版。
62. 柳振群：《老子管理思想研究》，天津古籍出版社 2008 年版。
63. 齐善鸿等：《道本管理—中国企业文化纲领》，中国经济出版社 2007 年版。
64. 刘云柏：《中国古代管理思想史》，陕西人民出版社 1997 年版。
65. 苏东水：《东方管理》，山西经济出版社 2003 年版。
66. 苏东水：《中国管理通鉴》，浙江人民出版社 1996 年版，该书分为人物卷、名言卷、技巧卷。
67. 周建波等：《先秦诸子与管理》，山东人民出版社 2008 年版。
68. 董京泉：《老子道德经新编》，中国社会科学出版社 2008 年版。
69. 胡适：《中国哲学史大纲》，东方出版社 2004 年版。
70. 葛荣晋主编：《道家文化与现代文明》，中国人民大学出版社 1991 年版。
71. 葛荣晋：《中国管理哲学导论》，中国人民大学出版社 2007 年版。
72. 葛荣晋：《中国哲学智慧与现代企业管理》，中国人民大学出版社 2006 年版。
73. 蔡麟笔：《我国管理哲学与艺术之演进和发展》，中华企业发展中心 1984 年版。
74. 黄钊主：《道家思想史纲》，湖南师范大学出版社 1991 年版。
75. 王泽应：《自然与道德—道家伦理道德精粹》，湖南大学出版社 1999 年版。
76. 陈转青：《墨家管理思想研究》，中国农业科学技术出版社 2006 年版。

二、管理哲学的相关书籍

1. 曾仕强：《中国管理哲学》，台湾东大图书公司因行 1963 年版。
2. 黎红雷：《儒家管理哲学》，广东高等教育出版社 1993 年版。

3. 齐振海：《管理哲学》，中国社会科学出版社 1988 年版。

4. ［美］丹尼尔·A. 雷恩：《管理思想的演变》，中国社会科学出版社 1986 年版。

5. ［美］威廉·大内：《Z 理论——美国企业怎样迎接日本的挑战》，1984 年版。

6. ［美］W. J. 邓肯：《伟大的管理思想》，程亦赤校译，贵州人民出版社 1999 年版。

7. 扬先举：《老子与企业管理》，中国人民大学出版社 1997 年版。

8. 余敦康主编：《易学与管理》，沈阳出版社 1997 年版。

9. 周以郎：《企业禅》，西南财经大学出版社 1999 年版。

10. 王彗明：《儒家文化与中国当代管理》，中国言实出版社 2002 年版。

11. 颜世富：《东方管理学》，中国国际广播出版社 2001 年版。

12. 刘长林：《中国系统科学》，中国社会科学出版社 1990 年版。

13. ［美］彼得·圣吉：《第五项修炼——学习型组织的艺术与实务》，上海三联出版社 1994 年版。

14. 苑广增：《中国当代管理思想荟萃》，科学技术文献出版社 1992 年版。

15. 郭济兴：《中国传统文化的现代管理价值》，北京经济学院出版社 1991 年版。

16. 赵靖：《中国古代经济管理思想概论》，广西人民出版社 1986 年版。

17. 徐伟：《中国式管理的现代化》，香港星联出版社 1987 年版。

18. 扬国枢、曾仕强：《中国人的管理观》，台北桂冠图书公司 1998 年版。

19. 王海栗：《中国古代领导艺术》，安徽人民出版社 1988 年版。

20. 尹毅夫：《中国管理学》，人民出版社 1999 年版。

21. ［美］爱德华·W. 萨义德：《东方学》，三联书店 1999 年版。

22. 苏东水主编：《中国管理通鉴》，浙江人民出版社 1996 年版。

23. 战殿学等：《管理新论——无为管理学》，东北财经大学出版社 1997 年版。

24. 潘乃樾：《孔子与现代管理》，中国经济出版社 1994 年版。

25. ［日］涩泽荣一：《"论语"与算盘》，九州图书出版社 1994 年版。

26. 雷原：《中国人的管理智慧》，北京大学出版社 2004 年版。

27. 郭咸纲：《西方管理思想史》，经济管理出版社 2001 年版。

28. 朱明伟：《中国管理文化论》，立信会计出版社 2000 年版。

29. ［美］克劳德·小乔治：《管理思想史》，商务印书馆 1985 年版。

30. 周可真：《哲学与文化研究》，江苏人民出版社 2005 年版。

31. 成中英：《C 理论：中国管理哲学》，中国人民大学出版社 2006 年版。

32. 雷原：《中国人的管理智慧》，北京大学出版社 2004 年版。

33. 陈转青：《墨家管理思想研究》，中国农业科学技术出版社 2006 年版。

34. 成中英：《中国文化的现代化与世界化》，中国和平出版社 1988 年版。

35. 成中英：《文化·伦理与管理》，贵州人民出版社 1991 年版。

36. 孙耀君：《西方管理思想史》，山西人民出版社 1987 年版。

37. 张尚仁：《管理、管理学与管理哲学》，云南人民出版社 1987 年版。

38. 郭咸纲：《西方管理思想史》，经济管理出版社 2004 年版。

39. 张绪通：《道学的管理要旨》，四川大学出版社 1992 年版。

40. 许康、劳汉生：《中国管理科学化的历程》，湖南科学技术出版社 2001 年版。

41. 中国企业管理研究会编：《管理学发展及其方法论研究》，中国财政经济出版社 2006 年版。

42. 魏文斌：《第三种管理维度：组织文化管理通论》，吉林人民出版社 2006 年版。

43. 陈荣耀：《比较文化与管理》，上海社会科学院出版社 1999 年版。

44. 司马云杰：《文化价值论》，山东人民出版社 1996 年版。

45. 任运河等：《企业生态文化研究》，东北财经大学出版社 2005 年版。

46. Weber Max, *The Theory of Social and Economic Organization*, New-York: The Free Press, 1947.

47. Mayo, Elton, *The Human Problem of an Industrial Civilization*, New York: Macmillan, 1933.

48. Sheldon, Oleve, *The philosophy of Management*, London: Pitman & Sons, 1923.

49. Hodgkinson, Chritopher: *The philosophy of Leadership*, Oxford: Basil Blackwell, 1983.

50. Peters, T. J and Waterman, Jr. R. H., *In Search of Excellence*, New York: harper & Row, 1982.

51. Deal, T. L. and Kennedy, A. A., *CorporateCultures*, Reading, Mass: Addison—Wesley, 1982.

三、参考的期刊论文

1. 陈继华：《老子哲学思想与现代管理艺术》，《经营与管理》1988年第3期。

2. 刘泽根：《略论〈老子〉管理思想及对传统文化的利用》，《理论导刊》1989年第4期。

3. 潘和东、李运亭：《老子的管理思想和生态思想》，《郑州轻工业学院学报》（自然科学版）1991年第2期。

4. 赵靖：《〈老子〉管理哲学的启示》，《经济纵横》1991年第3期。

5. 张玉龙：《试论〈老子〉"道""德"与"自然无为"的哲学思想》，《沧州师范专科学校学报》1993年第2期。

6. 董根洪：《老子思想与经营管理》，《嘉兴学院学报》1993年第2期。

7. 周可真：《老子"无为"新解—兼论老子的管理思想》，《苏州科技学院学报（社会科学版）》1993年第2期。

8. 黄瑞云：《无为而无不为—论老子之道（二）》，《学术论坛》1993年第3期。

9. 裴倜：《论〈老子〉的管理哲学—评张绪通博士阐述的"水式的管理"

思想》,《四川大学学报》(哲学社会科学版) 1993 年第 4 期。

10. 陈继华:《老子思想与现代管理艺术》,《中国行政管理》1994 年第 7 期。

11. 杨先举:《老子与企业管理》,《企业文化》1994 年/(Z1)。

12. 董学章:《老子的经济管理思想》,《锦州师范学院学报》(哲学社会科学版) 1995 年第 1 期。

13. 张鲁建:《〈老子〉"贵道"思想与管理》,《华东经济管理》1995 年第 4 期。

14. 程承坪:《〈老子〉管理思想新探》,《江西社会科学》1995 年第 8 期。

15. 叶志坚:《老子思想与现代企业经营管理方略》,《福州大学学报》(社会科学版) 1996 年第 4 期。

16. 郑正、王兴平:《道家治国思想在中国历史上的积极作用》,《广东社会科学》1997 年第 1 期。

17. 陈玲华:《老子与企业管理》,《宁德师专学报》(哲学社会科学版) 1997 年第 2 期。

18. 钱耕森:《"有无相生"的经营之道—再论老子管理术对现代企业管理的启示》,《中华文化论坛》1997 年第 2 期。

19. 干永昌:《略谈老子"无为而治"的管理思想》,《文史杂志》1997 年第 4 期。

20. 王宏波:《老子的"无为"哲学及其管理思想探析》,《西安交通大学学报》(社会科学版) 1998 年第 1 期。

21. 苏铉盛:《黄老之学与老庄思想》,《东岳论丛》1998 年第 2 期。

22. 申靖:《〈老子〉中的管理艺术分析》,《理论探讨》1998 年第 3 期。

23. 田兆阳:《"治大国若烹小鲜"—老子"无为而治"思想及其对现代管理的启示》,《北京行政学院学报》1999 年第 1 期。

24. 赵安启、路迪民:《老子哲学中的管理思想精髓初探》,《北京科技大学学报》(社会科学版) 1999 年第 1 期。

25. 解光宇：《郭店竹简老子研究综述》，《学术界》1999年第5期。

26. 张志安：《"治大国若烹小鲜"—老子管理思想管窥》，《中国公务员》1999年第7期。

27. 程梅花：《法之无为管理有道—老子"无为而治"的治道述评》，《阜阳师范学院学报》（社科版）2000年第1期。

28. 艾永明：《浅析〈老子〉的"无为"思想》，《苏州大学学报》（哲学社会科学版）2000年第3期。

29. 田继凯：《〈老子〉与企业管理》，《山东经济》2000年第3期。

30. 程梅花：《略论〈老子〉在现代企业管理中的应用》，《阜阳师范学院学报》（社科版）2000年第4期。

31. 邓红：《老子的管理思想与现代领导艺术探析》，《甘肃省经济管理干部学院学报》2000年第4期。

32. 李艳中：《老子"经济管理"思想探索》，《湖南商学院学报》2000年第5期。

33. 赵永丽：《老子的管理哲学》，《管理与财富》2000年第5期。

34. 李艳中：《老子"行政管理"思想扬弃论》，《广东行政学院学报》2000年第6期。

35. 夏祖恩：《儒道两家治国思想的差异性论略》，《福建师大福清分校学报》2001年第1期。

36. 赵梦涵：《论〈老子〉的管理思想》，《石油大学学报》（社会科学版）2001年第2期。

37. 吴宏：《道家管理思想对构建理论管理学的意义》，《黑龙江教育学院学报》2001年第6期。

38. 李晴华：《试析老子的"无为而治"思想及其在现代企业管理中的应用》，《经济师》2001年第10期。

39. 高厚礼、张德俊：《老子管理思想探析》，《管子学刊》2002年第2期。

40. 李艳阳：《老子管理思想初探》，《学习论坛》2002年第5期。
41. 方彬：《〈老子〉"无为"管理思想浅析》，《江西行政学院学报》2002年第4期。
42. 田云刚：《老子人本思想与企业人力资源管理》，《晋阳学刊》2002年第4期。
43. 李玮：《老子哲学与高校管理现代化》，《商丘师范学院学报》2002年第4期。
44. 阳华才：《老子思想与现代领导》，《湘潭师范学院学报》（社会科学版）2003年S1期。
45. 郭日军：《老子柔性管理思想的现代意义》，《山西农业大学学报》（社会科学版）2003年第34期。
46. 赵敦华：《孔子的"仁"和苏格拉底的"德性"》，《北京大学学报》（哲学社会科学版）2003年第4期。
47. 田云刚、郭日军：《老子守柔思想与企业柔性化管理》，《山西高等学校社会科学学报》2003年第7期。
48. 张向前：《现代企业管理"道"与"德"——老子〈道德经〉管理思想启示之一》，《管理科学文摘》2003年第7期。
49. 田云刚：《老子守柔思想与企业柔性化管理》，《山西高等学校社会科学学报》2003年第7期。
50. 陈久霖：《老子与现代企业管理》，《安徽科技》2003年第12期。
51. 贾贵松：《老子的"无为"思想在现代管理中的运用》，《四川教育学院学报》2004年S2期。
52. 原平方、庄法兴：《论老子的"天道无为"思想及其经济管理意义》，《山西高等学校社会科学学报》2004年第1期。
53. 王前：《〈老子〉中的有机管理思想及其现代价值》，《大连理工大学学报》（社会科学版）2004年第1期。
54. 臧宏：《老子"功遂身退"的现代诠释》，《安徽大学学报》（哲学社会科学版）2004 年第 2 期。

55. 魏玉生：《〈老子〉》与现代企业管理》，《安阳大学学报》2004 年第 3 期。

56. 张宏宇：《〈老子〉思想在现代企业管理中的运用》，《南都学坛》2004 年第 4 期。

57. 周远成：《无为而无不为——老子的管理境界论》，《衡阳师范学院学报》2004 年第 5 期。

58. 张向前：《老子〈道德经〉与现代企业人力资源管理》，《商业研究》2004 年第 8 期。

59. 田云刚：《老子人本管理思想及其现代意义》，《山西农业大学学报》（社会科学版）2005 年第 1 期。

60. 李松林：《从老子"上善若水"思想看女干部的柔性管理》，《云南师范大学学报》（哲社版）2005 年第 1 期。

61. 孙浩然：《试论〈老子〉的管理思想》，《金陵科技学院学报》（社会科学版）2005 年第 1 期。

62. 傅周：《老子〈道德经〉中的超前管理思想》，《党政干部学刊》2005 年第 1 期。

63. 孙浩然：《〈老子〉对现代企业管理的几点启示》，《广西财政高等专科学校学报》2005 年第 1 期。

64. 高厚礼：《〈道德经〉的管理谋略思想概要》，《管子学刊》2005 年第 2 期。

65. 葛荣晋、李伟波：《道家的"无为而治"与企业的科学管理》，《中国人民大学学报》2005 年第 4 期。

66. 张文峰：《老子的管理哲学及其当代价值》，《贵州民族学院学报》（哲学社会科学版）2005 年第 5 期。

67. 淦述卫：《从老子管理思想到现代企业管理》，《当代经理人（中旬刊）》2005 年第 5 期。

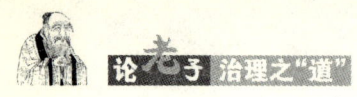

68. 刘笃成：《老子的管理哲学》，《乐山师范学院学报》第 20 卷第 4 期，2005 年第 6 期。

69. 邓子纲：《试论老子〈道德经〉的管理伦理思想》，《企业家天地（下半月）》2005 年第 11 期。

70. 曾宪年：《和谐社会：老子领导思想的特征》，《船山学刊》2006 年第 1 期。

71. 李思霖：《老子的管理思想与现代管理的契合》，《齐齐哈尔师范高等专科学校学报》2006 年第 2 期。

72. 韩琳：《〈老子〉的管理思想及其现代意义》，《重庆职业技术学院学报》2006 年第 3 期。

73. 王保国：《老庄民本思想发微》，《甘肃社会科学》2006 年第 4 期。

74. 管遵华：《老子思想对现代企业管理的启示》，《理论界》2006 年第 4 期。

75. 江淑芳：《论老子思想与现代企业管理》，《太原城市职业技术学院学报》2006 年第 4 期。

76. 张沁悦：《老子"守柔"思想与现代柔性化管理思想的比较》，《经济师》2006 年第 7 期。

77. 邬溯源：《〈老子〉研究综述》，《集宁师专学报》第 28 卷第 3 期，2006 年第 9 期。

78. 牛增辉：《〈老子〉一书蕴含的行政管理思想》，《中国市场》2006 年第 31 期。

79. 吕庆华：《老子〈道德经〉思想的现代企业管理启示》，《江苏商论》2007 年第 2 期。

80. 吕巧英：《论老子"无为而无不为"的社会管理思想》，《保定师范专科学校学报》2007 年第 2 期。

81. 周远成、陈亮亮：《和谐构建：老子〈道德经〉与企业管理》，《衡阳师范学院学报》2007 年第 4 期。

82. 孙宝连：《简析老子管理思想的战略性思维及其时代意义》，《管子学刊》2007 年第 4 期。

83. 耿相魁：《〈老子〉"无为"管理哲学及其实践价值》，《中共南宁市委党校学报》2007 年第 5 期。

84. 闫美丽：《浅谈老子的"无为而治"及其在学校管理中的应用》，《现代教育科学》2007 年第 6 期。

85. 姚鹏：《老子〈道德经〉管理思想对现代领导者的启示》，《江苏商论》2007 年第 8 期。

86. 易名：《企业管理的高境界——老子思想》，《中小企业管理与科技》2007 年第 9 期。

87. 孙良澂：《老子思想中的人力资源管理理念》，《商场现代化》2007 年第 14 期。

88. 李锡丽：《〈老子〉对现代公共管理的启示》，《学习月刊》2007 年第 16 期。

89. 崔保良：《老子"无为而无不为"的社会管理模式》，《大众科学（科学研究与实践)》2007 年第 22 期。

90. 胡家全：《老子人本思想与现代企业人力资源管理》，《集团经济研究》2007 年第 30 期。

91. 刘云峰：《老子与现代企业人力资源管理》，《商场现代化》2007 年第 35 期。

92. 王苑：《老子"无为而治"思想与现代人力资源管理的契合》，《中国市场》2008 年第 1 期。

93. 孙浩然：《论老子的管理思想》，《边疆经济与文化》2005 年第 4 期。

四、参考的博士论文

1. 吕有云：《道教政治管理之道研究—道教黄老传统的考察》，四川大学博士学位论文，2004 年。

2. 匡安荣：《"道法自然"与经济自由——一项比较研究》，四川大学博士学位论文，2002年。

3. 李刚：《道治主义政治文化与实践》，西北大学博士学位论文，2001年。

4. 万英敏：《〈管子〉管理哲学思想研究》，华东师范大学博士学位论文，2008年。

5. 高卫星：《统治的规则与艺术——春秋战国时期的统治思想及其应用研究》，郑州大学博士学位论文，2004年．

6. 杨恺钧：《〈周易〉管理思想研究》，复旦大学博士学位论文，2004年。

7. 付粉鸽：《自然与自由——老庄生命哲学研究》，西北大学博士学位论文，2007年

五、参考的硕士论文

1. 曾文青：《论道家管理伦理思想的现代价值——从组织行为学的视角进行探讨》，中南大学的硕士学位论文，2004年。

2. 卢业学：《〈老子本义〉以人为本的管理伦理思想——兼论其在现代管理中的应用》，中南大学硕士学位论文，2002年。

3. 赵建军：《老子管理思想述论》，山东大学硕士论文，2008年。

4. 王瑞志：《老子行政思想研究》，东北财经大学硕士论文，2006年。

5. 郭国强：《老子管理思想与现代管理》，南昌大学硕士论文，2005年。

6. 周剑林：《老子政治思想研究》，湘潭大学大学硕士论文，2006年。

7. 孙红：《老子管理思想论纲》，安徽大学硕士论文，2002年。

8. 邹敏：《基于老子思想的人力资源二线式管理研究》，河海大学硕士学位论文，2007年。

9. 王连龙：《老子及其理想国思想研究》，辽宁师范大学硕士论文，2002年。

10. 赵艳婷：《论〈老子〉的治国思想——对"道法自然"之解读》，中央党校，2006年。

后　记

本书是在我的博士论文基础上修订而成的。本书出版之际，回想起我攻读博士的学习、生活及收获，心中生发出无限的感激之情。

五年前，带着对国学的憧憬，跨入了苏州大学攻读中国哲学博士。非常有幸投在周可真教授的门下，周老师学识渊博，为人正直、厚道、宽容。攻读博士的四年中，导师在学业上的谆谆教诲，使我不断进步；在生活上无微不至的关怀，使我在学校的生活倍感温暖。尤其是周老师一直支持我研究中国管理哲学，使我有信心在这一领域不断探索。我将永远铭记导师在我成长的道路上无私地给予我的关怀、照顾，我将永远感谢导师！

我以一颗真诚的心感谢在四年博士学习生涯中教导和关心我成长的老师，感谢潘桂明教授、蒋国保教授、藏知非教授、吴忠伟教授、韩焕忠教授。

我的硕士导师、中央党校李建华教授在我硕士毕业以后，一直关心我的学习和生活，真心谢谢李老师对弟子的厚爱！

我的博士后导师、复旦大学国际关系与公共事务学院唐亚林教授自我攻读博士后以来，在学习、生活、工作等方面给予了诸多指导、关心和帮助，也使我的学术方向由原来的管理哲学切入到公共管理学，谢谢唐老师！

感谢赵宓斐、沈小勇、邹建锋、王彤江、张厚刚等同学在博士学习期间对我的关心、帮助。

感谢我的家人对我的支持，首先是我的妻子，在我读博期间，她默默地为我照顾着孩子和父母，解决了我的后顾之忧，使我能够全身心地投入到学习中；其次是我年迈的父母，他们以无私的爱支持着我，让我有勇气面对一切困难；还有我那淘气、可爱的儿子，他总是以优异的成绩减少了我对他学习的担心。

感谢中央编译出版社的编辑，您们认真、细致的校稿工作，为本书添色不少！

本书的出版得到了浙江医学高等专科学校的领导和科研处的大力支持，在此表示感谢！

感谢所有关心、支持我的人，是你们的爱和付出铺平了我成长的道路！

王希坤

2011 年 11 月于钱塘江边滨江高教园区